Archiv Nr. 53

Robert Basten und Claude Jeanmaire

Heidelberger Strassenbahnen
Tramways of Heidelberg (Germany)

Eine Dokumentation über die Heidelberger
Strassen- und Bergbahn AG

Inhaltsverzeichnis

Seite:

100 Jahre Strassenbahnen Heidelberg
Eine Dokumentation über die «Heidelberger Strassen- und Bergbahn AG»

1. Textteil

Zur Geschichte Alt Heidelbergs	5
Die Pferdebahn	5
Die elektrische Strassenbahn (HSB)	8
Die Umwandlung des Pferdebahnbetriebes im Jahre 1902 und die Verstadtlichung des Betriebes bis 1904	8
Der Erwerb der Vorortbahn «Heidelberg–Wiesloch»	10
Der Strassenbahnbetrieb von 1905 bis zur vorübergehenden Einstellung 1923	12
Der Vertrag mit der Stadt Heidelberg	17
Die Strassenbahn seit 1924	18
Tabellarische Liniengeschichte	35
Der Wagenpark	40
Die städtische Strassenbahn Walldorf	53
Die Bergbahn	55
Die Untere Bahn Kornmarkt–Molkenkur	55
Die Obere Bahn Molkenkur–Königstuhl	58
Der Turmaufzug	60
Projekt Heiligenbergbahn	60
Der Omnibus	61
Der Fährbetrieb	66
Das Reisebüro	66
Betriebshöfe und Werkstätten	66
Stromversorgung	68
Tarifgestaltung	69
Anekdoten	74
Liste der Abkürzungen	75
Wagenparkstatistik Omnibusse	76
Fahrplan der Strassenbahn	79

2. Bildteil

Legenden:

Die Fahrzeuge (HSB)	1 – 91
Die Pferdebahn	92 – 97
Die Strecken der Strassenbahn (HSB)	98 – 294
Der Steinzugbetrieb	295 – 301
Verwundetentransporte im I. Weltkrieg	302 – 304
Reklamewagen	305 – 306
Betriebshöfe und Wagenhallen	307 – 314
Die Walldorfer Strassenbahn	315 – 330
Bergbahnen	331 – 348
Omnibusse	349 – 356
Uniformen	357 – 360

Archiv Nr. 53

Robert Basten und Claude Jeanmaire

Heidelberger Strassenbahnen

Eine Dokumentation über die Heidelberger Strassen- und Bergbahn AG

Tramways of Heidelberg (Germany)

© Copyright 1986   ISBN 3 85649 053 1

Verlag Eisenbahn
Buchverlag für Eisenbahn- und Strassenbahnliteratur, Spielzeug- und Modellbahnbücher
Edition de livres sur les chemins de fer et les tramways, livres de jouets anciens et de modèles de trains
Publisher of books on railways, tramway systems, early toys and model railways

**Verlag Eisenbahn   Gut Vorhard
CH-5234 Villigen AG, Schweiz/Suisse/Switzerland**

Die in unseren Büchern veröffentlichten Bilder, Texte und Zeichnungen sind urheberrechtlich geschützt. Alle Rechte daran sind vorbehalten, auch die Übersetzung in andere Sprachen. Jede in einem gewerblichen Unternehmen hergestellte oder benützte Kopie dient gewerblichen Zwecken und verpflichtet zur Gebührenzahlung. Auch die Entnahme einzelner Teile des Werkes ist nur mit schriftlicher Genehmigung des Verlages möglich. Auch dann nur im vereinbarten Rahmen.

This publication is copyright under the Berne Convention and the International Copyright Convention. Apart from any fair dealing for the purpose of private study, research, criticism, or review, as permitted under the Copyright Act 1956, no part may be reproduced, stored in a retrieval system or transmitted in any form or by any means, electronic, electrical, chemical, mechanical, photocopying, recording, or otherwise, without the prior permission of the publisher.

Dank als Vorwort

Dankbarkeit schützt vor vielen Untugenden und gebührt wahren Freunden — Freunden, die Hilfe gewährten. Eigentlich müsste ich jeden zuerst nennen, insbesondere im Hinblick auf die Bereitstellung von Bildmaterial, Texten, Quellen- und Themenhinweisen.

Dieses Buch erscheint leider verzögert durch meine lange, schwere Krankheit. Geduld und Verständnis wurden mir jedoch auch hier entgegengebracht. Viel Verständnis wurde mir auch für mein Bemühen um Analogie und Vollständigkeit des umfangreichen Themas bewiesen.

Ganz besonderen Dank schulde ich:
der HEIDELBERGER STRASSEN- & BERGBAHN AG., Herrn Heinz Grauli, Heidelberg, Herrn Helmut Röth, Heidelberg, dem Stadtarchiv Heidelberg, Herrn Bürgermeister Mohr, Wiesloch, und schliesslich dem VERLAG EISENBAHN, der sich neuen Erkenntnissen gegenüber stets aufgeschlossen zeigte, und so aufgrund der mehrfach notwendig gewordenen Manuskriptänderungen Verzögerungen tolerierte, die infolge des immer wieder neu aufgetauchten historischen Materials unumgänglich wurden — sollte das Buch dem Anspruch gerecht werden. Dass dies zwangsläufig zu einer verzögerten Buchherstellung führte, war schliesslich nicht zu vermeiden. —

Ihnen allen also danke ich sehr — schliesse im übrigen in diesen Dank auch meine potentielle Leserschaft ein, die dieses bereits angekündigte Buch nun hoffentlich aufnimmt, nach der alten Devise: «was lange währt»...

Viel Spass bei der Lektüre wünsche ich allen Freunden der Strassenbahn!

München, im Herbst 1986   Robert Basten

Literaturverzeichnis

(1) «75 Jahre Strassenbahn Heidelberg», hrsg. von der Heidelberger Strassen- und Bergbahn AG zum 13.5.1960

(2) «Bergbahn Heidelberg», hrsg. von der Heidelberger Strassen- und Bergbahn AG, 1980

(3) Dieter Höltge: Deutsche Strassen- und Stadtbahnen, Bd 2: Nördliches Baden-Württemberg, Verlag W. Zeunert, Gifhorn 1979

(4) Verkehrsamateure Kaiserslautern: verkehrsbetriebe zwischen rhein und saar und im rhein-neckar-raum, Kaiserslautern 1973

(5) Elektrische Bahnen und Betriebe, III. Jahrg. 1905, S. 153–159, F. Collischonn: Das Elektrizitätswerk Wiesloch

(6) Elektrische Bahnen und Betriebe, III. Jahrg. 1905, S. 669–672, O. Faber: Ein Fall rentabler elektrischer Güterbeförderung

(7) Zeitschrift des Vereins deutscher Ingenieure, Nr. 38 vom 19.9.1908, Bd. 52, S. 1501–1511, A. Schmidt: Die Bergbahn Heidelberg

(8) Dr. Karl Mitsch: Gemeindebetriebe der Stadt Heidelberg, S. 77–94, F. «Die Heidelberger Strassen- und Bergbahn AG», A. Krummer Buchdruckerei, 1914

(9) Der Stadtverkehr, 4. Jahrg. März 1959 Nr. 3, S. 66 f, Wilhelm Weber: Die Erweiterung des Betriebshofes der Heidelberger Strassen- und Bergbahn AG

(10) Der Stadtverkehr, 5. Jahrg. August 1960 Nr. 8, S. 163–169, Joachim Kampfhenkel: Die Situation der Heidelberger Strassen- und Bergbahn AG im Jahre 1960

(11) Der Stadtverkehr, 14. Jahrg. Juli 1969 Nr. 7, S. 193 f, Demonstrationen gegen Fahrpreiserhöhungen in Heidelberg und Saarbrücken

(12) Der Stadtverkehr, 16. Jahrg. Mai/Juni 1971 Nr. 5/6, S. 172–175, Dipl. Kfm. Günter Fredrich: Verkehrsplanung und verkehrspolitische Zielsetzungen

(13) Dr. L. Schmieder: Führer durch Heidelberg und Umgebung, 12. Aufl., Buch- und Kunstdruckerei Dr. Joh. Hörning, Heidelberg

(14) Heidelberger Fremdenblatt, Nr. 3, 1. Maiheft 1955, S. 2–5, Vorgeschichte des Heidelberger Bahnhofes.

Quellenverzeichnis

Archiv der Heidelberger Strassen- und Bergbahn AG, Heidelberg: Akten, Zeitungsausschnitte, Geschäftsberichte 1890–1983, Fahrpläne, Dienstvorschriften, Verkehrs- und Betriebsordnung für die Strassenbahn, Statistiken, Heidelberger Amtsanzeiger.

Hinweise und Beiträge aus Privatarchiven von Heinz Grauli und Helmut Röth, beide Heidelberg

Stadtarchiv Heidelberg:
Akten, Zeitungsausschnitte, Adressbücher

Stadtarchiv Wiesloch:
Akten Verkehrswesen/HSB

Siemens Museum, München:
Archiv Nr. 35/Lk 306 (bis 1922)

Zur Geschichte Alt-Heidelbergs

Heidelberg entstand am Austritt des Neckars zur Rheinebene im Schatten einer Burg auf dem Kleinen Gaisberg. Die Gründer der Burg und die Urheber des erstmals 1196 urkundlich erwähnten Ortes sind ungewiss. Bedeutung erhielt Heidelberg erst durch die Pfalzgrafen bei Rhein, die hier auf den über der Stadt gelegenen Anhöhen ihren Wohnsitz nahmen. Eine engere Verbindung zwischen Stadt und Pfalzgrafen trat 1225 ein, als Herzog Ludwig von Bayern vom Bischof von Worms die Burg und den Burgflecken Heidelberg zu Lehen erhielt. Etwa um dieselbe Zeit stand auf dem Jettenbühl eine Niederlassung, aus der sich im Laufe der Jahrhunderte das Heidelberger Schloss entwickelte. Nur bescheidenen Umfang nahm das mittelalterliche Heidelberg ein. Es war von festen Mauern und Türmen umgeben und reichte etwa von der heutigen Plankengasse bis zur Grabengasse.

Unter Pfalzgraf Ruprecht I war Heidelberg Residenzstadt des neugegründeten Staates Kurpfalz und Sitz der ersten Universität auf deutschem Boden, die 1386 gegründet wurde. Indessen konnte das raumbeengte Städtchen den überall herbeiströmenden Magistern und Studenten auf Dauer keine Unterkunft bieten. So führte Kurfürst Ruprecht II 1392 eine grosszügige Stadterweiterung durch. Er vereinigte die Gemeinde Bergheim mit der Heidelbergs und siedelte ihre Bewohner in der neu geschaffenen Vorstadt an, die sich von der Grabengasse bis zum Talausgang der heutigen Sofienstrasse erstreckte.

Die im 16. und 17. Jahrhundert ausgebaute Schlossanlage ging im **Orléansschen** Erbfolgekrieg 1689 und 1693 in Flammen auf. Die ebenfalls zerstörte Altstadt gelangte im süddeutsch-italienischen Barockstil des 18. Jahrhunderts zum Wiederaufbau.

1720 verlegte der Kurfürst Karl Philipp seine Residenz nach Mannheim. Heidelberg sank zu dem Range einer Provinzialstadt herab.

1803 fiel Heidelberg mit der rechtsrheinischen Pfalz an Baden. Grossherzog Karl Friedrich erneuerte die Universität und verhalf Heidelberg zu einem Wiederaufblühen. Seit dieser Neubegründung wuchs auch der Fremdenverkehr in dem Verständnis für die landschaftliche Schönheit dieser Stadt und ihrer Umgebung. So ist Heidelberg mit seinen 134 000 Einwohnern (Stand 1983) heute mehr eine Universitäts- und Fremdenverkehrsstadt als Industriestadt, die zahlreiche Besucher des In- und Auslandes alljährlich anzieht.

Die Ablösung der Postkutsche durch die Eisenbahn prägte im 19. Jahrhundert nachhaltig das Wachstum der Stadt. 1840 fuhr die erste Eisenbahn zwischen Heidelberg und Mannheim. Der damalige Bahnhof entstand an der Rohrbacher Strasse an der Stelle des heutigen Menglerbaues. Es folgten weitere Eisenbahnstrecken nach Karlsruhe (1843), Frankfurt (1846) und Würzburg (1862). Bis zum Jahr 1800 waren die Einwohnerzahlen auf 10 000 angestiegen, 1864 zählte man bereits 17 600 Einwohner und 1883 waren es rund 26 000 Einwohner. Infolge des räumlich beengten Neckartals dehnte sich das Stadtgebiet an den Westhängen des Odenwaldes entlang in die Ebene aus. So entstand das für Heidelberg typische Verkehrskreuz. Mit der Ausdehnung des Stadtgebietes und den wachsenden Einwohnerzahlen war zugleich auch die Grundlage für den öffentlichen Verkehr gegeben.

Die Pferdebahn

Erste Bemühungen zur Einrichtung einer Pferdebahn in Heidelberg gehen auf **1871** zurück. Gabriel Graf Diodati mit zwei Gesellschaftern wandten sich am 5.6.1871 an den Gemeinderat mit der Bitte um eine Konzession. Sie begründeten ihr Vorhaben damit, dass im Hinblick auf die Länge der Stadt zwischen Hauptbahnhof und dem Karlstor mit der Pferdebahn für die Bevölkerung ein «billiges, bequemes und zeitsparendes Transportmittel» eingerichtet würde.

Im Jahr darauf richtete der englische Techniker Lionel B. Joseph am **26.8.1872** ein Gesuch um Errichtung einer Pferdebahn an den Gemeinderat. Auch er begründet dies mit der Verkürzung der langen Hauptstrasse.

Der Gemeinderat verhielt sich jedoch gegenüber beiden Gesuchen abwartend und wollte zunächst Erfahrungen aus Karlsruhe und Mannheim abwarten. Ein weiterer Gesuchsteller, der Zivilingenieur Charles de Feral aus Longeville, der bereits in Mannheim die Konzession zur

Erbauung einer Pferdebahn erhalten hatte, trat am **28.6.1876** ebenfalls an die Gemeinde Heidelberg heran. Zunächst war ihm mehr Erfolg beschieden als seinen Vorgängern. Dennoch verzögerte sich der Baubeginn um etliche Jahre. Zahlreiche Einwohner, davon grösstenteils Geschäftsleute, richteten an den Stadtrat Einsprache gegen den Pferdebahnbau. Die Gegner des Projektes glaubten, dass der Betrieb der Pferdebahn eine wesentliche Störung des Fuhrverkehrs in der engen Hauptstrasse und Schwierigkeiten beim Auf- und Abladen von Gütern mit sich bringen würde. Zudem befürchtete ganz besonders das Institut der Droschkenanstalten schwer geschädigt zu werden. So beschloss der Gemeinderat erneut, in einigen anderen Städten mit engen Strassen (Bremen und Köln) Erkundigungen einzuholen. Diese verliefen zumeist positiv. In der Zwischenzeit rissen die Konzessionsgesuche nicht ab, deren Gesuchsteller Heidelberg «mit einem zeitgemässen, praktischen und billigen Kommunikationsmittel» versehen wollten (Drahtmann, Karlsruhe, 1878). Trotzdem ging Charles de Feral als Sieger hervor. In der Bürgerausschusssitzung vom **20. März 1883** wurde die Zustimmung zur Erbauung einer Pferdebahn mit 80 gegen 20 Stimmen beschlossen. Da aber auch die Aufsichtsbehörden schwerwiegende Bedenken gegen den Betrieb hatten, wurden in der Konzessionsurkunde des grossherzoglichen Ministeriums des Inneren vom 27.9.1883 dem Unternehmer Feral eine Reihe von strengen Bedingungen auferlegt. Ebenso war er verpflichtet, neue Erfindungen und Besserungen auf dem Gebiete des Pferdebahnwesens auf Verlangen der Aufsichtsbehörde an seiner Bahn einzuführen.

Die Konzession, die auf 35 Jahre lautete, erfuhr noch eine Ergänzung durch einen mit dem Stadtrat zu Heidelberg am 18.9.1883 geschlossenen Vertrag. Danach sollten folgende Strecken gebaut werden:

1. Vom Hauptbahnhof durch die Hauptstrasse bis zum Hausacker,
2. vom Hotel Bayrischer Hof durch die Bergheimer Strasse bis zur Römerstrasse,
3. vom Hauptbahnhof durch die Rohrbacher Strasse bis zum Steigerweg (Friedhof).

Feral, der unter Berliner Bankhäusern der Baufirma Soenderop Geldgeber für sein Vorhaben fand, gründete nach Hinzukommen der Heidelberger Ingenieure Gebr. Leferenz am **9.3.1885** die «Heidelberger Strassen- und Bergbahngesellschaft Leferenz & Cie». Nun stand dem Bau der Pferdebahn nichts mehr im Wege.

Die Bauarbeiten begannen am 24.3.1885 am Hauptbahnhof für die Hauptstrassenlinie. Ungünstige Witterungsverhältnisse behinderten jedoch die Arbeiten erheblich. So entschloss man sich, die Pferdebahn bis zur Fertigstellung der Gesamtstrecke zunächst nur bis zum Marktplatz zu eröffnen. Am 9.5.1885 erfolgte die erste Probefahrt ohne Fahrgäste. Die offizielle Betriebsaufnahme fand am 13.5.1885 statt.

In lebhafter Weise schilderte die Heidelberger Zeitung das grosse Ereignis: «Nachdem heute vormittag die technische Abnahme der Pferdebahn seitens der Wasser- und Strassenbauinspection stattgehabt und die Behörde sich mit Anlage und Bau der Bahn befriedigt erklärt, fand um 11 Uhr die officielle Probefahrt unter Beteiligung der Herren Beamten des hiesigen Bezirksamtes, des Stadtrathes, des Commandeurs des hiesigen Bataillions und sonstiger geladener Gäste statt. In fünf mit Fähnchen, Kränzen usw. geschmückten Waggons fuhren die Theilnehmer vom Rathaus zum Bahnhof und zurück zur Harmonie. Die Fahrt ging glatt von statten, abgesehen von einer bei der Rückfahrt eintretenden Entgleisung eines Waggons, die aber im Augenblick behoben war und kaum irgendeinen Aufenthalt verursachte. Die Fahrt vom Rathaus zum Bahnhof dauerte ungefähr sieben Minuten. Überall fand sich auf beiden Seiten der Hauptstrasse eine dichte Menschenmenge, welche das für unsere Stadt so bedeutungsvolle Ereignis mit sichtbarer Freude begrüsste.»

Zwei Wochen später, am 31.5.1885, konnte dann die Gesamtstrecke bis Bahnhof Karlstor befahren werden. Dagegen unterblieb der Ausbau der 500 Meter langen Strecke zum Hausakker, da hierfür kein genügendes Verkehrsbedürfnis vorlag. Die Eröffnung der Bergheimer Linie erfolgte am 8.9.1885 und schliesslich die Rohrbacher Linie, rechtzeitig vor dem Universitätsjubiläum, am **22.7.1886**.

Mit einer Betriebslänge von 3,7 Kilometern hatte damit die Pferdebahn ihre grösste Ausdehnung erreicht. Hieraus ergaben sich folgende Betriebsgleise:

a) Römerstrasse–Bayrischer Hof	602,11 m
b) Rohrbacher Strasse	850,45 m
c) Hauptstrasse	2277,00 m
zusammen	3729,56 m

Die Gleislängen betrugen:

a) Streckengleise	3 832 m
b) Nebengleise	332 m
c) Doppelgleise einschl. von 23 Ausweichen	1 250 m
zusammen	5 414 m

Doppelgleise befanden sich:
Auf der Hauptstrassenlinie
zwischen St. Annagasse/Neugasse–Akademiestrasse
zwischen Märzgasse/Friedrichstrasse–Theaterstrasse
zwischen Ludwigplatz (Uniplatz)/Heiliggeistkirche–Marktplatz
zwischen Kornmarkt/Karlsplatz–Friesenberg
Auf der Bergheimer Linie: zwischen Hospital- und Thibautstrasse
Auf der Rohrbacher Linie: Bunsenstrasse
Am Bahnhofsvorplatz befanden sich zwei Stumpfgleise, von denen das eine durch eine zusätzliche Weiche mit dem Gleis der Linie zum Steigerweg verbunden war. Die Endpunkte am Karlstor und an der Römerstrasse verfügten ebenfalls über ein zweites Stumpfgleis.

Der durchweg eiserne Oberbau bestand teilweise aus Haarmann-, teils aus Phönix-Stahlschienen, die Spurweite betrug 1 000 mm.

Bei Betriebsaufnahme belief sich der Personalstand auf 24 Mann mit 31 Pferden. An Betriebsmitteln standen zunächst zwölf geschlossene Personenwagen sowie zwei offene Personenwagen zur Verfügung. Die Baukosten beliefen sich auf M. 303 249.— einschliesslich der Anschaffungskosten für Pferde und Wagen.

Das Pferdebahndepot befand sich in der Alten Bergheimer Strasse Nr. 7 bei der Endstelle Römerstrasse. Da es bei der Betriebseröffnung noch nicht fertiggestellt war, mussten für die Unterbringung der Pferde vorübergehend Stallungen des Bayrischen Hofes angemietet werden.

Der Pferdebahnbetrieb wurde hauptsächlich eingleisig mit entsprechenden Ausweichstellen durchgeführt. Von den in der Hauptstrasse doppelgleisig verlegten Streckenabschnitten durfte, zwecks Auf- und Abladevorgänge der Anlieger, vormittags nur das nördliche, nachmittags nur das südliche Gleis befahren werden. Durch diese Regelung traten die befürchteten wirtschaftlichen Schäden und Verkehrsstörungen nicht ein. Die Hauptstrassenlinie verkehrte mit zunächst acht kursierenden Wagen in Abständen von sechs Minuten, die Bergheimer und Rohrbacher Linie anfangs mit jeweils einem Wagen alle zwölf Minuten. Mit den beiden letztgenannten bestand ein alternierender Anschluss an die Wagen der Hauptstrassenlinie, die am Tage durch zwei auf dem Wagendach aufgestreckte Fähnchen, abends durch ein weisses vorderes Lichtsignal diesen markierte.

Bereits am **18.7.1887** erfolgte die Umwandlung der offenen Handelsgesellschaft in eine Aktiengesellschaft unter dem Firmennamen «Heidelberger Strassen- und Bergbahn Aktiengesellschaft (HSB)» und die Eintragung in das Handelsregister des grossherzoglichen Amtsgerichtes zu Heidelberg. Zweck der Gesellschaft sollte es sein:
1. Der Erwerb und der Betrieb der unter dem Namen «Heidelberger Strassen- und Bergbahngesellschaft Leferenz & Cie.» in Heidelberg bestehenden Strassenbahn.
2. Der Erwerb und Ausnützung von Konzessionen zum Betrieb von Strassenbahnen, Bergbahnen und Sekundärbahnen, mit Beförderung von Personen und Gütern.
3. Die Anlage und der Erwerb von Bahnen der unter 1. und 2. gedachten Art.

Das Grundkapital der neuen Aktiengesellschaft war auf M 350 000.— festgelegt.

Auf der Bergheimer Linie wurde ab **April 1890** der 6-Minuten-Betrieb eingerichtet unter Einsatz eines zweiten Wagens. Der verdichtete Betrieb erwies sich bald wegen zu geringer Inanspruchnahme als «unrentabel». Mehrfache in den folgenden Jahren gestellte Anträge auf Wiederzulassung des 12-Minuten-Betriebes scheiterten am Widerstand der Stadtbehörde, die bei der Beurteilung dieser Frage das zufriedenstellende Erträgnis ins Auge fasste. Durch Einlegung einer Weiche der Endstelle der Rohrbacher Linie vergrösserte sich die Gleislänge auf 5 438,00 m, während die Betriebslänge unverändert blieb.

In den Wintermonaten **1894/95** erhielt ein Pferdebahnwagen versuchsweise eine Heizung. Die Meinungen des Publikums darüber war unterschiedlich. Da die Versuchsergebnisse nicht befriedigten, nahm man von einer allgemeinen Einführung Abstand.

Die häufigen Absperrungen des Bahngleises beim Übergang in der Rohrbacher Strasse beeinflussten den Betrieb der Pferdebahn nachhaltig. Um diesen Misständen abzuhelfen, stellte man zum **1.7.1896** einen Verbindungswagen vom Halteplatz Hauptbahnhof bis zum Bahnübergang auf der Rohrbacher Linie ein. Die Fahrgäste erreichten dann über eine Fussgängerunterführung den südlich des Bahnübergangs bereitstehenden Wagen zum Steigerweg. Dadurch sollte ein regelmässiger 12-Minuten-Betrieb gesichert werden. Der erhoffte Erfolg stellte sich nicht ein, so dass der Verbindungswagen alsbald wieder abgeschafft wurde.

Zum **1.4.1897** wurde für die Steigung zwischen Theaterstrasse und Ludwigsplatz (heute Uniplatz) ein Vorspanndienst mit einem zweiten Pferd eingerichtet. Hierdurch konnte der Verkehr auf den Wagen aller Linien derart beschleunigt werden, dass die tägliche Leistung um 6 bis 8 Fahrten zunahm. Der beschleunigte Betrieb fand beim Publikum allgemeine Anerkennung und brachte der Gesellschaft vermehrte Einnahmen.

1898 erfolgte zum 1. April auf der Rohrbacher Linie die Einführung des 6-Minuten-Betriebes. Täglich waren elf Wagen im Personenverkehr eingesetzt, davon sieben Wagen auf der Hauptstrasse, und jeweils zwei Wagen auf der Bergheimer- bzw. Rohrbacher Strasse.

Seit Bestehen des Pferdebahnbetriebes zeigte sich eine stetige Aufwärtsentwicklung der Beförderungsziffern, wenn auch die Bergheimer und die Rohrbacher Linie stets hinter den Ausgaben zurückblieben. Lag die Zahl der beförderten Personen im ersten Betriebsjahr bei 507478 so stieg sie bis 1901 auf 1,61 Mio Personen an, mit 343659 Wagenkilometern. Der Personalstand betrug 40 Mann mit 45 Pferden. Es standen 14 geschlossene und zehn offene Wagen zur Verfügung.

Der Betrieb der Pferdebahn vermochte aber mit der wirtschaftlichen Entwicklung der Stadt und ihrer Vororte nicht Schritt zu halten. Es war abzusehen, dass die Pferdebahn mit Ablauf der Konzession 1918 dem vorhandenen Verkehrsbedürfnis einer Fremdenverkehrsstadt keinesfalls genügen könne. Die Stadtgemeinde pflegte deshalb mehrere Jahre mit der Gesellschaft Verhandlungen wegen der Umwandlung der Pferdebahn in eine elektrische Strassenbahn. Von den verschiedenen Antriebsarten standen neben der oberirdischen Stromzuführung auch der Akkumulatorenbetrieb bzw. ein gemischter Betrieb aus beiden Antriebsarten zur Diskussion. Am **10.10.1898** genehmigte der Stadtrat die oberirdische Stromzuführung, da er diese Antriebsart in Bezug auf Gefahrlosigkeit und Zuverlässigkeit als am geeignetsten hielt. Aber wegen divergierender Interessen zwischen Stadtgemeinde und der Gesellschaft liess sich keine Einigung erzielen. Da aber die Stadtgemeinde die Errichtung eines eigenen E-Werkes beabsichtigte und hierbei auf eine elektrische Strassenbahn als Tagesstromkonsumenten rechnete, ausserdem grosse Geländekäufe durch die Badische Eisenbahnverwaltung wegen beabsichtigter Verlegung des Hauptbahnhofes erfolgten, wodurch eine grosse Verschiebung der wirtschaftlichen Verkehrsverhältnisse vorauszusehen war, so erwarb die Stadt am **28.2.1901** von den 1235 Aktien der Strassen- und Bergbahn AG 928 Aktien zu 1498040 M in städtisches Eigentum. Damit war die Stadt Besitzerin von dreiviertel aller Aktien und nunmehr in der Lage, der Stadtgemeinde die «volle Beherrschung des Unternehmens für alle Zukunft zu gewährleisten». (Vorlage des Stadtrates Heidelberg an den Bürgerausschuss am 18.2.1901, Seite 3.) Durch diese Kontrolle war es der Gesellschaft nun uneingeschränkt möglich, jederzeit den Gesellschaftsstatus abzuändern oder eine Auflösung der Gesellschaft herbeizuführen und den Betrieb der HSB später in städtische Verwaltung zu überführen.

Die elektrische Strassenbahn (HSB)

Die Umwandlung des Pferdebahnbetriebes 1902 und die Verstadtlichung des Betriebes bis 1904

In der ausserordentlichen Generalversammlung vom **20.12.1901** wurde die Umwandlung der Pferdebahn auf elektrischen Betrieb unter gleichzeitiger Fortführung der Bergheimer Linie bis zum Schlachthaus beschlossen und das zum Umbau erforderliche Kapital von 700000 DM von der Stadtgemeinde gegen 4% Zinsen der Gesellschaft vorgestreckt.

Im **Februar 1902** übertrug die Gesellschaft der Firma Siemens & Halske in Berlin die Herstellung der oberirdischen Stromzuführungsanlagen. Noch innerhalb des 1. Quartals des selben Jahres begannen die Umbauarbeiten, die während verschiedener Monate eine teilweise bzw. gänzliche Betriebseinstellung der Pferdebahn erforderten. Im Laufe des Jahres 1902 wurde die ganze Gleisanlage gelegentlich der Asphaltierung in der Hauptstrasse erneuert. Die Spurweite 1000 mm blieb unverändert. Die Strecke Bahnhof–Karlstor gelangte mit Ausnahme des Abschnitts Karlstor–Friesenberg (230 m) und der Durchfahrt unter dem Karlstor zweigleisig zur Ausführung, ebenso der Streckenabschnitt Mittermaierstrasse–Schlachthausstrasse (320 m). Alle übrigen Strecken wurden eingleisig angelegt, wobei die zwischen Hospital- und Thibautstrasse gelegene Ausweiche eine Verschiebung zur Römerstrasse erfuhr.

Da das Pferdebahndepot für den elektrischen Betrieb ungeeignet war, errichtete die Stadtgemeinde 1901/02 in dem damals noch überwiegend aus Bauernhöfen bestehenden Stadtteil Bergheim neben dem Schlachthof eine neue Wagenhalle mit Werkstätten.

Am 16.3.1902 liefen die ersten elektrischen Motorwagen auf der Rohrbacher Strasse unter Mitbenützung der Bahnanlagen der 1901 von der Deutschen Eisenbahngesellschaft erbauten elektrischen Vorortbahn Heidelberg–Wiesloch. Hierzu waren im Winter 1901/02 von der Stadt Mannheim drei Motorwagen angekauft worden, die bis zur Fertigstellung der neuen Wagenhalle im Sommer 1902 in einem provisorisch gebauten Holzschuppen untergebracht wurden. Der Fahrstrom wurde vorerst aus der Oberleitung der Vorortbahn entnommen.

Nachdem lt. Staatsgenehmigung vom 6.6.1902 der Gesellschaft die Konzession zum elektrischen Betrieb erteilt worden war, fand am 7.10.1902 die Eröffnung der Linie Hauptbahnhof–Karlstor und Bismarckplatz–Schlachthaus statt. Einschliesslich der neu erbauten 0,8 km langen Gleisstrecke von der Römerstrasse bis zum Schlachthaus und der Zufahrtsgleise zur neuen Wagenhalle betrug jetzt die Gleislänge 8,340 km, die Betriebslänge 4,466 km.

Von der Pferdebahn hatte man am Vorabend ohne viel Aufhebens Abschied genommen. Die Heidelberger Zeitung schrieb hierzu unter anderem: «Ahnungslos, treu, bis zum letzten Augenblick ihren Pflichten genügend, zogen die Pferde gestern abend nach Schluss des Theaters blumengeschmückt ihre schwere Last, klang- und sanglos mussten sie heute der rastlos vordringenden Kraft unseres Zeitalters, der Elektrizität, weichen. Stolz wie ein Spanier und mit Fähnchen geschmückt gleitet seit heute Morgen die Elektrische durch die Hauptstrasse. Möge sie die auf sie gesetzten Hoffnungen erfüllen, auf dass wir ebenso wehmütig einst von ihr Abschied nehmen, wie wir uns gestern von der Pferdebahn verabschiedet haben.»

An Werktagen bestand auf allen Linien ein eingleisiger Betrieb mit einer Wagenfolge von sechs Minuten. An Sonn- und Feiertagen dagegen wurde die Strecke Hauptbahnhof–Karlstor mit einer Wagenfolge von vier Minuten zweigleisig befahren und zudem in der Reisezeit auf dieser Linie nach Bedarf Anhängewagen mitgeführt. Die Regelung des zeitweilig eingleisigen Fahrverkehrs in der Hauptstrasse bestand, mit Rücksicht auf die Belieferung der Geschäfte, bis zirka 1945, obgleich diese im Laufe der Jahre zeitlich mehrfach geändert wurde.

Den Fahrstrom lieferte das neu errichtete städtische Elektrizitätswerk in der Alten Bergheimer Strasse.

1902 erreichte die Stadt Heidelberg 42 000 Einwohner. Die Personenbeförderung nahm mit Einführung des elektrischen Betriebs in starkem Masse zu, so dass an eine Vergrösserung des Strassenbahnnetzes gedacht werden konnte. Nachdem 1891 das nördlich des Neckarufers gelegene Dorf Neuenheim eingemeindet wurde und **1903** auch das benachbarte Handschuhsheim dazu kam, beschloss man beide Stadtteile mit der Strassenbahn zu erschliessen. Die Einwohnerschaft Neuenheims hatte schon 1897 den Stadtrat in einer Petition um eine Verkehrsverbindung ihres Stadtteils gebeten, freilich noch mit einer Pferdebahnlinie. Die Direktion der HSB stellte seinerzeit auch in Aussicht, nach Umwandlung des Pferdebahnbetriebes in einen elektrischen Betrieb eine Strassenbahnlinie über die neue Brücke durch den Stadtteil Neuenheim bis nach Handschuhsheim zu bauen.

Am 23.10.1903 erhielt die Gesellschaft die Konzession für die Stadtlinie Bismarckplatz–Handschuhsheim vom Tage der Inbetriebnahme an auf 50 Jahre. Die Bahn sollte am Bismarckplatz im Anschluss an die Bergheimer Strassenlinie beginnen und durch die nördliche Sofienstrasse, über die neue Brücke (später Friedrichs-Brücke), durch die Brückenstrasse in Neuenheim und von da auf der Handschuhsheimer Landstrasse bis zur Wirtschaft «Grüner Hof» in Handschuhsheim führen.

Allerdings hatte die Elektrische in der Süddeutschen Eisenbahngesellschaft (SEG) einen Gegner, da sie zwischen Bismarckplatz und Blumenthalstrasse parallel zur Nebenbahn verlaufen sollte. Denn gleichzeitig mit der Ausführung der Bahn sollten Korrekturen an der Sofien-, Brücken- und Handschuhsheimer Landstrasse vorgenommen werden, die auch eine Verlegung der Gleisanlage der Nebenbahn unumgänglich machten. Die SEG sah es als ungerecht an, die Kosten zu tragen, die ihr durch die Erstellung einer Konkurrenzbahn entstünden. Letztlich liess sich aber zwischen der Stadt Heidelberg und der SEG eine Einigung hinsichtlich der Kostenübernahme für die Gleisverlegung erzielen.

Am 16.11.1903 waren die Vorarbeiten so weit gediehen, dass mit dem Bau begonnen werden konnte. Die 1,8 km lange Strecke wurde eingleisig ausgeführt unter Einschiebung von Ausweichen zwischen der Brückenkopfstrasse und der Ladenburgerstrasse, zwischen Kussmaul- und Kuno-Fischer-Strasse, sowie am Rosenbergweg. Die Neckarbrücke erhielt mit Rücksicht auf eine vorgesehene Verbreiterung derselben nur eine provisorische Gleisanlage.

Nach kurzer Bauzeit konnte am **1.3.1904** die Teilstrecke bis zur Kuno-Fischer-Strasse und das Reststück bis zum «Grünen Hof» am 26.4. in Betrieb genommen werden.

Die Baukosten beliefen sich ohne die Strassenänderungsarbeiten auf 183 679,83 Mark.

Die neue Linie verkehrte planmässig alle sechs Minuten vom Schlachthaus nach Handschuhsheim und erfreute sich regen Zuspruches.

Mit dieser Erweiterung war «die Verstadtlichung des Strassen- (und Berg)bahnverkehrs auf Heidelberger Gemarkung im wesentlichen gesichert, zugleich aber auch tatsächlich vollzogen.» (Vorlage des Bürgerausschusses an den Stadtrat vom **11.5.1905**, Seite 2.)

Der Erwerb der Vorortbahn Heidelberg–Wiesloch

Da die Stadtgemeinde nun den entscheidenden Einfluss auf die Stadtlinien hatte, lag es in ihrem Interesse, nicht nur aus wirtschaftlichen Gründen, sondern auch wegen der topographisch eingeengten Lage und der hieraus sich ergebenden ungünstigen **Wohnungsverhältnisse** sowie einer vorausschauenden Wohnungs- und Bodenpolitik, den Strassenbahnverkehr **mit den benachbarten** Gemeinden in die Hand zu bekommen. Dadurch sollte Heidelberg noch mehr zum wirtschaftlichen Mittelpunkt einer relativ dicht besiedelten Gegend werden.

Als erste Massnahme in dieser Richtung erwarb die Stadtgemeinde am **1.7.1905** die «Elektrische Strassenbahn Heidelberg–Wiesloch» von der «Deutschen Eisenbahngesellschaft» in Frankfurt am Main zum Kaufpreis von 1,9 Mio Mark und verpachtete sie an die HSB.

Die Baugeschichte dieser Bahn geht bis auf **1896** zurück, als die Aktiengesellschaft für elektrische Anlagen und Bahnen in Dresden beabsichtigte, die südlich von Heidelberg gelegenen Gemeinden Rohrbach, Leimen, Nussloch und Wiesloch mit einer elektrischen Bahn zu verbinden. Das Vorhaben blieb jedoch ergebnislos. **1898** bemühte sich die «Aktiengesellschaft für Bahn-Bau und Betrieb» in Frankfurt am Main (BBB) um eine Konzession für ein Bahnprojekt nach Wiesloch. Die Gemeinden sowie das Heidelberger Zementwerk in Leimen verhielten sich dem Projekt gegenüber aufgeschlossen. Doch schien es zunächst zweifelhaft, ob die Konzession bis nach Wiesloch erreicht werden konnte. Denn ursprünglich zeigte man sich in Regierungskreisen nur zu einer Konzessionierung bis nach Nussloch bereit, wegen der Bedenken hinsichtlich einer möglicherweise eintretenden Schädigung der Hauptbahn durch den Betrieb bis Wiesloch. Diese Bedenken konnten aber zerstreut und die fiskalischen Rücksichten den volkswirtschaftlichen Interessen der Gegend untergeordnet werden. So erteilte das «grossherzogliche Ministerium des grossherzoglichen Hauses und der auswärtigen Angelegenheiten» der Deutschen Eisenbahngesellschaft in Frankfurt am Main (DEG) in einer Urkunde vom 6.6.1900 die Konzession für den Bau und Betrieb einer elektrischen Strassenbahn zwischen Heidelberg–Hauptbahnhof und Wiesloch. Die DEG wiederum übertrug den Bau und Betrieb der Bahn der ihr nahestehenden BBB.

Die Arbeiten begannen am **1.8.1900**. Während die BBB den Oberbau ausführte, übernahm den elektrischen Teil die Elektrizitätsaktiengesellschaft, vormals Lahmeyer & Co. Für den Oberbau war innerhalb der Stadt Heidelberg zwischen dem Bahnhofvorplatz und dem Friedhofsweg, sowie innerhalb der Ortschaften Rillengleis und ausserhalb der Ortschaften Vignolgleis zur Verlegung vorgesehen. Die Oberleitung, die zum überwiegenden Teil an Auslegermasten befestigt wurde, bestand aus doppeltem Kontaktdraht aus Hartkupfer von 8 mm Durchmesser.

Auf der Rohrbacher Strasse zwischen Bahnhofvorplatz und Steigerweg sollten die DEG und die HSB gemeinschaftlich die Gleisanlagen benutzen. Das vorhandene Pferdebahngleis musste aber mit Rücksicht auf das Befahren mit elektrischen Motorwagen umgebaut werden. Die hierzu geführten Verhandlungen gestalteten sich langwierig, so dass die Umbauarbeiten erst in der 2. Junihälfte **1901** aufgenommen werden konnten. Die Neuanlage der Gleise erfolgte unter gleichzeitiger Verlängerung der Ausweiche an der Bunsenstrasse auf zirka 100 m in

«Phönix»-Rillengleis. Vertragsgemäss sollte nach Elektrifizierung der Pferdebahn der Betrieb auf der Rohrbacher Strasse von der HSB übernommen werden.

Indessen waren die Arbeiten an der Teilstrecke Heidelberg, Friedhof–Wiesloch so weit vorangeschritten, dass am 13. Juli 1901 Probefahrten aufgenommen wurden. Am 23.7.1901 fand die feierliche Eröffnung der Bahn statt, tags darauf die offizielle Betriebsaufnahme. Die Strecke durch die Rohrbacher Strasse dagegen wurde in drei Teilabschnitten in Betrieb genommen:

22. 8.1901   Friedhof–Kaiserstrasse,
26. 8.1901   Kaiserstrasse–Bunsenstrasse,
21.10.1901   Bunsenstrasse–Hauptbahnhof.

Zur Sicherung der Gleiskreuzung beim Rohrbacher Übergang waren Flügelsignale aufgestellt worden, deren Bedienung vom Staatsbahnstellwerk aus erfolgte.

Ursprünglich war vorgesehen, die Strassenbahn nach Eröffnung der Nebenbahnlinie Meckesheim und Angelloch zum Stadtbahnhof Wiesloch über die Ringstrasse zu verlängern. Jedoch liessen sich diese Pläne scheinbar aus Kostengründen nicht realisieren.

Die Bahn begann am Vorplatz des Hauptbahnhofes in Heidelberg, folgte dann der Rohrbacher Strasse bis zum Steigerweg («das Gleis der Stadtlinien mitbenutzend») berührte den Ort Rohrbach bei der Abzweigung der Strasse nach Kirchheim, zog am Zementwerk Heidelberg vorbei durch den westlichen Teil von Leimen und gewann südlich wieder die Höhe der Landstrasse nach Wiesloch. Die Bahn führte mitten durch Nussloch hindurch und erreichte auf der Landstrasse die Stadt Wiesloch.

Besonders in der Nähe von Wiesloch waren starke Steigungen zu überwinden, die grösste betrug 6,6%.

Die Bahn war eingleisig mit Ausweichen angelegt und verlief auf öffentlichen Strassen überwiegend in Seitenlage. Ausweichen befanden sich an folgenden Stellen: Bunsenstrasse, Steigerweg, Hohe Gasse, Rohrbach Kreuz (Eichendorffplatz), Gemarkungsgrenze Rohrbach/Leimen, Leimen Apotheke, Leimen Johannisstrasse, Fischweiher, Nussloch Kreuz, Nussloch Friedhof und Wiesloch Bergwerk.

Die Streckenlänge betrug 13 km, einschliesslich allen Weichen und Nebengleise etwa 14,4 km.

Die Stromversorgung erfolgte für die Strecke von Heidelberg-Hauptbahnhof bis nach Rohrbach Kreuz durch das städtische Elektrizitätswerk Heidelberg, für die übrige Strecke durch die Oberrheinischen E-Werke (Zentrale Wiesloch). Mit letzterer war ein Stromlieferungsvertrag auf 25 Jahre, vom Beginn der Betriebseröffnung an, abgeschlossen worden.

Zu den Betriebsanlagen gehörte eine sechsgleisige Wagenhalle mit Werkstätte, die sich in Leimen befand, und ein kleiner zweistelliger Wagenschuppen an der Endstelle in Wiesloch. Der Wagenpark bestand aus je neun zweiachsigen Motor- und Beiwagen, zwei elektrischen Lokomotiven mit sieben Güterwagen sowie drei Arbeitswagen.

Der Fahrplan wies einen Halbstunden-Verkehr bis Leimen und einen Stundenverkehr bis Wiesloch auf. Der Personenverkehr war sehr rege, besonders im Sommer, wo der Ausflugsverkehr stark zunahm. Uneinigkeiten bestanden vor Aufnahme des Betriebes hinsichtlich der Fahrgeschwindigkeit. Strebte die BBB 25 km/h an, so wollte die Obrigkeit nur 20 km/h zulassen. Schliesslich einigte man sich auf 22 km/h. In Ortschaften bestanden allerdings grössere Geschwindigkeitsbegrenzungen.

Ein weiteres für den Betrieb der Bahn bedeutungsvolles Übereinkommen bestand mit den Portland Zementwerken Heidelberg-Mannheim. Nach einer vertraglichen Vereinbarung waren mit Betriebseröffnung der Bahn für die Dauer von 15 Jahren jährlich mindestens 50 000 Tonnen Kalksteine vom Steinbruch bei Nussloch zu den Zementwerken in Leimen zu befördern.

Nach Erbauung der Bahn hatte die BBB nach ihren Vorschlägen bei der Bewertung des Baukapitals zu 1,5 Mio Mark die Einnahmen aus dem Personenverkehr im ersten Betriebsjahr mit rund 100 000 Mark anschlagsmässig in Rechnung gesetzt, die Einnahmen aus dem Güterverkehr sollten also zirka 25% der Gesamteinnahmen ausmachen. Diese Zahlen verdeutlichen, welche grossen Erwartungen die BBB in den Güterverkehr hinsichtlich der Gesamtrentabilität des Unternehmens setzte. Sicherte doch erst der Vertragsabschluss mit den Portland Zementwerken die Finanzierung des Unternehmens.

Die Zementwerke besitzen ihre Hauptsteinbrüche auch heute noch in Leimen unweit dem Fabrikgelände. Der Steinbruch hinter Nussloch enthält kalkreicheres Steinmaterial als der Leimener Steinbruch, dessen Steine mehr tonhaltig sind, und dient hauptsächlich dazu, den schwankenden Tongehalt der Leimener Steine durch richtige Mischung des gesamten Rohmaterials auszugleichen. Der unterschiedlichen Qualität des Leimener Steinmaterials zufolge ist auch der Bedarf an Steinen aus dem Nusslocher Steinbruch unregelmässig. Insofern war auch der Güterbetrieb gewissen Schwankungen unterlegen, was seine Wirtschaftlichkeit ungünstig beeinflussen musste. Obwohl pro Tonne beförderter Kalksteine nur 60 Pfennig bezahlt wurden, liessen sich dennoch erhebliche Gewinne bei der Güterbeförderung erzielen. Dazu trug einmal der günstige Umstand bei, dass die Nutzlast bei einem durchschnittlichen Gefälle von zirka 8‰ befördert werden konnte. Zudem beeinflusste die Anordnung der elektrischen Lokomotive als Nutzlastlokomotive die Wirtschaftlichkeit des Betriebes. Die Einnahmen im Güterbetrieb betrugen beispielsweise für das Jahr **1904** für 70 000 Tonnen beförderter Steine 40 000 Mark.

Zur Bewältigung der Steintransporte dienten zwei elektrische Lokomotiven und sieben Güterwagen. Anfänglich durften die Lokomotiven nur zwei Güterwagen mitführen, später wurde die Genehmigung für drei Güterwagen erteilt. Zwei waren Bremswagen, mit mechanischer Handbremse, von einem begleitenden Bremser bedient. Mit Rücksicht auf den Fahrplan der Personenzüge musste der Lade- und Entladevorgang in weniger als zwölf Minuten vor sich gehen. Die Güterzüge fuhren zum Beladen am Steinbruch über ein Gleisdreieck rückwärts in den Stollen ein, wo zuerst die Lokomotive und dann nacheinander die Güterwagen beladen wurden. Die Ladung des Steinmaterials erfolgte durch zwei Ladeschurren, die einen Zug in weniger als sechs Minuten beladen konnten. Im Zementwerk Leimen fand bedingt durch den Weitertransport und die gute Mischung des Materials der Entladevorgang langsamer statt. Er dauerte ungefähr eine halbe Stunde. Es wurden deshalb dort nur die Lokomotiven entladen und ein Güterwagen-Wechselbetrieb durchgeführt.

Die Fahrt dauerte auf der 5,0 km langen Strecke einschliesslich der Aufenthalte an den beiden Stationen jeweils eine halbe Stunde.

Auf Veranlassung der Portland Zementwerke ruhte der Steinzugbetrieb zwischen dem **26.11.1907** und dem 13.1.1911. In dieser Zeit wurde der gesamte Rohmaterialbedarf aus dem Leimener Steinbruch bezogen. Vertraglich waren aber die Zementwerke für weitere acht Jahre zur Abnahme von 50 000 Tonnen Steine oder zur Zahlung eines Beförderungspreises von 30 000 Mark verpflichtet. Dadurch entstand für die HSB während dieser Zeit kein bedeutender finanzieller Ausfall. **1918** wurde der Vertrag über die Kalksteinbeförderung gelöst, da das Zementwerk zum 1. Juli die Kalksteine mit eigener Hängebahn beförderte.

Der Strassenbahnbetrieb von 1905 bis zur vorübergehenden Einstellung 1923

Der Verkehr auf der Strassenbahn, die nun als «Stadtlinien» zum Unterschied von der am **1. Juli 1905** übernommenen Linie Heidelberg–Wiesloch bezeichnet wurde, hatte weiter zugenommen. Während der Wintermonate gelangten erstmals Anhängewagen zum Einsatz, da die Motorwagen allein für den Verkehr nicht mehr ausreichten. Zudem wurde der Fahrplan erweitert und sogenannte Spätwagen zum Karlstor, Bismarckplatz, Schlachthaus und zur Kuno-Fischer-Strasse eingerichtet.

Das gesteigerte Verkehrsaufkommen machte Erweiterungen bzw. Umbauten der Bahnanlagen erforderlich:
In der Bergheimer Strasse wurde die Weiche an der Römerstrasse um 125 m bis zur Gartenstrasse verlängert. Hierdurch konnte der Anschluss der Stadtlinie «Schlachthaus–Handschuhsheim» am Bismarckplatz ohne Verspätung eingehalten und die Fahrgeschwindigkeit etwas reduziert werden.

Die Rohrbacher Strasse wurde von der südlichen Seite des Staatbahnüberganges an bis zur Kronprinzenstrasse (heute Dantestrasse) zweigleisig ausgebaut. Obgleich durch das Schliessen der Bahnschranke am Rohrbacher Übergang der Betrieb auf dieser Linie immer noch ungünstig beeinflusst wurde, trat durch die zweigleisige Strecke eine Verbesserung ein. Man ging 1906 auf Drängen der Gemeinde Rohrbach zwischen Heidelberg und Rohrbach zum Viertelstunden-Verkehr über (bisher 30 Minuten).

Nach Übernahme der Vorortbahn «Heidelberg–Wiesloch» zeigte sich, dass die Gleise in dem Zustand, infolge immer wieder auftretender Betriebsstörungen, nicht belassen werden konnten. Daher erfolgte die Aufarbeitung zwischen 1905 und 1911 mit erheblichen Kosten.

Da sich die Frequenz auf den Spätwagen höher erwies, wurde zum 1. Mai 1906 versuchsweise der Spätwagenverkehr bis zum «Grünen Hof» ausgedehnt.

Die Verbreiterung der Friedrichsbrücke **1906** erforderte die Verlegung der Gleise zur Fahrbahnmitte. Allerdings war dieser Änderung schon beim Bau der Linie «Bismarckplatz–Handschuhsheim» Rechnung getragen worden.

Die **1907** begonnenen Vorarbeiten für die Anlage des neuen Bahnhofs machten 1908 am Friedhof eine Verlegung der Gleisanlage für die Linie «Heidelberg–Wiesloch» von der Rohrbacher Strasse in östlicher Richtung notwendig, um die Herstellung einer Staatsbahnunterführung unter der Rohrbacher Strasse zu ermöglichen. 1910 erfolgte eine Rückverlegung des Gleises.

Die durch den Umsteigeverkehr bedingten Standzeiten auf der Linie «Schlachthaus–Handschuhsheim» verursachten immer wieder Verzögerungen in der Ankunft der Wagen an den einzelnen Ausweichstellen. Um einen besser geregelten Betriebsablauf zu ermöglichen, wurde in den Monaten April und **Mai 1909** die Weiche an der Kuno-Fischer-Strasse bis zur Blumenthalstrasse verlängert und in der Bergheimer Strasse zwischen Mittermaier- und Schlachthausstrasse (heute Karl-Metz-Strasse) eine neue Weiche eingelegt.

Die Gemeinde Kirchheim, die unmittelbar an die Gemeinde Rohrbach angrenzte, bestand vorwiegend aus einer Arbeiterbevölkerung, die einen Berufsverkehr anstrebte. Dem konnte jedoch zunächst nicht entsprochen werden, da die Generaldirektion der Badischen Staatsbahn die Kreuzung einer Strassenbahn mit den Gleisen der Staatsbahn beim Bahnhof Kirchheim nicht genehmigte. Ein darum am **14.10.1905** eingerichteter Autobusbetrieb wurde am **15.7.1906** wegen Unrentabilität wieder aufgegeben. Erst nachdem der niveaugleiche Übergang durch ein Brückenbauwerk beseitigt war, konnte an die Realisierung herangetreten werden. Am **15.11.1909** wurde mit dem Bau der in Rohrbach von der Vorortlinie «Heidelberg–Wiesloch» abzweigenden, 1,71 km langen eingleisigen Bahnstrecke begonnen. Die Inbetriebnahme erfolgte nach einer Bauzeit von drei Monaten am **19. Februar 1910**. Damit hatte Kirchheim lange vor seiner Eingemeindung (1920) einen Strassenbahnanschluss erhalten. Der Ausgangspunkt Rohrbacher Markt war als einfaches Gleisdreieck ausgeführt. Dadurch war es möglich, die Wagen ohne Rangierbewegungen nach Heidelberg und nach Wiesloch direkt durchzuführen. Bis zum Aufgang der Brückenrampe zur Staatsbahnüberführung lag das Gleis in Strassenmitte und führte von dort ab teilweise in Seitenlage und durch enge Strassen bis zum Rathaus in Kirchheim. In Rohrbach befand sich auch die Waggonfabrik Fuchs, die bis zu ihrer Liquidation 1957 für die HSB die Strassenbahnwagen lieferte. Hier bestand ein Anschlussgleis mit Ausweiche sowie an der Endstelle Kirchheim eine Ausweiche.

Die neue Linie verkehrte vom Hauptbahnhof aus alle halbe Stunde nach Kirchheim, so dass sich mit der Linie Heidelberg–Wiesloch auf dem Abschnitt Heidelberg–Rohrbach ein Viertelstunden-Verkehr ergab.

Die Strecke nach Kirchheim stellte zugleich die erste Teilstrecke einer projektierten grossen Ringbahn Heidelberg–Wiesloch–Walldorf–Sandhausen–Heidelberg dar. Als weitere Baustufe war die Verbindung vom bereits damals vorgesehenen neuen Hauptbahnhof über die Dreibogenbrücke auf direktem Wege nach Kirchheim geplant. Diese Linie wäre in der Schwetzinger Strasse mit dem bestehenden Gleis verbunden worden. Der **1914** in Erwägung gezogene Ausbau unterblieb wegen der unklaren politischen Lage. Es bestanden aber auch Schwierigkeiten mit der Konkurrenz der verschiedenen Verkehrsträger. Zu einem 1930 erstellten modifizierten Projekt erklärte das Badische Bezirksamt: «Die angeregte Durchführung einer Ringbahn Heidelberg–Wiesloch–Walldorf–Heidelberg wird in absehbarer Zeit wegen der Konkurrenz mit der Strecke der Nebenbahn Wiesloch/Walldorf–Wiesloch/Stadt sich nicht verwirklichen lassen, da die Nebenbahn weitere Einnahmeausfälle nicht ertragen kann.»

Seit Jahren schon befasste sich der Stadtrat mit dem Gedanken, den Stadtteil Schlierbach im Neckartal mit dem engeren Stadtgebiet durch die Erstellung einer elektrischen Strassenbahn zu verbinden. Der Ausführung des Projekts begegneten grosse Schwierigkeiten. Denn an zwei Stellen der Schlierbacher Landstrasse, am Karlstor sowie am sogenannten «Weissen Übergang», musste die projektierte Linie den Gleiskörper der Staatsbahn niveaugleich überschreiten. Dagegen äusserte die Generaldirektion der Badischen Staatsbahn Bedenken und erteilte deshalb keine Erlaubnis zur Ausführung der beiden Bahnübergänge. Daher wurde am 29.10.1905 versuchsweise ein Autobusverkehr zwischen Karlstor und Schlierbach eingerichtet. Dieses Verkehrsmittel erwies sich bald in seiner provisorischen Form als nicht ausreichend. Deshalb bemühte sich die Strassenbahngesellschaft, die Ausführung des Projektes mit Nachdruck zu betreiben; aber auch eine 1907 neu bearbeitete Planung, bei der der Betrieb in vollem Umfang über die beiden Staatsbahnübergänge geführt werden sollte, hatte keine

Aussichten auf Erfolg. Das grossherzogliche Ministerium des Inneren empfahl, die Erstellung der Strassenbahn so lange zurückzustellen, bis die beiden erwähnten Übergänge beseitigt seien. Der Stadtrat wollte aber im Interesse der Bewohner des Stadtteils Schlierbach, die inzwischen wiederholt um Beschleunigung des geplanten Vorhabens baten, die Ausführung der Strassenbahnlinie nicht verschieben. Verhandlungen mit der Staatsregierung ergaben, dass eine Zustimmung zu erreichen sein würde, wenn es gelänge, die Überschreitung der Staatsbahngleise auf eine Stelle zu beschränken.

Nachdem eine Unter- oder Überführung der Strassenbahn am sogenannten Weissen Übergang ausser Betracht kam, entschloss man sich auf die Überschreitung der Strassenbahn beim Karlstor zu verzichten, indem der Ausgangspunkt der Strassenbahn an die Ostseite des dortigen Übergangs verlegt werden sollte. Dabei musste in Kauf genommen werden, dass die Fahrgäste von und zur Altstadt etwa 90 m zu Fuss zurückzulegen hatten. Ausserdem wurden umfassende Sicherheitsmassnahmen verlangt. Danach stand einer Konzession nichts mehr entgegen. Am 24. Februar 1910 beschloss die Stadtgemeinde den Bau der 3,17 km langen Linie vom Bahnhof Karlstor bis zum Bahnhof Schlierbach auf eigene Kosten mit einem Aufwand von 226 000.— M und die Verpachtung dieser Strecke gegen eine Jahresvergütung von 11 300.— M an die HSB.

Im **Frühjahr 1910** begannen die Bauarbeiten, jedoch verzögerte sich die Fertigstellung durch die schwierige Ausführung der beiden Niveaukreuzungen mit den Gleisen der Odenwaldbahn erheblich. Die eingleisige Strecke, die an die bestehende Stadtlinie am Karlstor anschloss, kreuzte kurz hinter dem Bahnhof Karlstor zwei Staatsbahngleise und verlief nach nochmaligem Kreuzen der selben Gleise am sogenannten Weissen Übergang bei Kilometer 1,3 auf der nördlichen Seite der Schlierbacher Landstrasse bis zu dem Wegabzweig nach dem Bahnhof Schlierbach. Um das Rangieren von Anhängewagen zu ermöglichen, wurde an den beiden Endstellen je eine Ausweiche eingelegt. Eine weitere Ausweiche befand sich auf der Streckenmitte an der Teufelskanzel.

Die Inbetriebnahme der Linie erfolgte am 1.11.1910. An Werktagen fand im Winterhalbjahr ein Halbstundenverkehr, an Feiertagen und an den Nachmittagen im Sommerhalbjahr ein Viertelstundenverkehr statt. Die Wagen durften den Karlstorübergang nur morgens und abends beim Aus- und Einrücken befahren, doch auch nur nach der jeweiligen Einholung der Erlaubnis durch den Stellwerkswärter des Bahnhofs Karlstor. Vor den Wegschranken waren Warntafeln aufgestellt, welche die Stellen anzeigten, bis zu denen die Strassenbahnwagen auf beiden Seiten des Bahnübergangs vorrücken und über welche hinaus die zu überführenden Wagen ohne Erlaubnis nicht bewegt werden durften. Vor dem Weissen Übergang waren für beide Zugrichtungen Deckungssignale (Haupt- und Vorsignale) installiert, die mit den beiderseits des Strassenübergangs neben dem Strassenbahngleis aufgestellten Signalen so in Abhängigkeit standen, dass letzte nur dann auf «freie Fahrt» gestellt werden konnten, wenn die Bahnsignale auf «Halt» standen. Ausserdem wurde noch je eine Sicherheitsweiche auf jeder Seite eingelegt, in die der Strassenbahnwagen hineinfuhr, wenn der Wagenführer die Schranke bei dem auf «Halt» stehenden Signal durchfahren haben sollte.

Zum **1. Mai 1911** erfuhr dem gesteigerten Verkehrsaufkommen entsprechend der Fahrplan eine erhebliche Ausdehnung. Auf allen Stadtlinien begann der Betrieb früher und endete später. Die Linien zum Friedhof und nach Handschuhsheim waren von diesem Zeitpunkt ab der Hauptstrassenlinie hinsichtlich der Betriebsdauer gleichgestellt. Ausserdem verkehrten die Spätwagen bis gegen 24.00 h ungefähr alle 24 Minuten.

Der Ausbau der Mittelstrasse (heute Steubenstrasse) im Stadtteil Handschuhsheim ermöglichte es **1912,** die seither durch die Handschuhsheimer Landstrasse bis zum «Grünen Hof» führende Linie in die Mittelstrasse zu verlegen. Dieser Strassenzug war in bezug auf die Höhenlage wie auf die Breite für den Strassenbahnbetrieb geeigneter als die bisherige Linienführung. Zudem konnte die Linie hierdurch an der Westseite der Tiefburg vorbei bis an das Ende des Stadtteils zur Biethsstrasse herangeführt werden. Die am 1.11.1912 in Betrieb genommene Strecke war 1,146 km lang. Sie verlief, abgesehen von einem doppelgleisigen Abschnitt in der Mittelstrasse zwischen Kapellenweg und Lindengasse, eingleisig an der Westseite der Tiefburg vorbei, durch die Burgstrasse und endete an der Biethsstrasse in einem Ausweichgleis. In Folge dieses Streckenausbaus wurde der Betrieb auf der 0,48 km langen Strecke Blumenthalstrasse–Grüner Hof eingestellt und die Gleisanlage entfernt.

1912/13 gelangte die gesamte Bahnanlage der Vorortlinie Heidelberg–Wiesloch zur Erneuerung. Obwohl in den vergangenen Jahren erhebliche Mittel in den Unterhalt der Gleise investiert worden waren, konnte eine dauerhaft feste Lage derselben nicht mehr gewährleistet werden. Das hatte seinen Grund teils im mangelhaften unsachgemäss ausgeführten Unterbau, teils im zu leichten Schienenprofil. Eine Erneuerung liess sich nicht länger hinausschieben. Für die Erneuerung kamen Schienen mit Wechselstegverplattung zur Verlegung.

1913 wurden folgende Liniennummern eingeführt:

Linie 1	Schlachthaus–Handschuhsheim	**Linie 5**	Karlstor–Neckargemünd
Linie 2	Hauptbahnhof–Karlstor		(in Vorbereitung)
Linie 3	Hauptbahnhof–Friedhof	**Linie 6**	Hauptbahnhof–Kirchheim
Linie 4	Karlstor–Schlierbach	**Linie 7**	Hauptbahnhof–Leimen
		Linie 8	Hauptbahnhof–Wiesloch

Linien 1–3 Stadtbahnen. **Linien 4 und 5** Neckartalbahn. **Linien 6–8** Vorortbahnen. Charakteristisch war die Trennung in Stadt- und Vorortlinien. Diese Regelung brachte aber für viele Fahrgäste den Nachteil des Umsteigens.

Bereits bei der Projektierung der Linie Karlstor–Schlierbach wurde der Wunsch geäussert, die Bahn zugleich über die östliche Gemarkungsgrenze hinaus bis zur Nachbarstadt Neckargemünd zu führen. Die Stadtgemeinde Heidelberg begrüsste zwar eine Fortführung der Strassenbahnlinie, jedoch wollte man vorerst noch abwarten, bis die Teilstrecke nach Schlierbach fertiggestellt war. Nachdem sich die in zweijähriger Betriebszeit gewonnenen Resultate hinsichtlich Rentabilität als zufriedenstellend erwiesen, konnte an eine Weiterführung der Neckartalbahn bis nach Neckargemünd gedacht werden, zumal das auch aus Gründen der Fremdenverkehrspolitik als sehr wünschenswert schien. Daher beschloss der Bürgerausschuss in seiner Sitzung vom **4.11.1912** den Bau der 5,1 km langen Linie Schlierbach–Neckargemünd mit einem aus Anlehensmittel zu bestreitenden Kostenaufwand von 310000.— M und ihre Verpachtung an die Gesellschaft gegen eine Jahresvergütung von 17500.— M. Die Erteilung der für die Strecke erforderlichen staatlichen Konzession erfolgte am **10.2.1913**. Der Bau konnte am 15.5. begonnen werden. Obwohl die Linie gegen Jahresende fast fertiggestellt war, wollte man die Inbetriebnahme aus Rentabilitätsgründen auf das Frühjahr verschieben, da man dann bessere Frequenzen erwartete.

Die Eröffnung fand am **1. April 1914** unter dem Signal 5 statt. Im Anschluss an die Linie 4 verlief die Bahn auf der Neckarseite der Landstrasse bis nach Neckargemünd. Beim dortigen Bahnhof schwenkte sie auf die südliche Strassenseite über und endete kurz hinter der Elsenzbrücke vor dem Gasthaus Zum Hirschen am Hanfmarkt. Die Bahnanlage war eingleisig angelegt mit Ausweichen etwa 250 m östlich des Bahnhofs Schlierbach sowie beim Kümmelbacherhof. Am Endpunkt in Neckargemünd war zur Bewältigung des starken Ausflugsverkehrs für Anhängewagen ein Abstellgleis und zum Umsetzen eine Ausweiche geschaffen worden.

Die Linie 5 verkehrte halbstündlich vom Bahnhof Karlstor nach Neckargemünd. Zusammen mit der Linie 4 ergab sich dadurch bis Schlierbach Bahnhof ein Viertelstundenbetrieb.

Schon frühzeitig tauchte der Gedanke auf, auch die Gemeinden Eppelheim, Plankstadt und Schwetzingen durch eine Strassenbahn mit Heidelberg zu verbinden. Dabei ging es nicht nur darum, kulturelle Beziehungen abzubahnen und zu festigen, vielmehr sollten gemeinsame Verkehrs- und Wirtschaftsinteressen eines grossen Bezirks gefördert und der Fremdenverkehr gehoben werden. Zwar war am **9.8.1905** bei dem zuständigen Ministerium eine Konzession für eine solche Linie gestellt worden, jedoch musste die Ausführung wegen verschiedener Schwierigkeiten zurückgestellt werden. Als wesentliches Hindernis erwies sich die im Zusammenhang mit der Verlegung des Güterbahnhofs notwendige Änderung des Strassenzugs der Eppelheimer Landstrasse. Ferner war als Endpunkt für die Bahn der Schlossplatz in Schwetzingen vorgesehen. Dieser war aber nur zu erreichen, wenn die seinerzeit geplante Strassenbrücke über die Rheintalbahn nach deren Fertigstellung befahren werden durfte. In letztgenannter Hinsicht wurde die Ermächtigung vom Ministerium am **8.12.1907** erteilt; die Schwierigkeiten im Zusammenhang mit der Verschiebung der Eppelheimer Landstrasse jedoch konnten erst mit Ablauf **1912** beseitigt werden. Sobald die Projekte zur Verlegung des genannten Strassenzuges eine endgültige Form angenommen hatten, die ein genaues Ausführungsprojekt für die Strassenbahnlinie ermöglichten, reichte man ein Konzessionsgesuch ein.

Es gelang der Stadtgemeinde am 13.9.1912, die gewünschte Genehmigung zu erhalten. Mittlerweile wurde aber die Absicht zum Bau einer neuen Zufahrtsstrasse westlich von Plankstadt bekannt, die eine günstigere Linienführung als die bisher vorgesehene über die Friedrichstrasse in Plankstadt und die Kurfürstenstrasse in Schwetzingen ermöglichte. Daher entschloss man sich, das Projekt umzuarbeiten. Diese Angelegenheit sowie der Umstand, dass im Herbst 1912 die alsbaldige Fortführung der Neckartalbahn Schlierbach– Neckargemünd vom Bürgerausschuss beschlossen wurde, gaben Anlass, die Ausführung der Linie Heidelberg–Schwetzingen noch zurückzustellen.

Nachdem aber mit dem Bau eines neuen Gaswerks an der Eppelheimer Landstrasse begonnen wurde, liess sich der Bau der ersten Teilstrecke aufgrund des sich entwickelnden Verkehrs zwischen der Stadt und dem Gaswerk nicht länger hinauszögern. Deshalb beschloss der Bürgerausschuss am **16.4.1914** auf Antrag des Stadtrats, den Bau der 4 km langen eingleisigen Strecke Heidelberg–Eppelheim auszuführen. Die Linie sollte am Schlachthofplatz beginnen und nach Überquerung der Czernybrücke der Eppelheimer Landstrasse auf der nördlichen Strassenseite bis nach Eppelheim folgen. Der vorläufige Endpunkt der Bahn sollte am dortigen Rathaus sein. Ausweichstellen waren am Diebsweg sowie am Rathaus in Eppelheim vorgesehen. Mit der Inangriffnahme der Arbeiten wurde am 13.7.1914 begonnen, jedoch mussten diese kurz nach Kriegsausbruch auf Veranlassung der Aufsichtsbehörde aus militärischen Gründen eingestellt werden. Im November konnten die Bauarbeiten wieder aufgenommen und die Gleisanlage 1915 bis Eppelheim fertiggestellt werden. Mit der Ausführung der Oberleitung musste bis Kriegsende gewartet werden.

Der Erste Weltkrieg unterbrach jede weitere Ausdehnung. So war der Gemeinde Ziegelhausen bei der Erbauung der Neckarbrücke 1913/14 eine Strassenbahnverbindung nach Fertigstellung der Brücke bis Ziegelhausen — Gasthaus zum Lamm — in Aussicht gestellt worden. Deshalb wurden Schienen auch gleich mit in die neue Brücke eingelegt. Nachdem die Brücke fertiggestellt war, brach jedoch der Krieg aus, und nach Beendigung desselben standen dem Vorhaben Schwierigkeiten mit der Kapitalbeschaffung für Neubauten entgegen. So erhielt Ziegelhausen erst 1965 durch die Einrichtung einer Buslinie eine korrekte Verbindung mit der Stadt.

Ebenfalls konnte die bereits erwähnte Ringlinie Heidelberg–Walldorf–Wiesloch–Heidelberg und eine Linie zum seinerzeit projektierten Zentralfriedhof in Neuenheim (siehe S. 22) nicht realisiert werden.

Im Ersten Weltkrieg wurde Heidelberg zur Lazarettstadt. Am neuen Güterbahnhof liefen Tag und Nacht die Verwundetenzüge ein. Die verletzten Soldaten wurden mitsamt ihren Tragbahren auf Fuhrwerke aufgeladen und in die Kliniken und Lazarette gebracht. Diese Beförderungsart erwies sich jedoch für solche Verwundete als sehr unangenehm, denen jede Erschütterung Schmerzen bereitete. Daher kam man bald auf den Gedanken, die Verletzten auf dem Schienenweg zu befördern. Bereits 1913 war ein Strassenbahnprojekt für den Anschluss des neuen Güterbahnhofs mit späterer Weiterführung bis zur Eilguthalle ausgearbeitet worden. Obgleich eine Konzession für den Bau dieser Strecke noch ausstand (sie wurde erst am **21.6.1915** erteilt), lag nun ein dringendes Bedürfnis hierfür vor. Infolgedessen baute man die eingleisige Bahnanlage in der Czernystrasse weiter aus und legte die Gleise bis weit in den Güterbahnhof hinein. In der Güteramtsstrasse (heute Czernyring) war nachträglich noch eine Ausweiche eingelegt worden. Die Kürze der zur Verfügung stehenden Zeit sowie der besondere Zweck, den die Bahn während des Krieges zu erfüllen hatte, veranlasste, dass 500 m dieser 825 m langen Linie nur provisorisch ausgeführt wurden. Im September 1914 war diese Gleisanlage fertiggestellt.

Für die Aufnahme der Verwundeten wurden 17 offene Anhängewagen so hergerichtet, dass diese auf Tragbahren ohne Umbetten in die Wagen untergebracht werden konnten. Die Motorwagen erhielten ein grosses rotes Kreuz an den Stirnseiten. So waren die Lazarettzüge schon von weitem erkennbar.

Nachdem zum 8. Juni 1914 zwischen Messplatz (= Schlachthaus) und Czernystrasse auch ein Personenverkehr mit Pendelwagen eingerichtet worden war, konnte dieser **Anfang September 1914** bis zum Güterbahnhof ausgedehnt werden. Am Messplatz bestand jeweils Anschluss an die vom Bismarckplatz kommenden Wagen.

Am **2.11.1914** trat auf den Stadtlinien ein Kriegsfahrplan in Kraft. Dabei kamen sowohl die Früh- und Spätwagen als auch die stets nur schwach besetzten Anhängewagen der Linie 1 in Wegfall. Ebenso fielen teilweise die auf der Vorortlinie 8 eingesetzten Arbeiterzüge fort.

Der günstige Geschäftsgang der Gesellschaft wurde durch die Kriegszeit stark beeinträchtigt. Das kam besonders in den ersten Tagen nach der Mobilmachung zum Ausdruck, als durch die Einberufung (69% bei den Stadtlinien und 53% bei den Aussenlinien) alle Betriebszweige vorübergehend erheblich eingeschränkt werden mussten. Nur der grossen Einsatzbereitschaft der verbliebenen Arbeitskräfte war es zu verdanken, dass bald zu einer Betriebsweise übergegangen werden konnte, die den bestehenden Verkehrsbedürfnissen genügte. Nachdem aber immer wieder Fahrbedienstete von den neu ausgebildeten Mannschaften zum Wehrdienst eingezogen wurden, entschloss sich die Gesellschaft, weibliche Kräfte in den Schaffnerdienst zu stellen, um eine abermalige Einschränkung zu verhindern. Ein Jahr später genehmigte die Staatl. Aufsichtsbehörde auch weibliche Wagenführer probeweise einzusetzen.

Mit Juni 1915 wurde der Personenverkehr zum Güterbahnhof wieder eingestellt, da dieser sich als unbedeutend erwiesen hatte und die Gesellschaft zudem durch die Ausfälle des Krieges zur grössten Sparsamkeit gezwungen war.

1916 machte sich hauptsächlich der Mangel an Aufsichtsbeamten, angelernten Arbeitern und Materialien bemerkbar. In Ermangelung an Arbeitskräften mussten daher anstehende Instandsetzungsarbeiten an Bahnanlagen und Betriebsmitteln bis zum Kriegsende aufgeschoben werden.

1917 stellten sich neue Schwierigkeiten durch die eintretende Kohlenknappheit ein. Demzufolge erfuhr in den Wintermonaten der Fahrplan weitere Einschränkungen. Im November verlängerte man die Strassenbahngleise im Güterbahnhof zum Zwecke der Kohlenversorgung der Stadt. Diese Gleise konnten aber zunächst nicht benutzt werden, da es an den nötigen Transportwagen fehlte. Die von der Direktion der HSB in Aussicht gestellten Kippwagen waren nur für die Nachtzeit zu haben, aber hierfür fehlte es an Mannschaften zum Entladen. Später war die Zufuhr derart gering, dass eine besondere Ausladevorrichtung wiederum nicht benötigt wurde. Das Gleis diente lediglich dem Roten Kreuz für die Entladung der Verwundeten und wurde daher am 15.10.1918 wieder entfernt. Der Abbau der übrigen Gleisanlagen begann am 20.1.1919, um die Abschlussarbeiten am neuen Güterbahnhof zu ermöglichen.

Im letzten Kriegsjahr nahm der Verkehr auf allen Linien erheblich zu. 8,9 Millionen Personen wurden befördert und 1 730 023 Wagenkilometer geleistet. Die Überfüllung der Wagen war zeitweilig so stark, dass die Grundsätze einer geordneten Betriebsführung kaum noch gewährleistet wurden. Trotzdem sah sich das Unternehmen infolge der Kohlenknappheit, welche die Behörde zur Zuweisung einer fest umgrenzten Strommenge veranlasste, ausserstand, den Betrieb den Verkehrsbedürfnissen anzupassen.

Wie der Verkehr stiegen aber auch die Betriebsausgaben erheblich an. Durch die Geldentwertung stiegen Materialpreise ständig, doch liessen sich die Erneuerungen der Betriebsanlagen nicht länger aufschieben. Daher nahm man **1918/19** im beschränkten Umfang Ausbesserungs- und Erneuerungsarbeiten vor. Hingegen mussten die in Aussicht genommenen Erweiterungen des Bahnnetzes unterbleiben. Zudem waren die Schienen kontingentiert und wurden für neue Bauzwecke nicht geliefert. Lediglich die vor Kriegsausbruch in Angriff genommene Strecke Schlachthaus–Eppelheim konnte fertiggestellt und seit **4.4.1919** durch die neu eingerichtete Linie 10 befahren werden.

1919 sah sich die Gesellschaft wegen der anhaltenden Kohlenknappheit zu grösster Sparsamkeit in der Betriebsabwicklung gezwungen. Den Sparmassnahmen fiel der kurze Streckenabschnitt im Verlauf der Burgstrasse in Handschuhsheim zum Opfer. Nun endeten die Wagen der Linie 1 an der Tiefburg. Wegen eines dort fehlenden Umsetzgleises musste bei Mitführen von Beiwagen über das in der Mittelstrasse befindliche Ausweichgleis beim Grahampark mittels Standwagen umrangiert werden.

Obwohl die Gesellschaft versuchte, die wachsenden Betriebsausgaben mit Fahrpreiserhöhungen auszugleichen, vermochte sie der fortschreitenden Verteuerung aller Betriebsbedürfnisse nicht mehr zu folgen. Da die Beförderungsziffern mit jeder Fahrpreiserhöhung zurückgingen, verschlechterte sich das Verhältnis zwischen Einnahmen und Ausgaben weiter. Bei den Stadtlinien machte sich der Fahrgastrückgang weniger bemerkbar als bei der Vorortlinie Heidelberg–Wiesloch, denn bei ersteren wurde in bezug auf die Fahrpreise weniger Rücksicht genommen. Die finanzielle Zwangslage machte sich umso deutlicher bemerkbar, als die seit **1920** begonnene und nicht mehr aufschiebbare Erneuerung der Bahnanlagen der 1901 bis 1904 gebauten Stadtlinien in grossem Masse stattfand. Die Erneuerungsarbeiten, zwangsweise mit Darlehensmitteln bestritten, konnten bis **1922** weitgehend ausgeführt werden.

Der laufende Währungsverfall zerrüttete die wirtschaftlichen Verhältnisse schliesslich derart, dass die HSB gezwungen war, den Betrieb vom **26.11.1923** bis zum **20.1.1924** stillzulegen, um den Fortbestand des Unternehmens zu sichern.

Der Vertrag mit der Stadt Heidelberg

Das Akienkapital der Pferdebahn in Höhe von 350 000.— M war **1890** um die Baukosten für die Bergbahn Kornmarkt–Molkenkur auf 1 235 000.— M erhöht worden. Zur Deckung der Unkosten für die Wiederherstellung betriebstüchtiger Bahnanlagen und des Rollmaterials sowie zum

Zwecke des Ankaufs der der Stadt Heidelberg gehörenden und bisher von der HSB verwalteten Bahn fand **1923** abermals eine Erhöhung des Aktienkapitals auf 101 235 000.— M Stamm- und 10 000 000.— M Vorzugsaktien statt. Am 24. Juli 1923 wurde ein Verkaufsvertrag mit der Stadtgemeinde abgeschlossen. Die Stadtgemeinde erhielt als Kaufpreis für ihre Bahn 80 000 000.— Mark Stammaktien und 10 000 000.— M Vorzugsaktien. Der Erwerb dieser Bahn brachte der Gesellschaft den grossen Vorteil, jetzt als geschlossenes Ganzes, einheitlich ausgestaltet und betrieben werden zu können.

Der Gesellschaft gehörten damit:
1. 6 Strassenbahnlinien mit 33,807 km Bahnlänge und 37,850 km Gleislänge,
2. 2 Bergbahnen und
3. ein Turmaufzug auf dem Königstuhl.

Am 27. November **1924** wurde das Aktienkapital von Papiermark auf Goldmark umgestellt und betrug danach 4 449 400.— RM. (Reichsmark)

Zum 18.7.1935 erfolgte nach Einziehung von 24 400.— RM eine Kapitalherabsetzung im Verhältnis 5:1 auf 885 000 Reichsmark. Danach besass die Stadt Heidelberg 69% des Aktienanteils. Laufende Kostensteigerungen auf dem Personal- als auch auf dem Investitionssektor erforderten in 1960 bis 1974 mehrfache Kapitalerhöhungen, so dass sich dieser Anteil schliesslich auf über 99% erhöhte. Das Grundkapital hatte sich im gleichen Zeitraum auf 16 Millionen DM erhöht.

Um eine wirtschaftliche Stabilisierung der HSB zu erreichen, wurde am 23.10.1975 die Holdinggesellschaft «Heidelberger Versorgungs- und Verkehrsbetriebe GmbH (HVV)» gegründet, die seither die Stadtwerke Heidelberg AG (SWH) mit der HSB verbindet.

Die Strassenbahn seit 1924.

Am **21.1.1924** konnte als erstes die Linie 10 wieder eröffnet werden. Zwei Tage darauf verkehrten auch alle übrigen Linien wieder.

Die Wiederkehr stabiler Geldverhältnisse leitete allmählich einen Gesundungsprozess des Unternehmens ein. 1924 konnten die Verkehrsleistungen, die während der letzten Jahre ständig zurückgegangen waren, wieder annähernd auf den Vorkriegsstand gebracht werden. Auch war eine Verkehrssteigerung zu verzeichnen. Dadurch wurden Mittel frei zum weiteren Wiederaufbau von Betriebsanlagen und Einrichtungen. Hierzu gehörte insbesondere die Umgestaltung der Gleisanlage am Bismarckplatz und die Errichtung einer Umsteigeinsel. Die Inbetriebnahme der umgebauten Gleisanlage erfolgte am 13.4.1924. Während des Umbaus war die Linie 1 aufgeteilt und verkehrte nur zwischen Bismarckplatz und Messplatz bzw. zwischen Sofienstrasse (Darmstädter Hof) und Tiefburg. Linie 2 verkehrte zwischen Hauptstrasse (St. Annagasse) und Karlstor. Zwischen Hauptbahnhof und Baustelle war der Betrieb in dieser Zeit eingestellt.

Ab **1. Oktober 1925** erreichten die Verkehrsleistungen den Vorkriegsstand. Es war damit möglich, den seit Jahren in Aussicht gestellten Bau einer Strassenbahnlinie nach Wieblingen vorzunehmen. Der erste Entwurf für den Bau einer solchen Linie wurde von der Direkion der HSB 1905 erstellt. Allerdings standen der Verwirklichung des Vorhabens die Bestimmungen der an die SEG erteilten Konzession für die Sekundärbahn Mannheim–Heidelberg entgegen. Mit der Eingemeindung der Ortschaft Wieblingen zur Stadt Heidelberg 1919 fiel das der Bauausführung entgegenstehende Hindernis. Wieblingen wurde bei seiner Eingemeindung eine Strassenbahnverbindung versprochen. Das Versprechen konnte aber nicht sofort eingelöst werden, da es in der Nachkriegszeit unmöglich war, Gleismaterial zu bekommen, auch die hohen Baukosten und die Ungewissheit über eine geplante Kanalführung am alten Hafen stellten sich dem Vorhaben entgegen. Danach versuchte man, eine bessere Verkehrsverbindung mit Wieblingen durch die bestehende Oberrheinische Eisenbahn-Gesellschaft (OEG) zu erreichen, und zwar wurden neben einer selbständigen Strassenbahn in Erwägung gezogen:
1. Die Verdichtung des Dampfbahnverkehrs,
2. ein Gemeinschaftsbetrieb unter Verwendung von Akkumulatoren- oder Benzoltriebwagen zur Ausfüllung der Verkehrslücken des Dampfbahnbetriebes,
3. desgleichen mit elektrischen Strassenbahnwagen.

Eine eingehende Prüfung dieser Verkehrsvarianten ergab, dass der Erstellung einer eigenen Strassenbahn der Vorzug zu geben sei, zumal die Nebenbahntrasse seinerzeit noch abseits von der Bebauung verlief. So wurde am **15.9.1921** vom Bürgerausschuss der Bau der Linie nach Wieblingen beschlossen. Doch nun trat die OEG, die inzwischen in den Besitz der Stadt

Mannheim übergegangen war, an die Stadt Heidelberg heran, um diesen Beschluss rückgängig zu machen. Die OEG bot sich an, ihre Bahnanlage in der Bergheimer Strasse zu elektrifizieren und doppelgleisig vom Schlachthausvorplatz bis Wieblingen Bahnhof auszubauen und mit einer elektrischen Stromzuführung zu versehen, so dass die HSB hierauf ihren elektrischen Betrieb führen könne, solange ihr selbst dies nicht möglich wäre. Die Stadtgemeinde wollte dennoch den Bau einer ganz neuen Linie, nicht nur um dem Wunsch der Wieblinger Bürger zu entsprechen, sondern auch um eine bessere Rentabilität erzielen zu können. Deshalb lehnte sie auch den Vorschlag der OEG-Direktion einstweilen ab, zwischen Wieblingen und Heidelberg einen Pendelverkehr mit Dampfzügen einzurichten. So erhob die Stadt Mannheim am 6.4.1922 Einsprache gegen eine Konzessionserteilung für eine Strassenbahn nach Wieblingen mit der Begründung, dass diese Bahn der bestehenden Nebenbahn Mannheim-Heidelberg Wettbewerb verursachen würde, und versuchte über das Finanzministerium eine Entscheidung herbeizuführen. Nachdem keine Einigung zustande kam, wurde die Erteilung einer Konzession einstweilen ausgesetzt. Als sich die wirtschaftlichen Verhältnisse gebessert hatten, reichte die Stadtgemeinde im Sommer 1924 erneut ein Genehmigungsgesuch ein. Das Finanzministerium hielt eine gütliche Vereinbarung zwischen der Stadt Heidelberg und der OEG für zweckmässig. Schliesslich kam eine Einigung dahingehend zustande, dass bei einer Elektrifizierung der Nebenbahnstrecke Mannheim-Heidelberg-Handschuhsheim die Stadtgemeinde der OEG das zur Anlage einer projektierten Gleisschleife am Bismarckplatz erforderlichen Gelände zur Verfügung stellen wolle und ihr ausserdem eine in 2-Jahres-Raten zu vergütende Entschädigungssumme von RM 15 000.— für den durch die Inbetriebnahme der Strassenbahn Heidelberg-Wieblingen zu erwartenden jährlichen Betriebsausfall leiste. Daraufhin zog die Stadt Mannheim am 12.2.1925 die von ihr erhobene Einsprache gegen die Konzessionserteilung zurück.

Mit Schreiben vom **10.8.1925** erteilte der Minister für Finanzen der Stadtgemeinde die Baugenehmigung. Im gleichen Jahr begannen die Bauarbeiten. Der Neubau erforderte zugleich eine Verbreiterung der Wieblinger Landstrasse und eine teilweise Verschiebung der Fernsprechleitung. Auf dem Schlachthofvorplatz vor dem Betriebshof beginnend, zweigte die Linie von derjenigen nach Eppelheim ab und führte auf der nördlichen Seite der Wieblinger Landstrasse mit Ortsdurchfahrt bis zum Westausgang von Wieblingen. Die Bahnanlage wurde vollständig eingleisig ins Strassenpflaster verlegt, an der Endstelle in Wieblingen mit Ausweiche. Die Anlage der Teilstrecke im Stadtteil Wieblingen von der katholischen Kirche bis zur Endstelle war nur widerruflich genehmigt. Bei sich ergebenden verkehrspolizeilichen Schwierigkeiten sollte die Endstelle auf Anordnung des Finanzministeriums an die katholische Kirche zurückverlegt werden, sofern nicht eine Umgehungsstrasse von der Stadt Heidelberg gebaut würde. Bis Frühjahr 1926 war der Bau der 3,5 km langen Linie beendet. Die Eröffnung fand am **17. März 1926** statt. Unter dem Signal 12 verkehrte die neue Linie halbstündlich zwischen Messplatz (= Schlachthausplatz) und Wieblingen.

Um der grossen Arbeitslosigkeit entgegenzusteuern, wurde trotz der für Strassenbahnbauten ungünstigen Zeit im Spätherbst 1926 beschlossen, die Ausführung der Bahn von Eppelheim nach Schwetzingen in Angriff zu nehmen. Bereits am 21.4.1914 hatte der Heidelberger Bürgerausschuss die Mittel für den Bau der Linie bewilligt. Die Anlagekosten waren mit 532 000 RM veranschlagt worden. Doch in den folgenden Monaten gab es lebhafte Diskussionen über die Linienführung. Der Erste Weltkrieg unterbrach weitere Verhandlungen, und das Vorhaben musste vorerst aufgeschoben werden. **1925** kamen die Verhandlungen wieder in Gang. Jedoch war die Stadtgemeinde Heidelberg dazu verpflichtet, zuerst den Vorort Wieblingen nach der Eingemeindung vor jedem weiteren Ausbau an das Bahnnetz anzuschliessen. So rückte das Projekt schliesslich im Jahr 1926 seiner Verwirklichung entgegen. Zunächst galt es aber noch ein grosses Hindernis zu überwinden. Für die Anlage des Bahnkörpers musste neben der Landstrasse von Eppelheim nach Plankstadt von den Bauern Gelände erworben werden. Die Plankstädter Bauern wollten allerdings ihr Gelände so teuer wie möglich verkaufen. Bei den Verhandlungen hierzu im Plankstädter Rathaus zu dem denkwürdigen Ausspruch eines Bauern: «Was brauche mer ä Strossebohn? Mer hewwe Gail!» (Pferde) Dennoch konnte mit den Plankstädter Bauern eine Einigung erzielt werden. Aber da tauchte wieder ein Hindernis auf. Wegen der geplanten Gleisschleife auf dem Schlossplatz in Schwetzingen entfachten sich heftige Diskussionen. Kritiker befürchteten hierdurch eine Verunstaltung des historischen Platzes. Die Sachverständigen, wie der Minister in Karlsruhe, vertraten jedoch die Ansicht, dass die Gleisschleife den Ansprüchen gerecht würde und dass eine andere Lösung eventuell durch die Dreikönigstrasse oder Karlsruherstrasse keine Alternative wäre. Zahlreich eingeholte Gutachten sprachen sich ebenfalls für die Schleifenführung aus. So kam doch noch eine Übereinstimmung für den Bau der Gleisschleife zustande. Nachdem nun die Umarbeitung des 1912 genehmigten Projekts vom Ministerium der Finanzen genehmigt worden war, begannen am **8.11.1926** die Bauarbeiten und konnten ohne Unterbrechung fortgeführt und am 8.4.1927 beendet werden. Noch am selben Tag fand bereits eine erste Probefahrt statt, die ohne Beanstandung verlief. Die Gesamtbaukosten beliefen sich auf 518 799,68 Reichsmark.

Entgegen allen Hindernissen konnte am **9.4.27** die neue Strassenbahnlinie 11 Heidelberg (Messplatz)–Schwetzingen dem Verkehr übergeben werden. Bei der Eröffnungsfahrt begab sich ein denkwürdiges Ereignis. Als der festlich geschmückte Sonderzug in Plankstadt vor dem Rathaus eintraf, verweigerte ihm eine vielhundertköpfige Menschenmenge die Weiterfahrt. Aber bald darauf ertönte ein grosses Hallo und ein schallendes Gelächter. Denn als auch die letzten aus dem Wagen ausgestiegen waren, um nach der Ursache zu forschen, da standen die Plankstadter Gäule aufgeschirrt und mit Fähnchen im Zaumzeug und einem Reiter im Sattel mitten auf den Gleisen. Unter grossem Beifall spannte der Fuhrunternehmer Jakob Grimm zwei Rappen vor die Strassenbahn. Der Humor hatte gesiegt. Ein Lokaldichter aus Schwetzingen verewigte die Geschichte des Bahnbaus in folgenden Versen:

Was lange währt, wird endlich gut,
So sagt ein altes deutsches Wort,
Die Heidelberger Strassenbahn
Fährt jetzt durch unseren schönen Ort.

In Plankstadt war man auf der Hut,
Ihr wisst: Mir hewwe Gail!
Doch schliesslich wurde alles gut,
Das Werk gedieh mit Eil.

Ne Rundfahrt war dabei gemacht
Auf unseren schönen Planken.
Die «Schleife» hatte Sturm entfacht,
Die Bahn geriet ins Wanken.

Doch dieser Sturm ging auch vorbei,
Der Platz ward nicht verschandelt
Und auch die Schönheit unserer Stadt
Hat sich nicht sehr gewandelt.

Wir wünschen und wir hoffen heute:
Fahrt zu und macht die Sache gut,
Bringt uns recht viele nette Leute,
Dass der Verkehr nicht ruht... M.P.

Die gesamte Bahn war eingleisig angelegt und besass eine Länge 4,610 km (ab Eppelheim). Die Trasse verlief an der südlichen Seite der Landstrasse durch die enge Ortsdurchfahrt von Plankstadt und an der neuen Zufahrtsstrasse nach Schwetzingen. Vor der Kreuzung der Strasse mit der Reichsbahnstrecke Heidelberg–Schwetzingen waren auch hier zur Sicherung beidseitig Hauptsignale aufgestellt worden. Nach dem Überfahren der Strassenbrücke über die Staatsbahn schwenkte das Gleis in der Karl-Theodor-Strasse von der Strassenseitenlage zur Strassenmitte über, um parallel zu dem ebenfalls meterspurigen Gleis der Strassenbahn Schwetzingen–Ketsch den Schlossplatz zu erreichen. Die Benutzung der Linie zeigte schon bald, dass für diese Verkehrsverbindung ein dringendes Bedürfnis vorlag. Besonders die Stadt Schwetzingen erfuhr einen starken Auftrieb im Fremdenverkehr. Der Fahrplan der Linie 11 sah an Werktagen während der schwachen Verkehrszeiten einen Stundenverkehr vor. Zu bestimmten Tageszeiten und am Nachmittag der Sonn- und Feiertage fand auch zwischen Heidelberg und Schwetzingen ein Halbstundenverkehr, zwischen Heidelberg und Eppelheim ein Viertelstundenverkehr statt.

Der günstigen Verkehrsentwicklung zufolge wurde **1928** auf den Stadtlinien anstelle des sogenannten Spätwagenverkehrs der regelmässige 6-Minuten-Verkehr bis 23.34 h ausgedehnt und der 4-Minuten-Verkehr auf der Hauptstrassenlinie eingeführt.

An der Stadtgrenze zu Eppelheim entstand die Neuanlage einer Entleerungsgrube für den neubeschafften Schienenreinigungswagen.

Im Zusammenhang mit der anstehenden Erneuerung der Gleisanlage in der Hauptstrasse stand **1929** die Frage an, ob es nicht besser wäre, die Hauptstrassenlinie auf Omnibusverkehr umzustellen. Nach reiflicher Überlegung entschied man sich jedoch für die Beibehaltung des Strassenbahnverkehrs. Massgebend hierfür war die Tatsache, dass mindestens 50% mehr an Omnibussen gegenüber den bisherigen Strassenbahnwagen hätten eingesetzt werden müssen. Im Spitzenverkehr wären sogar noch zusätzliche Fahrzeuge erforderlich geworden. Ein derartig grosser Einsatz von Omnibussen in der Hauptstrasse hätte aber den Verkehr ausserordentlich belastet. Ausserdem wäre die Schienenverbindung zu Karlstor–Neckargemünd unterbrochen worden.

Ein bedeutendes Ereignis **1929** war der am 6. Oktober eingeführte zweigleisige Gemeinschaftsbetrieb mit der OEG innerhalb des Stadtgebietes zwischen Blücherstrasse und Kapellenweg. Beide Betriebe besitzen und unterhalten seitdem je ein Gleis auf dem genannten Streckenabschnitt — heute bis Handschuhsheim-Nord. Gleichzeitig wurde eine Gleisschleife am Bismarckplatz für die bisher vor der Stadt am Messplatz endenden Vorortlinien nach Wieblingen, Eppelheim und Schwetzingen in Betrieb genommen. Nach Austausch der Nummern der Stadtlinien 1 und 2 setzte sich das Liniennetz nunmehr wie folgt zusammen:

Linie	1	Hauptbahnhof–Karlstor
Linie	2	Schlachthof–Handschuhsheim
Linie	3	Hauptbahnhof–Friedhof
Linie	4	Karlstor–Schlierbach
Linie	5	Karlstor–Neckargemünd
Linie	6	Heidelberg (Hauptbahnhof)–Kirchheim
Linie	7	Heidelberg (Hauptbahnhof)–Leimen
Linie	8	Heidelberg (Hauptbahnhof)–Wiesloch
Linie	10	Heidelberg (Bismarckstrasse)–Eppelheim
Linie	11	Heidelberg (Bismarckstrasse)–Schwetzingen
Linie	12	Heidelberg (Bismarckstrasse)–Wieblingen

Inzwischen war in verstärktem Masse die Wiederinbetriebnahme der Linie zum Güterbahnhof gefordert worden. Hatten sich doch seit dem Krieg die Verhältnisse erheblich geändert. Neben den Beamten und Angestellten, die bei der Güterverwaltung und Güterbestatterei beschäftigt waren, befanden sich zahlreiche Lagerplätze in jener Gegend. Von daher war ein lebhafter Publikumsverkehr entstanden. So beschloss man, den Betrieb auf der Linie Messplatz–Güterbahnhof wieder aufzunehmen. Hierfür wurde die Gleisanlage im Zuge des Czernyringes zweigleisig ausgebaut und vor dem Güteramtsgebäude eine Gleisschleife errichtet. Vom 1.12.1929 an verkehrte hierher die verlängerte Linie 2 Handschuhsheim–Güterbahnhof. Die enge Gleisschleife wurde schon wenige Wochen nach Betriebseröffnung, infolge der durch die starke Reibung verursachten hohen Kosten, nicht mehr befahren.

Am 17.3.1930 erhielt der Stadtteil Rohrbach durch die Einrichtung der Linie 9 «Hauptbahnhof–Rohrbach (Markt)» einen 7-Minuten-Verkehr. Diese Relation bestand bereits schon einmal in den Jahren zwischen 1919/20 und 1929.

Wegen zu geringen Zuspruchs wurde die Strecke zum Güterbahnhof am 17.7.1930 wieder aufgegeben.

Auf Betreiben der Stadt Wiesloch wurde zur Verbesserung der Verkehrssituation die Endstelle vor der Wagenhalle um 75 m nach Norden beim heutigen Stadtpark zurückverlegt. Diese Verlegung erforderte den Einbau einer Ausweiche sowie einer Weiche mit anschliessendem Abstellgleis.

1931 kam westlich vor der Gemeinde Plankstadt eine Ausweiche zur Einlegung, die einen 20-Minuten-Verkehr auf der Strassenbahnlinie 11 ermöglichte.

Nach der kurzen wirtschaftlichen Erholung brach ab Frühjahr 1930 die erneute und verstärkte Wirtschaftskrise herein, so dass sich die Strassenbahngesellschaft wieder zur grössten Sparsamkeit und Einschränkungen im Fahrbetrieb gezwungen sah. Infolgedessen entfiel am 1.2.1931 unter Protest zahlreicher Rohrbacher Bürger die Linie 9. Somit bestand bis Rohrbach Markt ein 12-Minuten-Betrieb (Linie 6 alle 24 Min. und Linien 7 u. 8 jeweils alle 48 Min.).

Ebenso konnte eine 1929 genehmigte Gleisschleife um die Tiefburg herum, durch die Biethsstrasse und Dossenheimer Landstrasse mit Anschluss an die bestehende Gleisanlage in der Handschuhsheimer Landstrasse nicht mehr realisiert werden. Bereits in der Biethsstrasse errichtete Fahrleitungsmasten wurden Jahre später wieder entfernt. Die schlechte Wirtschaftslage machte sich auch durch einen starken Rückgang der Fahrgastzahlen bemerkbar. Die Zahl der beförderten Personen gingen bei der Strassenbahn zwischen 1929 und 1933 von 15,7 Millionen auf 10,5 Millionen zurück. Erst ab **Dezember 1933** trat wieder eine Besserung ein.

Die Verlegung der Reichsbahn Heidelberg–Würzburg auf eine gradlinige Trasse am Berg entlang Heidelberger Stadtgebiet ermöglichte es 1933, die Bahnübergänge am Karlstor und am Weissen Übergang zu beseitigen und den Betrieb der Linie 5, als Neckartalbahn beschriftet, am 2.10.1933 ins Stadtinnere und nach Wieblingen durchzuführen. Gleichzeitig wurde ein 20-Minuten-Betrieb auf Linie 5 eingerichtet und die Linien 4 und 12 eingestellt. Dieser Fahrplanänderung zufolge mussten beim Waldgrenzweg — zwischen Orthopädischer Klinik und Neckargemünd-Kümmelbacherhof sowie an der Neckarspitze – am Wieblinger Weg — jeweils Ausweichen eingerichtet werden.

Auf der Strecke Schlachthaus – Eppelheim musste im Februar 1936 durch den Bau der Reichsautobahn Heidelberg – Bruchsal über die neuerbaute Strassenüberführung in Eppelheim eine Gleisanlage geschaffen werden.

Mit der Umgestaltung der Odenwaldbahn war zugleich eine Begradigung der Schlierbacher Landstrasse notwendig. Bei dieser Gelegenheit erfolgte **1934** bis **1936** der zweigleisige Ausbau vom Karlstor bis Bahnhof Schlierbach. Damit verschwand auch in Schlierbach der kurvenreiche eingleisige Engpass durch die Ortsmitte am «Schwarzen Schiff». Der am **11.12.1936** aufgenommene zweigleisige Betrieb bewirkte eine sehr günstige Kurshaltung auf der ganzen Neckartalbahn.

Im Juli 1937 wurde auf der Strecke Karlstor – Neckargemünd unmittelbar östlich der Ziegelhäuser Brücke eine Ausweiche zur Aufstellung von Doppel- und Beiwagen eingebaut.

Dagegen entfernte man die nicht mehr benutzten Ausweichen Schlierbach-Aue und Kümmelbacherhof. Ebenso wurde die an der Einmündung der Vangerow-/Wieblinger Landstrasse entlang der Strecke Schlachthaus – Wieblingen gelegene Ausweiche wegen Nichtbenutzung ausgebaut.

Im November **1938** konnte eine Gleisschleife um das Karlstor dem Verkehr der Linien 1 und 5 übergeben und anschliessend das Gleis unter der Tordurchfahrt mit Ausweiche stillgelegt werden.

Bei der Endstelle Neckargemünd musste wegen Verbreiterung der Elsenzbrücke die Gleis- und Weichenanlage geändert werden. Es wurden zwei Weichen und ein Stumpfgleis entfernt, auf der Brücke das Gleis weiter südlich verlegt und unmittelbar östlich der Brücke eine neue Weiche eingebaut.

Seit **1937** plante die Gesellschaft, die neue Chirurgische Klinik an das Strassenbahnnetz anzuschliessen. Noch vor dem 1. Weltkrieg war in Erwägung gezogen worden, den seinerzeit auf der nördlichen Neckarseite projektierten Zentralfriedhof durch eine Zuführungslinie über die Bergheimer Strasse und die Nebenbahnbrücke der OEG zu erschliessen. Dieses Projekt wurde aber durch den Krieg vereitelt und kam auch danach nicht mehr zum Tragen. Ebenso war eine Strassenbahn durch die Mönchhofstrasse im Gespräch. Als 1928 die Hindenburg-Brücke (heute Ernst-Walz-Brücke) erbaut wurde, verlegte man gleichzeitig auch Gleise mit in die Fahrbahn und stellte Fahrleitungsmasten auf, mit der Absicht, eine Strassenbahn vom geplanten neuen Hauptbahnhof nach Neuenheim und vorbei am Zentralfriedhof zu erstellen. Der Bau des Zentalfriedhofs kam aber nie zustande. Dagegen war ab Winter 1933 ein neues Klinikviertel auf der nördlichen Neckarseite im Entstehen. Mit der Eröffnung der neuen Chirurgischen Klinik 1939 wurde eine Verkehrsverbindung notwendig. Der Direktor der Chirurgischen Universitätsklinik und Poliklinik Heidelberg stand lange Zeit mit der Strassenbahngesellschaft wegen des Baues einer Strassenbahnlinie in Verhandlung! Dem Bau dieser Strecke wurde aber auch eine erhöhte Bedeutung in strategischer Hinsicht beigemessen, da im Kriegsfalle die in Heidelberg ankommenden Verwundetentransporte unmittelbar von der Reichsbahn in Strassenbahnwagen umgeladen und zu der neuen Klinik weiter befördert werden konnten.

Die Bauarbeiten für die neue 0,673 km lange Linie begann am **10.2.1939**. Von der Bergheimer Strasse abzweigend, wurde die Strecke bis zur Jahnstrasse in Strassenmittelage zweigleisig ausgeführt. Ab der Kreuzung Jahnstrasse/Hindenburg-Brücke verlief die Strecke auf der nördlichen Seite der Jahnstrasse bis zur Endstelle vor dem Forschungsinstitut eingleisig. Nachdem am 21.6.1939 die Genehmigung zum Bau und Betrieb dieser Strecke vom Badischen Ministerium des Inneren erteilt worden war, erfolgte am 3.7.1939 die Betriebsaufnahme.

Die Neubaustrecke stellte einen Abzweig der Linie 2 Handschuhsheim – Schlachthaus dar. Diese Linie, (mit bisher 6-Minuten-Betrieb) wurde derart aufgespalten, dass die Wagen abwechselnd alle 12 Minuten unter Signal 2 a die Endstelle bei der Chirurgischen Klinik und unter Signal 2 die Endstelle am Schlachthaus anliefen.

Nach Kriegsausbruch wurden die Gleise um 120 m an das Klinikgebäude herangeführt, um den Transport der Verwundeten zu erleichtern. Am 2. November 1939 konnte diese Gleisanlage als Provisorium für die Dauer des Krieges fertiggestellt werden. Für die Verwundetentransporte richtete man eigens neun Beiwagen mit offenen Plattformen her. Die fahrplanmässigen Wagen der Linie 2 a verkehrten weiterhin bis zur bisherigen Endstelle.

Durch die geplante Umänderung der Einmündung der Reichsautobahn nach Mannheim und Frankfurt (eröffnet 3.10.1935) musste 1939 die Gleisanlage nach Wieblingen von der Theodor-Körner-Strasse an bis zur OEG-Brücke in die Vangerowstrasse verlegt werden. Die Strecke wurde vom Schlachthofvorplatz bis zum Stauwehr zweigleisig und von da ab bis zur Einmündung in die Wieblinger Landstrasse eingleisig auf besonderem Bahnkörper ausgebaut. Die Gesamtlänge der am 15. November 1939 in Betrieb genommenen neuen Strecke betrug 0,870 km, davon 0,5 km zweigleisig.

Die mit **Ausbruch des Krieges** verordnete Verdunkelung hatte einen starken Anstieg des Personenverkehrs auf der Strassenbahn zur Folge. Die Verdunkelung und die Einberufungen zum Heeresdienst stellten ausserordentliche Anforderungen an das Personal. Mit zunehmendem Mangel an Arbeitskräften trotz des sofortigen Einsatzes von Schaffnerinnen kam es zu ersten Kürzungen im Fahrbetrieb. Zunächst betraf dies die weniger bedeutende Linie 3, die in der Zeit vom 30.1. bis **6.10.1940** eingestellt wurde. In Kriegs- und Notzeiten wird erst die mögliche Leistungsfähigkeit der Frauen erkannt und ausgenützt! Mann denke darüber nach!

Während der Kriegszeit konnten nur die dringenden Gleisbauten vorgenommen werden. Wegen des starken Soldatenverkehrs zu den Kasernen in Rohrbach verlängerte man zum 1.11.1940 die Ausweiche am Eichendorffplatz um 448 m bis zur Markscheide, um lange Kreuzungs-Wartezeiten zu vermeiden.

Aufgrund des starken Verkehrsaufkommens zur Chirurg. Klinik wurde zum 15.12.1940 der 6-Minuten-Betrieb eingeführt. Vom gleichen Zeitpunkt an verkehrte Linie 2 anstelle der 2 a abwechselnd zur Chirurgischen Klinik bzw. zum Schlachthof. Um ein Rangieren der mit Beiwagen betriebenen Linie 2 zu ermöglichen, war in der westlichen Jahnstrasse eine Ausweiche eingebaut.

Heidelberg blieb im 2. Weltkrieg im allgemeinen von Bombenangriffen verschont. Lediglich im April 1941 wurde der Betriebshof in der Bergheimer Strasse von etwa 50 Brandbomben getroffen und dabei 26 Wagen beschädigt. Allerdings konnte das im Luftschutz eingesetzte Personal die entstehenden Brände schnell löschen und somit grösseren Schaden abwenden. Um nach möglichen Bombenangriffen noch eine Reserve zu haben, wurden einige Strassenbahnwagen nachts auf freier Strecke abgestellt.

Im **Juli 1941** wurde die zweigleisige Strecke in der Steubenstrasse (früher Mittelstrasse) um 73 m nach Norden verlängert. Damit verblieb nur noch das letzte Endstück dieser Strecke vom Grahampark bis zur Tiefburg eingleisig.

Zum 11.8.1941 wurde die Linie 3 wegen Personalmangel für die Dauer des Krieges eingestellt. Den sich ausweitenden Personalschwierigkeiten versuchte man ab 1942 durch die Beschäftigung weiterer weiblicher Aushilfskräfte, sogenannter verpflichteter Kriegshilfsdienstmaiden, zu begegnen. Ausserdem wurden laufend Schüler bzw. Schülerinnen als Hilfsschaffner ausgebildet, die während ihrer Ferien sowie ihrer sonstigen Freizeit Schaffnerdienste leisteten. Auch jüngere, noch nicht wehrpflichtige Angestellte der Verwaltung mussten ausserhalb der Büroarbeitszeit Fahrdienst leisten. **Ab 1943** beschäftigte man Ausländer, z. B. Holländer, und mit den Stadtlinien 1 + 2 Frauen (Schaffnerinnen) als Wagenführer.

Hierdurch liess sich einstweilen der Verkehr in vollem Umfang aufrecht erhalten. Am 27.10.1943 wurde der Betrieb der Linie 1 bis zum **19.1.44** infolge Mangel an Arbeitskräften eingestellt. Im Verlaufe 1944 kam es aber dann zu Verkehrseinsparungen in grösserem Umfang. Ab 5.3.44 trat folgender gekürzter Sonntagsfahrplan in Kraft:

Linie 2 = 18-Minuten-Verkehr, Linie 5 = 60-Minuten-Verkehr,
Linie 6 = 48-Minuten-Verkehr, Linie 7 = eingestellt,
Linie 8 = 48-Minuten-Verkehr, Linie 10 = eingestellt,
Linie 11 = 40-Minuten-Verkehr

Der Betrieb auf der Linie 1 wurde zum 9.10.44 eingestellt.

Zum 1.11.1944 richtete die HSB aus kriegsbedingten Erfordernissen die Beförderung von Gütern auf dem gesamten Streckennetz ein. In besonderen Güterwagen wurde das Beförderungsgut — Zement, Koks, Bier, Fleisch, Gemüse usw. — transportiert.

Die Güterzüge dienten aber hauptsächlich der Beförderung von Zement vom Werk Leimen nach der Blücherstrasse in Heidelberg, wo sie der OEG zur Weiterleitung nach Mannheim übergeben wurden. Ein Zug für Zementbeförderung bestand aus einem Triebwagen (Wagen 22 bis 34, 53 bis 57) und höchstens 3 Güterwagen der OEG von 5 bis 10 t Ladegewicht. Bei

Güterwagen musste ein Bremswagen dabei sein, der von einem Beifahrer bedient wurde, weil die Güterwagen der OEG im Gegensatz zu denen der HSB über keine durchgehend elektrischen Bremsen verfügten. Die grösste zulässige Fahrgeschwindigkeit betrug auf der Strecke Heidelberg–Leimen auf der Reichsstrasse, soweit sie unbebaut und gut übersichtlich war, bis zu 40 km/Std., innerhalb der Stadt und in Vororten bis zu 30 km/Std.

Ein in der Rohrbacherstrasse von der Reichspost bis zum Rohrbacher Übergang eingebautes Verbindungsgleis ermöglichte es den Güterzügen, ohne Rangieren am Bahnhofsvorplatz die Blücherstrasse zu erreichen. Ansonsten diente das Verbindungsgleis nur als Betriebsgleis für Ein- und Ausrückfahrten der Vorortlinien nach Kirchheim und für Überführungsfahrten zum Betriebshof Leimen.

1945 standen die Verkehrsleistungen des Betriebes unter dem Einfluss der Kriegs- und Nachkriegsgeschehnisse. Ab 1944 und im ersten Quartal 1945 musste der Betrieb oftmals wegen Fliegeralarm und Beschuss durch Tiefflieger ruhen. Schliesslich kam der Verkehr infolge Sprengung der Neckarbrücken und dem Einmarsch amerikanischer Truppen am 29. März 1945 vollständig zum Erliegen. Für Heidelberg war der Krieg vorbei, nicht aber die Notzeiten, auf die wir in diesem Buch nicht näher eintreten.

Nachdem die nötigsten Aufräumungsarbeiten durchgeführt und die Gleisanlagen und die Oberleitung instand gesetzt waren, konnten ab 19. Mai 1945 mit Genehmigung der Militärregierung folgende Strecken Zug um Zug wieder eröffnet werden:

Am 19.5.45 Dantestrasse–Leimen, erweitert am 1.6.45 auf Heidelberg Hauptbahnhof–Leimen und am 15.6.45 auf Heidelberg–Wiesloch.

Am 19.5.45 Dantestrasse–Waggonfabrik Fuchs, erweitert am 1.6.45 auf Heidelberg Hauptbahnhof–Kirchheim

Am 23.5.45 Schlachthof–Plankstadt Ausweiche, erweitert am 25.5.45 auf Bismarckplatz–Plankstadt Ausweiche und am 10.9.45 auf Bismarckplatz–Schwetzingen.

Am 23.5.45 Schlachthof–Wieblingen, erweitert am 25.5.45 auf Bismarckplatz–Wieblingen.

Am 27.5.45 Karlstor–Waldgrenzweg, erweitert am 13.7.45 auf Karlstor–Kümmelbacherhof und am 1.10.45 auf Karlstor–Neckargemünd.

Am 2.6.45 Ladenburger Strasse–Handschuhsheim. Dieser Pendelverkehr wurde mit Wagen durchgeführt, die vor Sprengung der Friedrichsbrücke auf die nördliche Neckarseite gebracht bzw. über die Behelfsbrücke bei der Brunnengasse auf schienenlosem Weg übergeführt worden waren. Die Erstellung einer Holzneckarbrücke ermöglichte am 21.11.45 wieder einen durchgehenden Verkehr Schlachthaus–Handschuhsheim.

Am 28.10.45 Hauptbahnhof–Karlstor.

Damit befanden sich alle Strecken, mit Ausnahme derjenigen zur Chirurgischen Klinik, wieder in Betrieb. Gegenüber der Vorkriegszeit hatte das Liniennetz allerdings einige Änderungen erfahren. Linie 5 wurde in 2 Linienäste aufgespalten, und zwar in einen Ostteil: Karlstor–Neckargemünd und einen Westteil: Bismarckplatz–Wieblingen. Linie 7 kam nach Wiederkehr der Linie 8 in Wegfall. Linie 10 wurde am 1.10.45 eingestellt. Linie 2 endete bis zur Wiederkehr der Ernst-Walz (Hindenburg)-Brücke am Schlachthof.

Am 3. September übernahm die HSB von der Stadtgemeinde Walldorf die Strassenbahn Walldorf Stadt–Wiesloch/Walldorf Bahnhof (Eisenbahnbrücke). Die vom übrigen Gleisnetz der HSB isolierte Strecke wurde am 1. August 54 auf Omnibusverkehr umgestellt (siehe «Die Städtische Strassenbahn Walldorf»).

Nur durch grösste Anstrengung gelang es, die Wagen in den Zustand zu versetzen, der einer sicheren Abwicklung der grossen Verkehrsansprüche gerecht wurde. Von dem Gesamtwagenbestand von 55 Trieb- und 52 Beiwagen waren bis Ende **1945** wieder 31 Trieb- und 44 Beiwagen betriebsfähig.

Da Heidelberg praktisch unzerstört geblieben war, wurde die Stadt in der Nachkriegszeit von zahlreichen Flüchtlingen aufgesucht. Die Einwohnerzahl stieg dadurch von 87 000 Personen 1939 sprunghaft auf 112 000 bis **1946** an. Dieser erhebliche Bevölkerungszuwachs erbrachte ein Verkehrsbedürfnis, so dass eine aussergewöhnliche Beanspruchung der Betriebsmittel zu verzeichnen war. Es bedurfte der Aufbietung aller verfügbaren Kräfte, um die Schwierigkeiten zu bewältigen, die sich aus dem Mangel an Wagen ergaben. Die allgemeine Materialverknappung erschwerte die Aufgabe, die stark überholungsbedürftigen Wagen einigermassen in verkehrssicherem Zustand zu erhalten. Abgesehen davon mussten auch die notwendigen Instandsetzungsarbeiten an den gesamten Gleisanlagen aus Mangel an Arbeitskräften und Material zunächst unterbleiben. Dagegen konnte zum 13.5.46 an der Endstelle der Linie 2 in Handschuhsheim eine Gleisschleife um die Tiefburg in Betrieb genommen werden.

Zum 19.5.46 wurde die Linie 1 bis Schlierbach verlängert und dafür der Ostteil der Linie 5 auf die Strecke Schlierbach–Neckargemünd verkürzt.

Auf der Strecke nach Rohrbach entfernte man zum 3.8.1946 die seit Einstellung der Linie 9 nicht mehr benötigte Ausweiche bei der Hohen Gasse.

Nach Wegfall der Linie 10 war die Ausweiche beim Diebsweg überflüssig und wurde daher im **Juni 1947** stillgelegt.

Aufgrund der behördlich verfügten Stromeinsparung wurde die Betriebszeit der Strassenbahnlinien ab 22.9.47 um 2 Stunden täglich gekürzt und an Sonntagen Betriebsruhe für den ganzen Tag eingeführt. An Werktagen setzte man um 22.15 h am Bismarckplatz bzw. Heidelberg Hauptbahnhof Spätwagen in alle Richtungen ein. Seit dem 21. Dezember bestand wieder ein Sonn-und Feiertagsverkehr in beschränktem Umfang. Später wurden die Betriebszeiten laufend weiter ausgedehnt:

16.2.48	Verlängerung des Abendverkehrs von 20.35 h bis 21.35 h.
18.7.48	Ausdehnung des Sonntagsverkehrs und Einführung der Spätwagen wie an Werktagen.
8.8.48	Sonn- und Feiertagsverkehr findet wieder wie an Werktagen statt.

In den letzten Monaten vor der Währungsreform am **20. Juni 1948** war ein nie mehr erreichter Beförderungsstand zu verzeichnen. Er lag um 450% höher als derjenige des letzten Vorkriegsjahres 1938. In jenem Jahr betrug die Zahl der durchschnittlich beförderten Personen 32218, während sie in der Zeit vom 1.1. bis 20.6.48 täglich 177266 Personen betrug. Nach der Währungsreform gingen die überhöhten Beförderungsziffern wieder zurück, und es setzte ab **1950** eine Normalisierung der Verhältnisse ein.

Inzwischen waren die Verkehrsschwierigkeiten am Rohrbacher Bahnübergang untragbar geworden. Durch die Überquerung der Reichsbahn ergaben sich ständig Zeitverluste und Verspätungen im Fahrbetrieb der Südlinien. Um die Störungsquelle zu umgehen, kam man auf eine bereits 1941 projektierte und damals genehmigte Linienführung am Bahnhofsvorplatz zurück. Hiernach sollte die Endstelle der Linien 6 und 8 in die Bahnhofstrasse verlegt werden. Darüber hinaus war zur besseren Erschliessung der Weststadt der Neubau einer Ringlinie Bahnhof-, Römer-, Schillerstrasse vorgesehen. Die Arbeiten für die 2,361 km lange Weststadtschleife sind 1947 aufgenommen worden. Aber erst durch das nach der Währungsreform einsetzende Angebot an Arbeitskräften und die Möglichkeit der Beschaffung von Materialien konnten die Arbeiten verstärkt fortgesetzt werden. Am 28.8.48 erfolgte die Inbetriebnahme des ersten Bauabschnittes. Vom genannten Zeitpunkt ab fuhren die Linien 6 und 8 nicht mehr durch die Rohrbacher Strasse und zum Hauptbahnhof, sondern über die Neubaustrecke Schiller-, Römer- und Bahnhofstrasse. Die neue Einstiegstelle lag am Anfang der Bahnhofstrasse. Das Verbindungsgleis über den Rohrbacher Übergang blieb vorerst weiterhin für Betriebsfahrten erhalten. Auch die Linie 3 verkehrte ab 1. September 48 wieder, und zwar vorerst auf der Teilstrecke zwischen Bahnhofstrasse und Franz-Knauff-Strasse (Friedhof) über Römerstr. Am 1. November 48 wurde der zweite Bauabschnitt in Betrieb genommen. Die von Süden kommenden Linien 6 und 8 befuhren nun das neue in Strassenmitte verlegte östliche Gleis der Rohrbacher Strasse.

Nach Verlegung der Endstelle der Linien 6 und 8 in die Bahnhofstrasse hatte man die vorhandene Gleisanlage am Bahnhofsplatz entfernt und anschliessend mit dem Bau einer Wendeschleife begonnen. Ab 2.12.48 mussten für die Dauer der Bauzeit die in der Hauptstrasse verkehrenden Linien an der Hauptpost enden. Gleichzeitig wurde eine Neueinteilung in der Bezeichnung einiger Strassenbahnlinien vorgenommen. Die bisherige Linie 1 erhielt das Signal 4, bisherige Linie 5, Schlierbach–Neckargemünd verkehrte nun von der Hauptpost nach Neckargemünd. Die neue Linie 1 fuhr von der Hauptpost zum Kornmarkt. Der westliche Teil der Linie 5, Bismarckstrasse–Wieblingen, erhielt das Signal 12.

Am 1. April 49 erfolgte die Inbetriebnahme der Gleisschleife auf dem Bahnhofsplatz und die Verlängerung des Strassenbahnverkehrs am Abend um 1 Stunde.

Seit Jahren hatte der Verkehr zum Süden der Stadt, insbesondere durch die Ansiedelung von Amerikanern und deren Beschäftigten, so stark zugenommen, dass die Verkehrsverhältnisse sich immer weiter verschlechterten. Hinzu kam die starke Expansion der Bevölkerung in den Ortschaften um Heidelberg, besonders im Süden. Aus diesem Grund nahm man eine Verbreiterung der Rohrbacher- und Karlsruher Strasse vor und baute gleichzeitig zwischen 1948 und 1951 die Strecke nach Rohrbach zweigleisig aus. Die erste Teilstrecke vom Friedhof bis zur Feuerbachstrasse konnte am 10.4.1949 in Betrieb genommen werden.

Zwischenzeitlich wurde auch der dritte und letzte Bauabschnitt der Ringlinie in Angriff genommen, dabei kam das zweite Gleis in der Rohrbacher Strasse in Strassenmitte. Mit der Inbetriebnahme am 11. Juli 49 fuhren nun 2 Wagenkurse auf Linie 3 in der Richtung Bahnhofstrasse, Rohrbacher Strasse, Franz-Knauff-Strasse, Römerstrasse, und vorläufig ein Wagenkurs in umgekehrter Richtung. Die Linien 6 und 8 blieben unverändert.

Am 17.9.49 wurde die seit Einführung des 24-Minuten-Betriebs auf der Wieslocher Aussenlinie nicht mehr benötigte Ausweiche, Leimen Johannisstrasse, entfernt.

Am 13.11.49 erfolgte die Inbetriebnahme der zweigleisigen Strecke Feuerbachstrasse–Eichendorffplatz. Damit war es möglich, zum 21. November 49 die seit Jahrzehnten nicht mehr bestandene Linie 9 auf der Route Hauptbahnhof (Bahnhofstrasse)–Rohrbach (Eichendorffplatz) wieder einzurichten und dem Stadtteil Rohrbach einen 6-Minuten-Betrieb anzubieten. Vom gleichen Zeitpunkt ab fuhr Linie 3 nur noch in einer Richtung auf dem Innengleis des Weststadtringes.

Beim Wiederaufbau der alten Friedrichsbrücke, jetzt Theodor-Heuss-Brücke, erhielt die Strassenbahn eine neue Gleisanlage in Fahrbahnmitte. Am 17. Dezember 1949 fand zusammen mit Linie 2 die feierliche Verkehrsübergabe statt. Die Gleise auf der Neuenheimer Seite der Brücke hatten aber noch nicht ihre endgültige Lage erhalten, weil dort die Brücke noch nicht die volle Breite aufwies. Erst nachdem die Behelfsbrücke abgebaut war, erfolgte am 26. Mai 1950 die Inbetriebnahme des Vollausbaues der alten Friedrichsbrücke.

Zum **3.7.1950** wurde auf der Aussenlinie nach Wiesloch die nicht mehr benutzte Ausweiche Fischweiher entfernt. Im Folgejahr wurden die Ausweichen Nussloch Kreuz (2. Februar) und Wiesloch Wilhelmshöhe (früher Wiesloch Bergwerk) stillgelegt.

Mit der Inbetriebnahme der zweigleisigen Strecke Eichendorffplatz–Rohrbach-Markt am **8.4.51** war der zweigleisige Ausbau nach Rohrbach abgeschlossen. Vom gleichen Tage an verkehrte die Linie 6 nach Kirchheim alle 12 Minuten und die Linie 7 nach Leimen alle 24 Minuten. Dadurch konnte die Linie 9 nach Rohrbach wieder einmal entfallen.

Nachdem der Berufsverkehr zwischen Heidelberg und Eppelheim erheblich zugenommen hatte, erhielt die Gemeinde Eppelheim durch Wiedereinrichtung der Linie 10 Bismarckstrasse–Eppelheim am **20.1.52** einen verbesserten Fahrbetrieb mit 10-Minuten-Folge. Hierzu wurde in der Eppelheimer Strasse zwischen Siemensstrasse und neuem Gaswerk eine Ausweiche eingebaut.

Ab 25. August 1952 verkehrten auf allen Linien um 24 Uhr Nachtspätwagen.

Nach Errichtung der neuen Ernst-Walz-Brücke (früher Hindenburg-Brücke) am **23. Mai 1953** konnte der Strassenbahnbetrieb wieder bis südlich der Jahnstrasse im 12-Minuten-Takt aufgenommen werden. Gleichzeitig mit der Wiedereröffnung dieser Strecke änderte sich der Fahrweg der Linien 1 und 2, wobei die Linie 1 unterteilt wurde in Linie 1 und 1 a. Diese Linien verkehrten nunmehr wie folgt:

Linie 1   Schlachthof–Kornmarkt
Linie 1 a   Chirurgische Klinik–Kornmarkt
Linie 2   Hauptbahnhof–Handschuhsheim

Zur Sicherung der 228 Meter langen eingleisigen Strecke Karlsplatz–Herrenmühle wurde am 1. November 1953 eine Lichtsignalanlage in Betrieb genommen.

Der mit dem Wirtschaftsaufschwung ansteigende Kfz-Verkehr verlangte immer dringlicher nach Massnahmen zu einer flüssigeren Verkehrsgestaltung. So wurde im Laufe des Sommers und Herbstes 1954 wegen Verbreiterung der Bergheimer Strasse die dortige Gleisanlage von der Seitenlage zur Strassenmitte verlegt und an der Mittermaierstrasse ein doppelgleisiges Gleisdreieck als Verbindung zur Chirurgischen Klinik eingebaut.

In Neckargemünd kamen beim Ausbau der Ortsdurchfahrt zwischen «Friedensbrücke» und «Kaiserhof» die Gleise zur Strassenmitte.

Zu dieser Zeit tauchte der Gedanke auf, zur Regelung des Verkehrs in der stark belasteten Hauptstrasse eventuell die Aussenlinien 4 und 5 durch die **1956** nach den letzten Abbauarbeiten am alten Bahnhofsgelände stillzulegenden Gaisberg- und Schlossbergtunnel der Bundesbahn zu führen. **1959** entschied man sich aber, diese Tunnelstrecke für den Autoverkehr freizumachen und einzurichten.

Die Endstelle Chirurgische Klinik wurde im Zuge von Bauarbeiten an der Berliner Strasse am 25.4.1955 von südlich der Jahnstrasse nach nördlich der Jahnstrasse verlegt.

Das zweifellos bedeutendste Bauvorhaben seit Kriegsende stellte die Verlegung des Hauptbahnhofes dar. Schon vor dem Ersten Weltkrieg sollte Heidelberg einen neuen Bahnhof erhalten. Die **1908** begonnenen Bauarbeiten wurden durch den Ersten Weltkrieg unterbrochen. Danach war infolge der Inflation und Weltwirtschaftskrise an eine Wiederaufnahme der Arbeiten nicht zu denken. Ein 1936 überarbeitetes Projekt konnte infolge des Zweiten Weltkriegs nicht realisiert werden. So entstand erst 1950/55 etwa 1,2 km westlich vom alten Bahnhof am ehemaligen Baggerloch der neue Bahnhof. Die Einweihung fand am **5. Mai 1955** statt. Zugleich erwuchs die grosse Aufgabe, den neuen Bahnhof ans Verkehrsnetz der Stadt anzuschliessen.

Zunächst wurde eine 273 Meter lange zweigleisige Teilstrecke von der Bergheimer Strasse abzweigend durch die Schlachthausstrasse (heute Karl-Metz-Strasse) angelegt. Mit der Inbetriebnahme des neuen Bahnhofes am 8. Mai 1955 wurde eine vorläufige Strassenbahnendstelle an der Südseite der Schlachthausstrasse fertiggestellt und seitdem von der neugeordneten Linie 2 Handschuhsheim–neuer Bahnhof bedient. Die Linie 1 führte nun vom Karlstor zum alten Bahnhof, und von da ab stellten einstweilen Omnibusse die Verbindung zum neuen Bahnhof über die Bahnhofstrasse her. Erst am 3. Dezember 1955 konnte die Endstelle der Linie 2 von der Schlachthausstrasse um 147 m weiter bis zum nördlichen Ausgang des Hauptbahnhofes verlegt werden.

Auf dem alten Bahngelände entstand eine grosszügig angelegte Strasse mit Grünanlagen, die in späteren Jahren durch Geschäftshäuser und Verwaltungsbauten erschlossen wurde. Mit Erschliessung dieser Strasse, die zunächst als «Neue Strasse», später als «Kurfürsten-Anlage» bezeichnet wurde, stand im Aufsichtsrat der HSB und im städtischen Bauausschuss die Frage zur Diskussion, welches der möglichen Verkehrsmittel, Strassenbahn, Bus oder O-Bus, am geeignetsten sei.

In der Sitzung des Aufsichtsrates am 29.7.1955 wurde einstimmig beschlossen, in der Neuen Strasse eine Strassenbahn zu verlegen.

Der städtische Bauausschuss sprach sich in der Sitzung vom 20.9.1955 mit Stimmenmehrheit ebenfalls für die Strassenbahn aus. Die Gründe für diesen Beschluss waren hauptsächlich, dass es zweckmässig sei, diese Strecke von etwas mehr als 1 km Länge mit der Strassenbahn zu erschliessen, da es den Fahrgästen nicht zuzumuten ist, zweimal umzusteigen und ferner, dass gerade auf dieser Strecke mit erheblichem Stossverkehr zu rechnen sei und die Strassenbahn weitgehend innerhalb des Grünstreifens fahren könne.

Der Stadtrat erklärte sich am 6.10.1955 bereit, diesen Beschlüssen zuzustimmen und beschloss, in der Neuen Strasse zwischen der Rohrbacher Strasse und dem neuen Bahnhof eine Strassenbahn einzurichten.

Am **11.3.1956** begannen die Arbeiten für die 1,338 km lange zweigleisige Strecke, wobei die Strassenbahn einen von den Strassenfahrbahnen getrennten eigenen Bahnkörper erhielt. Die Inbetriebnahme dieser Neubaustrecke erfolgte am 1. Juli 1956. Gleichzeitig wurden am neuen Römerkreis die Gleisanschlüsse zur Römerstrasse (insgesamt 243 m) hergestellt und die Strecke durch die Bahnhofstrasse zwischen der Endstelle der Linien 6 bis 8 und der Römerstrasse stillgelegt. Die Gleisschleife am alten Bahnhofplatz war bereits am 25. Juni 1956 mit der Herstellung des Anschlusses Neue Strasse–Rohrbacher Strasse abgetrennt worden.

Mit der Inbetriebnahme der Strecke durch die Neue Strasse erfuhr das Liniennetz eine Umgestaltung:

Linie 1 Karlstor–Bismarckplatz–Chirurgische Klinik
Linie 2 Handschuhsheim–Bismarckplatz–Bergheimer Strasse–Hauptbahnhof, weiter als Linie 2 K
Linie 2 K Karlstor–Bismarckplatz–Neue Strasse–Hauptbahnhof, weiter als Linie 2
Linie 3 Handschuhsheim–Bismarckplatz–Neue Strasse–Römerkreis–Römerstrasse–Franz-Knauff-Strasse (Bergfriedhof)

Linie 4	Schlierbach–Bismarckplatz–Bergheimer Strasse–Hauptbahnhof–Neue Strasse–Bismarckplatz–Schlierbach
Linie 5	Wieblingen–Bergheimer Strasse–Bismarckplatz–Neckargemünd
Linie 6	Heidelberg (Bahnhofstrasse)–Rohrbacher Strasse–Kirchheim
Linie 7	Heidelberg (Bahnhofstrasse)–Rohrbacher Strasse–Leimen
Linie 8	Heidelberg (Bahnhofstrasse)–Rohrbacher Strasse–Wiesloch
Linie 9	Chirurgische Klinik–Hauptbahnhof–Neue Strasse–Römerkreis–Rohrbach
Linie 10	Heidelberg (Bismarckplatz)–Bergheimer Strasse–Eppelheim
Linie 11	Heidelberg (Bismarckplatz)–Bergheimer Strasse–Schwetzingen

Aber am **2.10.56** änderte man die Fahrtrouten der Linien 4 und 5 wieder, aufgrund der Anfälligkeit durch Verspätungen der Linie 5:

Linie 4	Schlierbach–Bismarckplatz–Bergheimer Strasse–Wieblingen
Linie 5	Neckargemünd–Bismarckplatz–Bergheimer Strasse–Hauptbahnhof–Neue Strasse–Bismarckplatz–Neckargemünd

Bei der Verbreiterung der Brückenstrasse verlegte man im Verlaufe 1956 die Gleise in Fahrbahnmitte.

Die Weiterführung des Ausbaues der Ortsdurchfahrt in Neckargemünd bedingte zwischen «Kaiserhof» und Kümmelbach eine Umlegung von 225 m Gleis von der Seitenlage in Fahrbahnmitte.

1958 erforderten Umbauarbeiten an der Ortsdurchfahrt in Leimen eine Verlegung der Ausweiche von der Bundesstrasse in die Bahnhofstrasse (heute Römerstrasse). Die Endstelle der Linie 7 wurde ebenfalls dorthin verlegt.

Zwischen dem letzten Quartal 1958 und Anfang 1959 wurde bedingt durch den Ausbau der Strassenkreuzung Schwetzinger Str./Odenwaldstrasse in Kirchheim die Gleisanlage bei der Einmündung der Odenwaldstrasse an den südlichen Gehwegrand verschwenkt und die Haltestelle in der Schwetzinger Strasse dorthin verlegt. Hierdurch liess sich ein gefahrloseres und bequemeres Ein- und Aussteigen der Fahrgäste der Linie 6 erreichen.

Die ständig steigenden Einwohnerzahlen der Gemeinden an der Strecke Heidelberg Schwetzingen sowie das ab 1950 schnell anwachsende Industriegebiet Heidelbergs, der Pfaffengrund, brachten einen stark vermehrten Kraftfahrzeugverkehr auf der Eppelheimer Strasse mit sich. Hinzu kam der erhebliche Strassenbahnverkehr in den Berufsverkehrszeiten. Da sich die Eppelheimer Strasse diesen Belastungen nicht mehr gewachsen zeigte, hatte man ab **Oktober 1957** ihre Verbreiterung vorgenommen und begann parallel dazu ab Anfang August 1958 mit dem zweigleisigen Ausbau der Strassenbahn zum Pfaffengrund. Am **26.3.1959** konnte der erste Bauabschnitt zwischen Czernybrücke und Bundesbahnüberführung dem Verkehr übergeben werden. Der zweite Bauabschnitt Bundesbahnüberführung bis «Stotz Kontakt» folgte am 18.9.1959. Hierbei kam jeweils die Gleisanlage auf Strassenmitte zur Neuverlegung. Die Strassenüberführung über die Bundesbahn beim Diebsweg hatte eine Fahrbahnverengung mit Kreuzungsverbot für die Strassenbahn erfordert.

Zwischenzeitlich war das Gebiet westlich der Berliner Strasse (vormals Frankfurter Strasse) durch Klinikbauten und Institute der Universität weiter erschlossen. Ebenso das Gebiet südlich dieses Strassenzuges mit erheblicher Ausdehnung als Wohngebiet. Die Einrichtung des Bunsengymnasiums erzeugte weitere Verkehrsbedürfnisse. Als Behelfslösung war **1958** eine Buslinie Kussmaulstrasse–Tiergarten–Schwimmbad eingeführt worden. Diese Lösung befriedigte weder die Fahrgäste noch in betrieblicher Hinsicht, da für die Buslinie mit ihrem Massenbetrieb zur Badezeit erhebliche Verzögerungen eintraten. Deshalb fasste der Gemeinderat am **30.7.1959** den Beschluss zur Verlängerung der Strassenbahn von der Chirurgischen Klinik bis zur Mönchhofstrasse. Bei Ausbau der Berliner Strasse war ein 8,50 m breiter Mittelstreifen zur Aufnahme des Doppelgleises berücksichtigt worden. An der Endstelle wurden für das Umsetzen der Wagen die Gleise über eine Weiche zusammengeführt. Ein zusätzlich eingebauter Gleiswechsel ermöglichte, dass sich die Wagen der zu verlängernden Linien 1 und 9 ohne zeitlichen Verzögerungen überholen konnten. Die Inbetriebnahme dieser zirka 400 m Verlängerungsstrecke erfolgte am 26.10.1959.

Mit 45,2 km Streckenlänge (davon 21,363 km zweigleisig und 23,823 km eingleisig) hatte das Strassenbahnnetz nunmehr seine grösste Ausdehnung erreicht.

Ebenfalls am 26.10.1959 erhielt der Stadtteil Wieblingen durch Einrichtung der Linie 12 Bismarckplatz–Wieblingen einen 10-Minuten-Verkehr. Hierzu war an der Haltestelle Wieblingen

Ost eine neue Ausweiche eingelegt worden. Mit dieser Massnahme erfüllte sich nicht nur ein lang ersehnter Wunsch der Bevölkerung, sie stellte zugleich eine Verwirklichung der Bestrebung der Strassenbahngesellschaft dar, die Randgebiete Heidelbergs mit einem schnelleren Verkehr ins Stadtzentrum zu versehen.

Im Verlaufe 1959 erfolgte auch der zweigleisige Ausbau der Strecke von Rohrbach bis Leimen. Die Bundesstrasse 3 wurde verbreitert und dabei zwischen Burnhofweg und Zementwerke Leimen ein eigener Bahnkörper angelegt. Zugleich verschwand auch der Gleislagerplatz bei der Grenzweiche. Zwischen Viktoriastrasse und Burnhofweg verlegte man die Gleisanlage doppelgleisig in Strassenmitte. Die in Rohrbach endende Linie 9 wurde verlängert und erhielt beim Burnhofweg zum unbehinderten Umsetzen mit Überholmöglichkeit für die Aussenlinien ein drittes Gleis auf besonderem Bahnkörper. Ab 14.11.1959 konnte die Strecke befahren werden.

Die Zunahme des Individualverkehrs hatte seit etwa 1957 eine ständige Abwanderung der Fahrgäste zum eigenen Kraftfahrzeug bewirkt. Diesem Fahrgastrückgang versuchte man durch eine flüssigere Beförderung der Fahrgäste, insbesondere durch den Ausbau der Hauptverkehrsknotenpunkte am Seegarten und Bismarckplatz entgegenzutreten.

Am 15.7.1959 begann der Ausbau des Seegartengeländes. Es entstand ein grosszügig angelegter Strassenbahnverkehrsknotenpunkt mit Grünanlagen, Verkaufspavillons, Wartehalle und Fussgängerunterführungen. Mit Inbetriebnahme dieser neuen Verkehrsanlage am **12. März 1960** wurde die bisherige Endstelle der Linien 6 bis 8 von der Bahnhofstrasse zum Seegarten verlegt und die nicht mehr benötigte restliche Gleisanlage in der Bahnhofstrasse aufgegeben. Dagegen nicht ausgeführt wurde die seinerzeit vorgesehene Umlegung der vom Bahnhof kommenden Strassenbahnlinien über den Seegarten durch die Sofienstrasse in die Hauptstrasse bzw. nach Handschuhsheim. So unterblieb die Entzerrung der Umsteigestelle am Bismarckplatz. Gleichzeitig erhielten diese Linien anstelle des bisherigen 12- bzw. 24-Minuten einen 10- und 20-Minuten-Verkehr. In der Folgezeit zeigte sich, dass die gedachte Verlegung des Verkehrsknotens Bismarckplatz zum Seegarten nicht realistisch war. Der Bismarckplatz ist und bleibt für den öffentlichen Nahverkehr Mittelpunkt der Stadt.

Im Zuge des immer stärker werdenden Kraftverkehrs hatte sich der Bismarckplatz zu einem äusserst neuralgischen Verkehrspunkt entwickelt. Da sich die Haltestelle Bismarckplatz früher am südlichen Platzrand in Seitenlage bei den alten Arkaden befand, musste der Kfz-Verkehr aus Richtung Bergheimer Strasse zwangsläufig den gesamten Strassenbahnverkehr kreuzen. Um diesen unhaltbaren Zustand zu beseitigen, riss man 1960 die Arkaden ab und baute stattdessen eine neue Fahrbahn für den West-Ost-Kfz-Verkehr. Damit wurde der Kraftverkehr durch Richtungsfahrbahn voneinander getrennt. Die Strassenbahnhaltestelle dagegen gestaltete man zur Insel aus, die durch Fussgängerunterführungen erreicht wurde.

In der Eppelheimer Landstrasse konnte zwischen den Haltestellen «Stotz-Kontakt» und «Kranichweg» zum 5.11.1960 der zweigleisige Ausbau einschliesslich eines Abstellgleises bei der Firma Stotz abgeschlossen werden. Somit verblieb lediglich noch der eingleisige Engpass über die Czernybrücke, der durch eine über Fahrleitungskontakte gesteuerte Lichtsignalanlage gesichert wurde.

In Rohrbach am Markt musste **1961** wegen des Strassenumbaues für den Kfz-Verkehr auch ein Gleisumbau erfolgen. Hierdurch fiel der nur noch für Betriebszwecke verbliebene Gleisbogen Heinrich-Fuchs-Strasse/Karlsruher Strasse weg.

In Schwetzingen verlegte man die Gleisanlage in der Karl-Theodor-Strasse zur Erreichung eines flüssigeren Verkehrsablaufs zur Strassenmitte.

Zwischen Leimen Sportplatz und Fischweiher wurde zum **13.3.62** eine 503 m lange Strecke auf eigenem Bahnkörper in Betrieb genommen. Hinter dieser Massnahme stand die ursprüngliche Absicht, die Strecke einmal bis Wiesloch zweigleisig auszubauen. Zwar versah man die Bahnanlage mit einer zweiten Fahrleitung, die Strecke blieb jedoch eingleisig.

Während die südlichen und westlichen Vorortstrecken teilweise in Strassenmitte oder auf eigenen Bahnkörper verlegt werden konnten, stellten sich dem auf der Neckartalstrecke räumliche Schwierigkeiten entgegen. Als Anfang 1953 die Verlängerung der Konzession für die Strecke Heidelberg–Schlierbach beantragt wurde, hiess es, der Fortbestand der Neckartallinie sei nur möglich, wenn die Strasse für den übrigen Fahrverkehr freigemacht würde. Die Konzession konnte zwar noch bis zum 1.4.64 verlängert werden, aber die Diskussion über die Herausnahme der Strassenbahn aus der Bundesstrasse 37 riss nicht mehr ab. Zunächst wurden Vorschläge unterbreitet, die Strassenbahn auf eigenen Bahnkörper neben der Strasse zu verlegen. Schliesslich ging es nur noch um die Frage, ob Omnibusse oder Strassenbahnen zwischen Karlstor und Neckargemünd eingesetzt werden sollen. Nachdem sich die Verkehrsunfälle auf dieser Strecke häuften, setzte sich die Meinung immer mehr durch, dass Omnibusse geeigneter seien. Auf Dringen der Landesregierung beschloss im November 1960 der Aufsichtsrat der HSB, die Strassenbahn vor Ablauf der Konzession aus der Bundesstrasse 37 herauszunehmen und durch Omnibusse zu ersetzen. Zwischenzeitlich hatte aber die Deutsche Bundesbahn versucht, den Vorortverkehr nach Schlierbach und Neckargemünd zu übernehmen. Unterstützt von den betroffenen Gemeinden, die eine Verschlechterung der Verkehrsbedienung befürchteten, erreichte die Strassenbahngesellschaft durch Verhandlungen mit der DB, dass diese ihren Einspruch gegen die Konzession einer HSB-Buslinie zurückzog. Damit war der Weg frei für den Ausbau der B 37 und für die Umstellung auf Omnibus.

Am **27.5.62** übernahmen Omnibusse — die neue Linie 35 — den Verkehr nach Neckargemünd. Mit Aufgabe der Neckartallinie 5 erhielt dieses Signal die mit der Linie 2 verknüpfte Linie 2 K. Die bis zum Karlstor verkürzte Linie 4 verkehrte nun im 10-Minuten-Takt bis Wieblingen. Dafür entfiel Linie 12.

Zur besseren Verkehrserschliessung der nördlich und westlich der Endstelle in Handschuhsheim grössten Teils neu gebauten Wohngebiete und der dort angesiedelten Industriebetriebe konnte mit der OEG die Vereinbarung erzielt werden, von der Rottmannstrasse bis zur Johann-Tischbein-Strasse einen Gemeinschaftsverkehr zu betreiben. Um den Verkehr betriebssicher zu gestalten, musste erst die eingleisige Strecke im Verlauf der Dossenheimer Landstrasse zwischen OEG-Bahnhof und Stadtgrenze zweigleisig in Strassenmitte ausgebaut werden. Am Ende dieses Abschnittes entstand eine Rangierstelle auf eigenem Bahnkörper neben der östlichen Strassenseite. Die 1961 begonnenen Gleisbauarbeiten verzögerten sich aber bedingt durch den strengen Winter und andere widrige Umstände derart, dass die Inbetriebnahme dieser 1,34 km langen Strecke erst am **30.6.1963** erfolgen konnte. Von dem Tag an verkehrte die Linie 6 über Römerkreis–Bismarckplatz bis zur neuen Endstelle nach Handschuhsheim/Nord, während die Linie 3 eingestellt wurde.

1964 musste die Gesellschaft im Ausbau der Ortsdurchfahrt Eppelheim vertragsgemäss mit umfangreichen Änderungsarbeiten an den Gleisanlagen folgen. Dabei wurden nicht nur Gleise erneuert und Fahrdraht neu eingezogen. Auf Verlangen der Ortsbehörde musste aus Gründen der Verkehrssicherheit und einer flüssigeren Verkehrsgestaltung wegen auch die am Wasserturm befindliche Ausweiche aufgegeben und westlich der Ortschaft beim Pumpwerk (Kilometer 7,152) eine neue Ausweiche eingebaut werden.

Das hatte zur Folge, dass Eppelheim ab 28.11.1964 nur noch durch die Linie 11 im 15-Minuten-Takt angefahren wurde. Die Linie 10 fuhr vom gleichen Tage an im 15-Minuten-Takt nur noch bis Stotz.

Auch in Leimen wurde eine Änderung der Gleisanlage verlangt, die auf die westliche Seite der Bahnhofstrasse verlegt werden musste (280 m).

Als zum 1. April 1964 die Konzession für sämtliche Strassenbahnlinien abgelaufen war, sollte für diese eine einheitliche Geltungsdauer erteilt werden. Voraussetzung hierfür war aber eine Vereinbarung hinsichtlich der Strassenbenutzung zwischen der Gesellschaft, der Strassenbauverwaltung und der Stadt Heidelberg. Die Entscheidung musste zunächst ausgesetzt werden, da man zuerst Klarheit über den geplanten Ausbau der Bundesstrasse 37 nach Wieblingen haben wollte. Beide Strassenbaulastträger forderten unnachgiebig die Umwandlung der Strassenbahnlinie 4 auf einen Omnibusbetrieb. Die Gesellschaft hatte schliesslich keine andere Wahl, als hierin einzuwilligen, obwohl sie sich ausschliesslich durch die Entwicklung des allgemeinen Verkehrs dazu gezwungen sah, die Strassenbahn-Linie 4 durch ein anderes Verkehrsmittel zu ersetzen. So verkehrte am **2. April 1966** letztmalig die Linie 4 nach Wieblingen. Stattdessen richtete man ab 3.4. eine durchgehende Buslinie 35 von Wieblingen nach Neckargemünd ein, die aber den Vorteil besass, dass für zahlreiche Fahrgäste das Umsteigen am Karlstor entfiel.

Aus Gründen der Kostensteigerung, insbesondere der Personalkostenhöhe, wurde 1966 nach und nach der Ein-Mann-Betrieb bei der Strassenbahn eingeführt. Ab **1.1.1966** fuhren zunächst die Triebwagen auf der Linie 8 zeitweilig schaffnerlos, die Beiwagen mit Schaffner. Da zu diesem Zeitpunkt bis 1976 noch ältere Wagentypen eingesetzt werden mussten, bei denen ein Ein-Mann-Betrieb wegen technischer Voraussetzungen nicht möglich war, konnte der vollständige Ein-Mann-Betrieb erst mit Indienststellung der 1975 beschafften achtachsigen Gelenktriebwagen vollzogen werden. Mit Einführung des Ein-Mann-Betriebes und dem Wegfall der Beiwagen durch Einsatz von Grossraum-Gelenk-Triebwagen konnte das Fahrpersonal nach und nach um rund 300 Mitarbeiter verringert werden.

Der Personalabbau konnte durch eine vorausschauende Personalpolitik, z. B. rechtzeitige Umschulung von Schaffnern als Strab- oder Busfahrer, zeitweiliger Einstellungsstop, Umsetzung auf andere Arbeitsplätze, auch bei der Stadt Heidelberg im Rahmen einer vereinbarten Personalüberleitung mit Sicherstellung erworbener Rechte, durchgeführt werden.

Ab 30. August 1966 wurde die Gleisschleife am Bismarckplatz aus Verkehrsgründen nicht mehr zum Wenden der Linien 10 und 11 benutzt. Beide Linien fuhren fortan stadteinwärts über den Hauptbahnhof-Kurfürsten-Anlage zur neuen Endstelle Seegarten/Post. Stadtauswärts fuhren sie weiterhin über die Bergheimer Strasse. Diese Linienführung erforderte den Einbau eines dritten Gleises an der Haltestelle Seegarten/Post sowie eines Gleisstrangs von der Rohrbacher Strasse zur Bergheimer Strasse. Die Gleise an der Bismarckschleife dagegen wurden teilweise entfernt bzw. weiter von der OEG befahren.

Wegen einer neuen Verkehrskonzeption am Karlstor (Anschluss der Südtangente an die B 37) musste 1968 die Gleisschleife auf dem Karlstorrondell aufgegeben werden. Dafür nahm man am **31.5.1968** westlich des Karlstors eine neue Umsetzanlage mit zwei Stumpfgleisen in Betrieb. Da der Einsatz von Einrichtungswagen in der Hauptstrasse nun nicht mehr möglich war, mussten die betrieblich verknüpften Linien 2 und 5 getrennt werden.

Nach einer zum **15. Juni 1969** eingeführten Fahrpreiserhöhung von durchschnittlich 13% kam es kurz darauf zu einer von Schülern und Studenten inszenierten Protestaktion, die zu einer mehrtägigen, teilweise vollständigen Behinderung von Bahnen und Bussen ausartete. Die Demonstranten blockierten die Schienen und Fahrwege und organisierten eine grossangelegte Mitfahreraktion «Roter Punkt», bei der sämtliche Autobesitzer durch Aufrufe gebeten wurden, die Fahrgäste auf den Linienwegen der HSB kostenlos zu befördern. Mit Rücksicht auf die Sicherheit von Fahrgästen und Personal war der Betrieb am 19. und 20. Juni 69 vollständig eingestellt. Als Ergebnis dieser Blockade wurde am 21. Juni die genehmigte Fahrpreiserhöhung zurückgenommen und der Fahrbetrieb wieder in vollem Umfange aufgenommen.

Im Zuge des 1969/70 im Ortsteil Kirchheim erfolgten Ausbaues der Strassenkreuzung «Spinne» musste die am Rathaus befindliche Endstelle der Linie 6 um 77 m vorverlegt werden.

1970 war von Prof. Schechterle, Ulm, im Auftrag der Stadt Heidelberg ein Generalverkehrsplan erstellt worden, der unter anderem eine Teiluntersuchung über die künftige Bedienung des Öffentlichen Verkehrs enthielt. Demnach empfahl der Gutachter eine Reduzierung des Strassenbahnbetriebes auf die stark belasteten Hauptstrecken der Nord-Süd-Achse Handschuhsheim–Leimen und auf einen Abzweig von der Stadtmitte über Hauptbahnhof nach Eppelheim. Alle übrigen Strecken sollten durch einen Busverkehr ersetzt werden. Die Hauptstrasse sollte verkehrsfrei gemacht und die Altstadt durch Omnibusse über eine Nord-Süd-Tangente und noch auszubauende «Querspangen» erschlossen werden.

Die vorgeschlagenen Reduzierungen des Schienennetzes fanden grösstenteils in den folgenden Jahren im Rahmen eines 1971 von der HSB erarbeiteten Sanierungskonzeptes Verwirklichung. Dieses Notprogramm war wegen der drastisch gestiegenen Kosten, welche die Gesellschaft inzwischen in eine ihre Existenz bedrohliche Lage gebracht hatte, unumgänglich geworden. Zum **1. September 1971** erfolgte zunächst die ersatzlose Einstellung des Strassenbahnbetriebes der Linie 2 Handschuhsheim/Tiefburg–Hauptbahnhof. Die Fahrpläne fast aller Linien erfuhren eine starke Verkürzung, der Betriebsbeginn an Werktagen wurde später gelegt und ab 20.00 Uhr täglich, sowie an Sonn- und Feiertagen vormittags ein 30-Minuten-Verkehr in den Stadtbezirken bzw. ein 60-Minuten-Verkehr auf den Aussenlinien eingeführt. Die Linien 1, 5, 6 und 9 verkehrten ausserhalb der Hauptverkehrszeit in 20-Minuten-Folge (bisher 10 Minuten). Im Abendverkehr wurden nurmehr die Hauptstrasse und die Linien 8 und 11 befahren, auf den übrigen Linien verkehrten Omnibusse. Diese mit einer Tarifanhebung verbundene weitgehende Einschränkung des Beförderungsangebotes stiess beim Publikum auf teilweise heftige Kritik. Vom 1. bis 4. September 1971 fanden Demonstrationen gegen die Fahrpreiserhöhungen und Fahrplanverdünnungen statt. Dabei konnte durch starkes Polizeiaufgebot eine grössere Blockade verhindert werden. Waren ab 1970 noch durch höhere Betriebsleistungen der HSB (Wagenkilometer) die Fahrgastzahlen leicht angestiegen, so musste die Gesellschaft durch die Realisierung des Notprogrammes bis zum Jahresende gleich einen Beförderungsverlust von 7,4% hinnehmen.

Ein am 5.12.71 in Kraft getretener korrigierter Fahrplan wurde schliesslich vom Publikum angenommen. Danach fand an Werktagen der Betriebsbeginn eine halbe Stunde früher und der

Betriebsschluss täglich eine halbe Stunde später statt. Im Abendverkehr und Sonntagvormittagsverkehr fuhr wieder die Linie 6. Die Linien 5 und 6 verkehrten nur noch samstags und sonntagnachmittags im 20-Minuten-Betrieb. Die Linie 5 führte in diesen Zeiten in beiden Richtungen über Hauptbahnhof zum Bunsengymnasium.

1972 begann eine Neuordnung des südlichen Streckennetzes. Die eingleisige Strecke der Linie 6 zwischen Rohrbach Markt und Kirchheim wurde am 1.10.72 aufgehoben und dafür die Omnibuslinie 40 Bismarckplatz–Kirchheim–Hasenleiser–Rohrbach eingerichtet. Die Linie 6 endete fortan an der Ortenauer Strasse in Rohrbach. Gleichzeitig änderte sich der Spätverkehr der Linien 6 und 8. Die Linie 8 verkehrte nun in den Abendstunden und an Sonn- und Feiertagen vormittags anstelle Linie 6 über die Weststadt nach Handschuhsheim Nord. In diesen Zeiten bedienten nur Busse der Linie 29 die Rohrbacher Strasse zwischen Dantestrasse und Bahnhofstrasse.

Im Gegensatz zu einer Realisierung der noch vor Jahren untersuchten Neuanlage einer Schnellbahn von Heidelberg nach Wiesloch wurde am **17. Juni 1973** durch die Umstellung des 6,2 km langen eingleisigen Streckenabschnittes Leimen–Wiesloch auf Busbetrieb die Umgestaltung des Strassenbahn- und Busnetzes fortgesetzt. Mit dieser Massnahme war man auch der Intention des Nahverkehrsexperten Prof. Nebelung und eines demzufolge am 4. Juli 1968 gefassten Beschlusses nachgekommen. Von diesem Tage an wurden die Linien 7 und 8 aufgehoben und damit auch die Wendeschleife und Haltenstellenanlage Seegarten aufgegeben. Die Linie 6 wurde bis Leimen/Moltkestrasse verlängert. Von Leimen/Betriebshof bis Wiesloch/Stadtbahnhof richtete man eine Buslinie ein, die vorerst das Signal 8 erhielt. Die Bedienung Rohrbacher Strasse mit Schienenverkehr ab Kurfürsten-Anlage bis Franz-Knauff-Strasse wurde auch aufgegeben. Zwischen Parkhaus und Franz-Knauff-Strasse übernahm die Buslinie 29 Parkhaus–Boxberg den Verkehr.

Schliesslich folgte zum 6. Januar 74 auch die Umstellung der letzten schwächer frequentierten 5 km langen eingleisigen Vorortstrecke zwischen Eppelheim/Rathaus und Schwetzingen auf einen Omnibusbetrieb. Diese Betriebsumstellung wie auch die der Vorortlinie 8 waren erforderlich geworden, nachdem die behördlichen Genehmigungen abgelaufen waren oder es in Kürze gewesen wären. Eine Verlängerung der Betriebserlaubnis war wegen der gegenseitigen Behinderung von Strassenbahn und Autoverkehr auf gemeinsamen Strassenflächen nicht erteilt oder in Aussicht gestellt worden. Bauliche Alternativen dagegen hätten die Finanzkraft des Unternehmens überfordert.

Nach diesem Schrumpfungsprozess erfolgte ebenfalls am **6. Januar 74** eine Neuordnung der noch verbleibenden Strassenbahnlinien:

Die **Linie 1** Karlstor–Bunsengymnasium, die bisher durch die Bergheimer Strasse fuhr, wurde über den Hauptbahnhof geleitet.
Eine neue **Linie 2** übernahm die Bedienung der Strecke Karlstor–Bergheimer Strasse–Eppelheim.
Die **Linie 6** Handschuhsheim–Leimen erhielt das **Signal 3**, die **Linie 9** Bunsengymnasium–Rohrbach das **Signal 4**.
Die bisherigen **Linien 5** Karlstor–Hauptbahnhof, **10** Seegarten–Pfaffengrund und **11** Seegarten–Schwetzingen **entfielen.**

Mit nunmehr 20,3 km Streckenlänge (davon 2,60 km eingleisig) erreichte das Strassenbahnnetz seine im Jahre 1971 konzipierte Ausgestaltung. 17,1 Mio. Fahrgäste wurden 1974 noch auf diesem Rumpfnetz befördert und dabei 1 842 460 Wagenkilometer zurückgelegt.

Klagen der Anwohner des südlichen Ortsteils von Eppelheim veranlassten die Gemeindeverwaltung Eppelheim, sich um eine Weiterführung der Strassenbahn von der Ortsmitte am Rathaus bis zur Schwetzinger Strasse zu bemühen. Auf einem gemeindeeigenen Grundstück an der Schwetzinger Strasse, das als Parkplatz angelegt war, entstand eine neue Endstelle der Strassenbahn mit zwei stumpf endenden Gleisen. Die Verlängerung der Linie 2 betrug 390 m. Der Betrieb konnte am 1.12.74 auf der wiederreaktivierten eingleisigen Strecke der ehemaligen Linie 11 aufgenommen werden. Vom gleichen Zeitpunkt ab wurde auch die Buslinie 20 Eppelheim–Schwetzingen zur neuen Strassenbahnendstelle verlegt.

Da die Hauptstrasse nach den Vorstellungen Prof. Schechterles verkehrsfrei werden sollte, wurden Überlegungen angestellt, wie der dann ebenfalls stillzulegende Strassenbahnverkehr zwischen Bismarckplatz und Karlstor ersetzt werden könnte. Einerseits empfahl die zentrale Lage der am stärksten frequentierten Strecke diese beizubehalten, andererseits hielt man wegen des einmaligen Stadtbildes nur die unterirdische Führung eines neuen Verkehrsmittels für akzeptabel. Dieses durfte aber nur geringen Platzbedarf beanspruchen und sollte dennoch eine ausreichende Kapazität besitzen. Deshalb beauftragte das Bundesverkehrsministerium 1972 die Firma Kraus-Maffei, eine Durchführbarkeitsstudie für die Einführung des Verkehrssystems Transurban in Heidelberg zu erstellen. Hierbei handelt es sich um eine Kabinenbahn, die auf der Magnetschwebetechnik beruht und von einem Linearmotor angetrieben wird. Im Rahmen dieser Durchführbarkeitsstudie wurde untersucht, ob das Projekt einer unterirdischen Transurbanlinie durchführbar sei. Zunächst stand eine 2 km lange unterirdische Strecke mit sechs Stationen zwischen Karlstor und Bismarckplatz zur Debatte. Darüber hinaus befasste sich die Studie auch mit einer aufgeständerten Verlängerungsstrecke bis zum Hauptbahnhof und sogar mit der Konzeption für die Gesamterschliessung des Stadtgebietes Heidelberg. Die Finanzierung der Durchführbarkeitsstudie erfolgte mit Hilfe von Bund, Land und Gemeinde. Die Studie ergab, dass selbst unter schwierigen Verhältnissen, wie sie in der Heidelberger Altstadt gegeben sind, das Transurbansystem errichtet werden könne. Im November 74 liess das Bundesministerium für Forschung und Technik jedoch verlauten, dass sich das Magnetschwebeverfahren der Firma Kraus-Maffei AG für den Nahverkehr nicht eigne und sich auch wirtschaftlich nicht verwenden liess. Das Ministerium hatte entschieden, das System dieses Verfahrens und die weiteren Entwicklungsarbeiten nur noch für den Bereich hoher Geschwindigkeiten über mittlere und grosse Entfernungen zu unterstützen. Damit war das Transurbanprojekt für Heidelberg ad acta gelegt. Ebenso eine alternative Planung für ein von der Firma Krupp entwickeltes Kompaktbahnsystem — eine Mini-U-Bahn mit klassischem Rad-Schienen-System — kam nicht mehr zum Tragen.

Wegen der beabsichtigten Umgestaltung der Hauptstrasse in eine Fussgängerzone galt es nun kurzfristig die Frage zu klären, wie die Altstadt künftig bedient werden könne. Die Stadtverwaltung strebte an, die Hauptstrasse schienenfrei zu machen, wodurch sie die Möglichkeit gegeben sah, diesen Strassenzug im Sinne einer «Behaglichkeitslösung» auszugestalten. So fasste am **29. April 1976** der Gemeinderat den Beschluss, in der Hauptstrasse zwischen Bismarckplatz und Kornmarkt eine Fussgängerzone ohne Strassenbahn einzurichten. Mit dem Vollzug dieses Beschlusses am 4. Juli 1976 wurde dem Strassenbahnbetrieb nicht nur die Hauptachse mit dem höchsten Fahrgastaufkommen entzogen, sondern es trat auch zugleich eine wesentliche Verschlechterung der Altstadtbedienung ein.

Fortan fuhr die Linie 1 ab Bismarckplatz nach Handschuhsheim. Linie 2 dagegen endete am Bismarckplatz und benutzte bis zur Verlegung der Endstelle zum Adenauerplatz (bisher Seegarten/Post) am **27.11.1976** den in der Hauptstrasse beim Darmstädter Hof befindlichen Kreuzungswechsel zum Rangieren. Mit der Verlegung der Endstelle der Linie 2 zum Adenauerplatz mit Fahrt von Eppelheim kommend über Hauptbahnhof–Kurfürsten-Anlage — zum Adenauerplatz wurde die Bergheimer Strasse in östlicher Richtung — stadteinwärts — zwischen Haltestelle Mittermaierstrasse und Bismarckplatz nur noch von der OEG befahren. Die Altstadt wird seitdem über die Tangenten mit Buslinien (10, 11, 34, 35) erschlossen. Abgesehen von dieser Linienänderung erhielt Linie 4 einen durchgehenden 10-Minuten-Verkehr. Die Betriebslänge der Strassenbahn hat sich durch die Stillegung der Hauptstrasse auf 19,1 km reduziert.

Seit Jahren schon war die Stadt Heidelberg bemüht, ein Verkehrskonzept für den Bismarckplatz zu finden, ohne dass die Erfordernisse der Zukunft verbaut würden. Die wegen der Aufgabe der Hauptstrasse notwendig gewordenen neuen Strassenbahn- und Buslinienführung hatten eine zusätzliche Verkehrsbelastung des Bismarckplatzes gebracht. Von daher erwies sich eine Umgestaltung dieses neuralgischen Punktes mit einer dem öffentlichen Nahverkehr ausreichenden Konzeption der Haltestellen und Fahrwege noch dringender. Schliesslich fand man **1977** in einem Kompromissvorschlag des städtischen Tiefbauamtes nach einem Vorschlag des Gutachtens der Professoren Angerer/Schächterle die Lösung. Charakteristisch für dieses Konzept ist, dass die Omnibusse und Strassenbahnen zwischen Rohrbacher Strasse und Theodor-Heuss-Brücke weitgehend die gleiche Trasse benutzen. Mit dieser Lösung wird eine unkompliziertere Bedienung der Altstadttangenten mit Omnibussen möglich, weil nicht mehr mit den Fahrgästen um den ganzen Bismarckplatz herumgefahren werden muss. Zudem haben die Fussgänger nur noch kurze Umsteigewege zwischen Bussen und Bahnen.

Am **24. April 1978** begann der Umbau des Bismarckplatzes. Nach 3monatiger Bauzeit (als Teilausbau) konnte am 24. Juli 1978 an der bisherigen OEG-Haltestelle für HSB und OEG die neue Gleisanlage in Betrieb genommen werden. Eine in östlicher Randlage des Bismarckgartens geschaffene Umsetzanlage dient seit dem **29.7.1979** ganztägig der Linie 2 als Endstelle. Seitdem fährt die Strab-Linie 2 wieder in beiden Richtungen durch die Bergheimer Strasse. Die Endhaltestelle Adenauerplatz wurde aufgehoben und später das dritte Gleis entfernt. Die Abfahrtsstellen der Omnibuslinien befinden sich jetzt überwiegend an den bisherigen Strassenbahnhaltestellen. Der endgültige Aus- bzw. Umbau des Bismarckplatzes, der die von der HSB vorgelegte Planung nicht voll berücksichtigt, ist seit Mai 1985 im Gange.

Am 26.3.1979 wurde Linie 4 nach der morgendlichen Verkehrsspitze vom 10-Minuten- auf den 15-Minuten-Verkehr umgestellt und dem Bedarf angepasst.

Durch den Ausbau des Boxbergknotens an der Bundesstrasse 3 zwischen Rohrbach und Leimen musste 1979 die Haltestelle «Rohrbach Süd» um 200 m nach Süden verlegt und neu gestaltet werden. Die am 20./21.4. in Betrieb genommene Haltestelle ermöglicht nun ein bequemes Umsteigen zwischen Linie 3 und den Buslinien zum Boxberg.

Seit 30.11.1979 werden bis hierher sämtliche Fahrten der Linie 3, die bisher an der Ortenauerstrasse endeten, weitergeführt. Zum 1.6.1981 wurde auch Linie 4 im morgendlichen Berufsverkehr bis zur Haltestelle Rohrbach Süd verlängert.

Am **20. Juli 1981** erhielt Linie 3 eine neue Endstelle in Leimen beim Friedhof. Die Strassenbahn benutzt dabei auf 200 m Länge das noch vorhandene Gleis der ehemaligen Linie 8. Gleichzeitig wurde auch eine direkte Umsteigestelle zu den Anschlussbussen der Linie 30 nach Wiesloch hergestellt.

Zur Festlegung des Rahmens für ein künftiges Nahverkehrskonzept stand 1981 die Grundsatzfrage «Strassenbahn ja oder nein» zur Erörterung. Nach einer in der Öffentlichkeit stattgefundenen lebhaften Diskussion hatte sich die schon früher bestandene Bereitschaft einer Beibehaltung zuzustimmen zusätzlich gefestigt. So stimmte in seiner Sitzung am 2. Juni 1981 der Aufsichtsrat der «Heidelberger Versorgungs- und Verkehrsbetriebe GmbH (HVV)» (seit 1976 Obergesellschaft der HSB) einstimmig und der Aufsichtsrat der HSB mit einer Gegenstimme für die Beibehaltung der Strassenbahn. Bei der Beratung der Nahverkehrskonzeption des HSB kam der Gemeinderat der Stadt Heidelberg im **Mai 1982** zu dem Ergebnis, dass der Schienenverkehr als unverzichtbarer Bestandteil des Nahverkehrs erhalten bleibt. Welche Bedeutung der Strassenbahn nach wie vor zukommt, lässt sich daran ermessen, dass sie auf nur $1/6$ des gesamten HSB-Verkehrsnetzes jährlich nahezu 50% der Beförderungsfälle im Strassenbahn- und Omnibuslinienverkehr zu verzeichnen hat.

Mit Inkrafttreten des Winterfahrplanes am 10. Oktober 1982 wurden im Strassenbahnbetrieb die im Nahverkehrskonzept enthaltenen Vorgaben verwirklicht. Linie 1 verkehrt seitdem in verkehrsschwachen Zeiten nur noch zwischen Bunsengymnasium und Bismarckplatz, um ein Überangebot auf dem Streckenabschnitt Bismarckplatz–Handschuhsheim zu vermeiden. Dagegen wurde zur Herstellung direkter Verbindungen in der Hauptverkehrszeit Linie 4 auch am Nachmittag bis zur Haltestelle «Rohrbach Süd» verlängert.

Im Frühjahr 1984 erhielten die Strassenbahnwagen in Übereinstimmung mit den neuen Haltestellenschildern nach StVZO zur besseren Orientierung eine farbliche Linienkennzeichnung (weisse Nummern auf farbigem Untergrund). Folgende Farben werden für die einzelnen Linien verwendet:

Linie 1: rot **Linie 2:** blau **Linie 3:** grün **Linie 4:** violett

Schwerer Sachschaden entstand in der Nacht vom **23.** zum **24. August 1984,** als durch ein Grossfeuer auf dem Gelände des Betriebshofes Bergheimer Strasse der westliche Teil der Werkstatthalle der Strassenbahn zerstört wurde. Dem Grossbrand fielen auch vier Grossraumwagen (Nr. 216, 224, 242 sechsachsig und 204 achtachsig) zum Opfer. Der gegenwärtige Fahrbetrieb muss in den Verkehrsspitzen mit den derzeit vorhandenen 31 Grossraumwagen bewerkstelligt werden. Das bedeutet, dass bei einem reparaturbedingten Wagenausfall Ersatzbusse bereitgestellt werden müssen, da keinerlei Wagenreserve mehr vorhanden ist. Verhandlungen mit mehreren Verkehrsunternehmen wegen Anmietung von Strassenbahnwagen wurden zwar geführt, aber wegen zu hohen Kosten nicht verwirklicht. Erst mit Auslieferung der acht bei der Düwag bestellten Stadtbahnwagen vom Typ M8C ab Herbst 1985 wird der Engpass überwunden sein.

Am 27.9.1984 konnte endlich die verkehrlich ungünstige Engpasstelle beim Diebsweg beseitigt werden. Das neu verlegte Doppelgleis verläuft nun an dieser Stelle durch zwei Verkehrsinseln vom übrigen Strassenverkehr getrennt. Darüber hinaus wird die Gleisanlage nach Eppelheim in den nächsten Jahren zusätzliche Veränderungen erfahren. So wird durch den Neubau der Czernybrücke die Strassenbahn einen doppelgleisigen eigenen Bahnkörper in Mittellage erhalten. Für 1986 ist die Erneuerung der Strassenbrücke über die Autobahn nach Eppelheim vorgesehen. Hierbei wird das in Seitenlage der Fahrbahn verlaufende Einzelgleis ebenfalls einen eigenen Bahnkörper erhalten.

Noch innerhalb dieses Jahrzehntes soll die Linie 4 in der Berliner Strasse vom Bunsengymnasium bis zum Hans-Thoma-Platz verlängert werden. Der langjährig diskutierte Streckenneubau wird nicht nur von der Strassenbahngesellschaft, sondern auch vom Gemeinderat befürwortet. Denn für die Notwendigkeit des Vorhabens sprechen mehrere Gründe. Durch den vorgesehenen Ausbau der Berliner Strasse ist ohne Inanspruchnahme zusätzlicher Verkehrsfläche die Möglichkeit gegeben, neben einer Achse für den Individualverkehr auch eine neue Nahverkehrsachse entstehen zu lassen. Da im Einzugsbereich der Neubaustrecke auch ein «Forschungs- und Technologiezentrum» mit etwa 5000 Arbeitsplätzen entstehen soll, wird bei einem Prognoseanteil des öffentlichen Nahverkehrs von 30% in Heidelberg mit etwa 1500 zusätzlichen Fahrgästen auf der Linie 4 gerechnet. Schliesslich wird durch den Bau dieser Strecke auch eine 1,4 km lange Netzlücke geschlossen.

Tabellarische Liniengeschichte

Linie 1

8. 9.1885– 6.10.1902	Pferdebahnbetrieb: Bismarckpl.–Römerstr.
7.10.1902–31. 3.1904	Elektrisch: Bismarckpl.–Schlachthaus
1. 4.1904–25. 4.1904	Schlachthaus–Bismarckpl.–Kuno-Fischer Str.
26. 4.1904–31.10.1912	Schlachthaus–Bismarckpl.–Handschuhsheim («Grüner Hof»)
1.11.1912– 1919	Schlachthaus–Bismarckpl.–Handschuhsheim (Biethsstr.) 1913 als Linie 1 bezeichnet
1919–25.11.1923	Schlachthaus–Bismarckpl.–Handschuhsheim (Tiefburg)
26.11.1923–22. 1.1924	Eingestellt
23. 1.1924– 5.10.1929	Schlachthaus–Bismarckpl.–Handschuhsheim (Tiefburg)
6.10.1929–26.10.1943	Hauptbahnhof–Karlstor
27.10.1943–18. 1.1944	Eingestellt
19. 1.1944– 8.10.1944	Hauptbahnhof–Karlstor
9.10.1944–27.10.1945	Eingestellt
28.10.1945–18. 5.1946	Hauptbahnhof–Karlstor
19. 5.1946– 1.12.1948	Hauptbahnhof–Karlstor–Schlierbach
2.12.1948–22. 5.1953	Hauptbahnhof–Kornmarkt
23. 5.1953– 7. 5.1955	Schlachthof–Bismarckpl.–Kornmarkt
8. 5.1955–30. 6.1956	Alter Bahnhof–Karlstor
1. 7.1956–25.10.1959	Chirurg. Klinik–Bergheimer Str.–Karlstor
26.10.1959– 5. 1.1974	Bunsengymnasium–Bergheimer Str.–Karlstor
6. 1.1974– 3. 7.1976	Bunsengymnasium–Hauptbahnhof–Karlstor
4. 7.1976– 9.10.1982	Bunsengymnasium–Hauptbahnhof–Handschuhsheim
10.10.1982	Bunsengymnasium–Hauptbahnhof–Bismarckplatz–(Handschuhsheim)

Linie 1a

23. 5.1953–30. 6.1956	Chirurg. Klinik–Bergheimer Str.–Kornmarkt

Linie 2

13. 5.1885–30. 5.1885	Pferdebahnbetrieb: Hauptbahnhof–Marktpl.
31. 5.1885–25.11.1923	Hauptbahnhof–Karlstor Ab 7.10.1902 elektrisch betrieben; 1913 als Linie 2 bezeichnet.
26.11.1923–22. 1.1924	Eingestellt
23. 1.1924– 5.10.1929	Hauptbahnhof–Karlstor
6.10.1929–30.11.1929	Handschuhsheim (Tiefburg)–Bergheimer Str.–Schlachthaus

1.12.1929–16. 7.1930	Handschuhsheim (Tiefburg)–Bergheimer Str.–Schlachthaus–Güterbahnhof
17. 7.1930– 2. 2.1941	Handschuhsheim (Tiefburg)–Bergheimer Str.–Schlachthaus
3. 2.1941–29. 3.1945	Handschuhsheim (Tiefburg)–Bergheimer Str.–Schlachthaus/bzw. Chirurg. Klinik
30. 3.1945– 1. 6.1945	Eingestellt
2. 6.1945–20.11.1945	Pendelverkehr: Handschuhsheim (Tiefburg)–Ladenburger Str.
21.11.1945–22. 5.1953	Handschuhsheim (Tiefburg)–Bergheimer Str.–Schlachthof
23. 5.1953– 7. 5.1955	Handschuhsheim (Tiefburg)–Hauptbahnhof
8. 5.1955– 2.12.1955	Handschuhsheim (Tiefburg)–Bergheimer Str.–Schlachthausstr.
3.12.1955–31. 5.1968	Handschuhsheim (Tiefburg)–Bergheimer Str.–Hauptbahnhof (neu) Ab 1.7.1956 kombiniert mit Linie 2 K
1. 6.1968–31. 8.1971	Handschuhsheim/Tiefburg–Hauptbahnhof–Bergheimer Str.–Handschuhsheim/Tiefburg
1. 9.1971– 5. 1.1974	Eingestellt
6. 1.1974– 3. 7.1976	Eppelheim–Bergheimer Str.–Karlstor
4. 7.1976–26.11.1976	Eppelheim–Bergheimer Str.–Bismarckpl.
27.11.1976–28. 7.1979	Eppelheim–Hauptbahnhof–Adenauerpl. (ex Seegarten/Post)–Bergheimer Str.–Eppelheim
29. 7.1979–	Eppelheim–Bergheimer Str.–Bismarckpl.

Linie 2 a

3. 7.1939– 2. 2.1941	Chirurg. Klinik–Bismarckpl.–Handschuhsheim (Tiefburg)

Linie 2 K

1. 7.1956–26. 5.1962	Karlstor–Bismarckpl.–Hauptbahnhof; weiter als Linie 2 Ab 27.5.1962 in Linie 5 umbenannt.

Linie 3

22. 7.1886–25.11.1923	Hauptbahnhof–Dantestr. («Friedhof») Als Pferdebahn eröffnet und ab 16.3.1902 elektrisch betrieben; erhielt 1913 die Liniennummer 3.
26.11.1923–22. 1.1924	Eingestellt
23. 1.1924–29. 1.1940	Hauptbahnhof–Friedhof
30. 1.1940– 6.10.1940	Eingestellt
7.10.1940–10. 8.1941	Hauptbahnhof–Friedhof
11. 8.1941–31. 8.1948	Eingestellt
1. 9.1948–10. 7.1949	Bahnhofstr.–Franz-Knauff-Str.
11. 7.1949–30. 6.1956	Weststadtring: Franz-Knauff-Str.–Schillerstr.–Römerstr.–Bahnhofstr. («Hauptbahnhof» bzw. ab 8.5.1955 «Alter Bahnhof»)–Rohrbacher Str.–Franz-Knauff-Str.
1. 7.1956–29. 6.1963	Handschuhsheim/Tiefburg–Bismarckpl.–Römerkreis–Franz-Knauff-Str. («Bergfriedhof»)
30. 6.1963– 5. 1.1974	Eingestellt
6. 1.1974–	Leimen–Rohrbach–Römerkreis–Bismarckpl.–Handschuhsheim (Nord) ex Linie 6

Linie 4

1.11.1910–25.11.1923	Karlstor–Schlierbach 1913 als Linie 4 bezeichnet

26.11.1923–22. 1.1924	Eingestellt
23. 1.1924– 1.10.1933	Karlstor–Schlierbach
2.10.1933– 1.12.1948	Eingestellt
2.12.1948–30. 6.1956	Hauptbahnhof (alt)–Karlstor–Schlierbach
1. 7.1956– 1.10.1956	Schlierbach–Bergheimer Str.–Hauptbahnhof (neu)–Schlierbach
2.10.1956–26. 5.1962	Wieblingen–Bergheimer Str.–Karlstor–Schlierbach
27. 5.1962– 2. 4.1966	Wieblingen–Bergheimer Str.–Karlstor
3. 4.1966– 5. 1.1974	Eingestellt
6. 1.1974– 7.12.1980	Bunsengymnasium–Hauptbahnhof–Römerkreis–Rohrbach (Ortenauerstr.) ex Linie 9
8.12.1980–	Bunsengymnasium–Hauptbahnhof–Römerkreis–Rohrbach (Ortenauerstr.)–(Rohrbach Süd)

Linie 5

1. 4.1914–25.11.1923	Karlstor–Schlierbach–Neckargemünd
26.11.1923–22. 1.1924	Eingestellt
23. 1.1924– 1.10.1933	Karlstor–Schlierbach–Neckargemünd
2.10.1933–29. 3.1945	«Neckartalbahn»: Wieblingen–Bergheimer Str.–Bismarckpl.–Schlierbach–Neckargemünd
30. 3.1945–22. 5.1945	Eingestellt
23. 5.1945–24. 5.1945	Schlachthof–Wieblingen
25. 5.1945– 1.12.1948	westl. Teil: Bismarckpl.–Bergheimer Str.–Wieblingen Am 2.12.1948 in Linie 12 umbenannt.
27. 5.1945–12. 7.1945	östl. Teil: Karlstor–Schlierbach–Waldgrenzweg
13. 7.1945–30. 9.1945	östl. Teil: Karlstor–Schlierbach–Kümmelbacher Hof
1.10.1945–18. 5.1946	östl. Teil: Karlstor–Schlierbach–Neckargemünd
19. 5.1946– 1.12.1948	östl. Teil: Schlierbach–Neckargemünd
2.12.1948–30.06.1956	Hauptbahnhof (alt)–Karlstor–Schlierbach–Neckargemünd
1. 7.1956– 1.10.1956	Wieblingen–Bergheimer Str.–Schlierbach–Neckargemünd
2.10.1956–26. 5.1962	Neckargemünd–Schlierbach–Bergheimer Str.–Hauptbahnhof (neu)–Schlierbach–Neckargemünd
27. 5.1962–31. 5.1968	(ex Linie 2 K) Karlstor–Hauptbahnhof; weiter als Linie 2
1. 6.1968– 5. 1.1974	Karlstor–Bergheimer Str.–Hauptbahnhof–Karlstor

Linie 6

19. 2.1910–25.11.1923	Hauptbahnhof–Rohrbach–Kirchheim 1913 als Linie 6 bezeichnet.
26.11.1923–22. 1.1924	Eingestellt
23. 1.1924–29. 3.1945	Hauptbahnhof–Rohrbach–Kirchheim
30. 3.1945–18. 5.1945	Eingestellt
19. 5.1945–31. 5.1945	Dantestr.–Rohrbach–Waggonfabrik Fuchs
1. 6.1945–27. 8.1948	Hauptbahnhof–Rohrbach–Kirchheim
28. 8.1948–31.10.1948	Bahnhofstr.–Römerstr.–Schillerstr.–Rohrbach–Kirchheim
1.11.1948–30. 6.1956	Bahnhofstr.–Römerstr.–Schillerstr.–Rohrbach–Kirchheim–Rohrbach–Rohrbacher Str.–Bahnhofstr.
1. 7.1956–11. 3.1960	Bahnhofstr.–Rohrbacher Str.–Rohrbach–Kirchheim
12. 3.1960–29. 6.1963	Seegarten–Rohrbach–Kirchheim
30. 6.1963–30. 9.1972	Handschuhsheim Nord–Bismarckpl.–Römerkreis–Rohrbach–Kirchheim

1.10.1972–16. 6.1973	Handschuhsheim–Bismarckpl.–Römerkreis–Rohrbach
17. 6.1973– 5. 1.1974	Handschuhsheim–Bismarckpl.–Römerkreis–Rohrbach–Leimen

Linie 7

24. 7.1901–21. 8.1901	Friedhof (Dantestr.)–Rohrbach–Leimen
22. 8.1901–25. 8.1901	Kaiserstr.–Rohrbach–Leimen
26. 8.1901–20.10.1901	Bunsenstr.–Rohrbach–Leimen
21.10.1901–25.11.1923	Hauptbahnhof–Rohrbach–Leimen 1913 als Linie 7 bezeichnet.
26.11.1923–22. 1.1924	Eingestellt
23. 1.1924– 4. 3.1944	Hauptbahnhof–Rohrbach–Leimen
5. 3.1944–18. 5.1945	Eingestellt
19. 5.1945–31. 5.1945	Dantestr.–Rohrbach–Leimen
1. 6.1945–14. 6.1945	Hauptbahnhof–Rohrbach–Leimen
15. 6.1945– 7. 4.1951	Eingestellt
8. 4.1951–30. 6.1956	Bahnhofstr.–Römerstr.–Rohrbach–Leimen–Rohrbach–Rohrbacher Str.–Bahnhofstr.
1. 7.1956–11. 3.1960	Bahnhofstr.–Rohrbacher Str.–Rohrbach–Leimen
12. 3.1960–16. 6.1973	Seegarten–Rohrbacher Str.–Rohrbach–Leimen

Linie 8

24. 7.1901–21. 8.1901	Friedhof (Dantestr.)–Rohrbach–Leimen–Nussloch–Wiesloch
22. 8.1901–25. 8.1901	Kaiserstr.–Rohrbach–Leimen–Nussloch–Wiesloch
26. 8.1901–20.10.1901	Bunsenstr.–Rohrbach–Leimen–Nussloch–Wiesloch
21.10.1901–25.11.1923	Hauptbahnhof–Rohrbach–Leimen–Nussloch–Wiesloch 1913 als Linie 8 bezeichnet.
26.11.1923–22. 1.1924	Eingestellt
23. 1.1924–29. 3.1945	Hauptbahnhof–Rohrbach–Leimen–Nussloch–Wiesloch
30. 3.1945–14. 6.1945	Eingestellt
15. 6.1945–27. 8.1948	Hauptbahnhof–Rohrbach–Leimen–Nussloch–Wiesloch
28. 8.1948–31.10.1948	Bahnhofstr.–Römerstr.–Schillerstr.–Rohrbach–Leimen–Nussloch–Wiesloch
1.11.1948–30. 6.1956	Bahnhofstr. Römerstr.–Schillerstr.–Rohrbach–Leimen–Nussloch–Wiesloch–Nussloch–Leimen–Rohrbach–Rohrbacher Str.–Bahnhofstr.
1. 7.1956–11. 3.1960	Bahnhofstr.–Rohrbacher Str.–Rohrbach–Leimen–Nussloch–Wiesloch
12. 3.1960–16. 6.1973	Seegarten–Rohrbach–Leimen–Nussloch–Wiesloch

Linie 9

um 1919/20–(25.11.1923)	Hauptbahnhof–Rohrbach (Markt)
(26.11.1923–22. 1.1924)	Eingestellt
(23. 1.1924)– 1929	Hauptbahnhof–Rohrbach (Markt)
1929–16. 3.1930	Eingestellt
17. 3.1930– 1. 2.1931	Hauptbahnhof–Rohrbach (Markt)
2. 2.1931–20.11.1949	Eingestellt
21.11.1949– 7. 4.1951	Bahnhofstr.–Römerstr.–Schillerstr.–Rohrbach (Eichendorffplatz)–Rohrbacher Str.–Bahnhofstr.
8. 4.1951–30. 6.1956	Eingestellt

1. 7.1956–25.10.1959		Chirurg. Klinik–Hauptbahnhof–Römerkreis–Rohrbach (Markt)
26.10.1959–11. 3.1960		Bunsengymnasium–Hauptbahnhof–Römerkreis–Rohrbach (Markt)
12. 3.1960– 5. 1.1974		Bunsengymnasium–Hauptbahnhof–Römerkreis–Rohrbach (Ortenauerstr.)

( ) = Zeitangabe nicht genau nachgewiesen

Linie 10

4. 4.1919–25.11.1923	Schlachthaus («Messpl.»)–Eppelheim
26.11.1923–20. 1.1924	Eingestellt
21. 1.1924– 5.10.1929	Schlachthaus («Messpl.»)–Eppelheim
6.10.1929– 4. 3.1944	Bismarckstr.–Bergheimer Str.–Eppelheim
5. 3.1944–22. 5.1945	Eingestellt
23. 5.1945–24. 5.1945	Schlachthof–Eppelheim
25. 5.1945–30. 9.1945	Bismarckstr.–Bergheimer Str.–Eppelheim
1.10.1945–19. 1.1952	Eingestellt
20. 1.1952–27.11.1964	Bismarckstr.–Bergheimer Str.–Eppelheim
28.11.1964– 5. 9.1966	Bismarckstr.–Bergheimer Str.–Pfaffengrund
6. 9.1966– 5. 1.1974	Seegarten/Post–Bergheimer Str.–Pfaffengrund–Hauptbahnhof–Seegarten/Post

Linie 11

10. 4.1927– 5.10.1929	Schlachthaus («Messpl.»)–Eppelheim–Plankstadt–Schwetzingen
6.10.1929–29. 3.1945	Bismarckstr.–Bergheimer Str.–Eppelhm.–Plankstadt–Schwetzingen
30. 3.1945–22. 5.1945	Eingestellt
23. 5.1945–24. 5.1945	Schlachthof–Eppelheim–Plankstadt, Ausweiche
25. 5.1945– 9. 9.1945	Bismarckstr.–Eppelheimer Str.–Eppelheim–Plankstadt, Ausweiche
10. 9.1945– 5. 9.1966	Bismarckstr.–Eppelheimer Str.–Eppelheim–Plankstadt–Schwetzingen
6. 9.1966– 5. 1.1974	Seegarten/Post–Bergheimer Str.–Eppelheim–Plankstadt–Schwetzingen–Plankstadt–Eppelheim Hauptbahnhof–Seegarten/Post

Linie 12

17. 3.1926– 5.10.1929	Schlachthaus («Messpl.»)–Wieblingen
6.10.1929– 1.10.1933	Bismarckstr.–Bergheimer Str.–Wieblingen
2.10.1933– 1.12.1948	Eingestellt
2.12.1948–30. 6.1956	Bismarckstr.–Bergheimer Str.–Wieblingen
1. 7.1956–25.10.1959	Eingestellt
26.10.1959–26. 5.1962	Bismarckstr.–Bergheimer Str.–Wieblingen

Linie «Messpl.–Güterbhf.» (Pendelverkehr)

8. 6.1914–(3).9.1914	Messpl.–Czernystr.
(4).9.1914–31. 5.1915	Messpl.–Güterbhf.

( ) = Zeitangabe nicht genau nachgewiesen

Der Wagenpark (Stand 31.12.1984)

von Helmut Röth

Der Beschreibung der einzelnen Wagentypen sollen zunächst einige Angaben allgemeiner Art vorangestellt werden. Über die **Lieferfirmen** der Wagen für die elektr. Strassenbahn ist zu berichten, dass die 1901 über Mannheim erworbenen Tw 1–3 von Falkenried, Hamburg, kamen. Die ESHW bezog die Fahrgestelle ihrer Tw von der Firma Düsseldorfer Eisenbahn-Bedarf vorm. C. Weyer & Co., die bei Fuchs mit Aufbauten versehen wurden. Alle direkt für die HSB gebauten Wagen stammten von der hier ansässigen **Waggonfabrik Fuchs**, bis diese 1957 ihren Fertigungsbetrieb einstellte. Die ab 1960 gekauften Gelenkwagen wurden bei **DÜWAG** hergestellt. Als Lieferer der elektr. Einrichtungen kam zunächst **Siemens** in Betracht, später wurde bei einzelnen Serien jeweils auch **BBC** beteiligt. In den fünfziger Jahren kamen verschiedentlich Ersatzfahrschalter der Firma **Kiepe** zum Einbau. Die ESHW hatte ihre Tw von der Firma **Elektrizitäts-AG vorm. W. Lahmeyer & Co.** ausrüsten lassen.

Als **Stromabnehmer** wurden anfangs Lyrabügel verwendet; zeitweise waren einige Wagen mit zwei solcher Bügel ausgerüstet. Nachdem die Vierachser des Bj. 1925 mit Scherenbügeln in Betrieb kamen, wurden die älteren Wagen ab 1934/35 umgerüstet. Diese Massnahme war erst in den Kriegsjahren (um 1942) abgeschlossen. Die **Kupplung** zwischen den Wagen geschah zunächst mit einer Bolzenkupplung, im Jahre 1925 erfolgte die Umstellung auf Albert-Kupplung, die noch heute für den Fall eines Abschleppens an den Gelenkwagen vorhanden ist.

Zur **Zielbeschilderung** waren ursprünglich auf dem Dach oberhalb der Plattformen grosse Tafeln angebracht. Mit der Einführung von Liniennummern ab 1913 wurden an den Dachenden runde Scheiben mit den Ziffern aufgesteckt, an den Längsseiten oberhalb der Fenster waren schon vorher lange Seitenschilder mit dem Laufweg des Wagens befestigt. Letztere waren nach dem Einbau von Zielfilmen bis gegen Ende der dreissiger Jahre noch in Gebrauch. Als letzte Linie verkehrte die SL 5 bis 1945 besonders werbewirksam mit solchen Schildern («Neckartalbahn/Wieblingen–Heidelberg–Neckargemünd»).

Der **Anstrich** der Wagen war bis unterhalb der Fenster weiss, darunter waren neben rundum laufenden dunklen Absetzstreifen noch weitere Zierlinien angebracht, innerhalb der die Flächen gelb ausgelegt wurden. In der Mitte der Wagen war zwischen diesen Feldern das Stadtwappen zu sehen. Unter den Rammleisten war der Anstrich wieder weiss gehalten und wies neben der Wagennummer den Schriftzug «Heidelberger Strassenbahn» auf. Die Plattformabschlüsse wurden unterhalb der Fenster schon blau gestrichen. Ab Baujahr 1925 wurden die Wagen im heute noch geltenden Anstrich (unter den Fenstern hellblau, Absetzstreifen dunkelgrün [zeitweilig breit und schmal], darüber weiss) geliefert. In der Folge wurden die älteren Wagen nach und nach ebenso umlackiert.

Die **Ausrüstung** der Wagen wurde im Laufe der Betriebszeit weiter ergänzt durch fest montierte Scheinwerfer, Rücklichter, Richtungslämpchen (ab 1938), Rückstrahler (1956), obere Stirnleuchte (1957), abblendbare Scheinwerfer, Sicherheitsglas, Rückspiegel und Bremsleuchten. Ab 1956 wurde damit begonnen, die Fahrzeuge mit **Schienenbremsen** zu versehen (Tw 39–48 s. unten bei Besprechung der Serie). Am 1.1.1960 waren diese in allen noch vorhandenen Wagen mit **Ausnahme der Tw 28** (1959 = ArbTw) und 49 sowie der Bw 102–109, 112 und 121–126 eingebaut.

Die **Numerierung** der Wagen begann mit Nr. 1 für die Tw, die Bw waren ab Nr. 31 bezeichnet. Dieses Schema war bereits 1911 zu eng, so dass die Vierachser ab Nr. 90 eingereiht wurden. Schon 1920 mussten die Beiwagen umgezeichnet werden, die jetzt unter Nr. 41–74 liefen. 1928 wurde bei Beschaffung weiterer Bw das endgültige Nummernschema gefunden, nach dem nun die 4 x Tw ab Nr. 35 und die Bw ab Nr. 101 umbezeichnet wurden. Die ab 1960 eingeführten Gelenkwagen erhielten die Nummern ab 201. Vereinzelt durchgeführte Umnumerierungen und Zweitbesetzungen gehen aus der Statistik hervor. Letztere wurde bewusst nach dem ab 1928 gültigen Schema aufgebaut, da hier die Wagenbauarten übersichtlicher dargestellt werden konnten als nach der ersten Bezeichnung. Neben einer nicht zu sehr in technische Einzelheiten gehenden Beschreibung sollte auch im Rückblick einmal festgehalten werden, wie der Einsatz der Wagentypen in der Regel erfolgte.

Pferdebahnwagen: Für die Pferdebahn wurden 1885 von der «**Societé de la Fabrique de Wagons à Ludwigshafen/Rh.**» zwei offene Sommerwagen mit je 28 Sitzpl. und zwölf geschlossene Wagen mit je 12 Sitzpl. bezogen. 1886, 1890 und 1891 kamen je zwei weitere offene Wagen hinzu, über deren Hersteller nichts bekannt ist. Es wird berichtet, dass nach kurzer Betriebszeit bereits 1892 und 1893 je ein offener Wagen untauglich und daher diese einem Umbau unterzogen wurden. Einer davon war von **Brandt, Berlin,** geliefert. Um für die besonders an Sonn- und Feiertagen ansteigenden Fahrgastzahlen gerüstet zu sein, erwarb die HSB 1899 nochmals zwei Sommerwagen sowie Ende 1900 aus Mannheim zwei geschlossene Wagen, die dort kurz zuvor als Wg. 30 und 31 auf Meterspur umgebaut worden waren. Somit waren bei Einstellung der Pferdebahn 14 geschlossene und 10 offene Wagen vorhanden. Von den geschlossenen wurden zwei Wagen nach Walldorf und sechs Wagen nach Athen verkauft. Die restlichen sechs Wagen gingen 1903 an die Pferdebahn Marburg/Lahn.

Tw 1-3: Für die vorgesehene Einrichtung der ersten Linie der elektr. Strassenbahn vom Hauptbahnhof bis zum Steigerweg («Friedhof») auf dem Gleis der im Juli 1901 von der DEG eröffneten elektr. Strassenbahn Heidelberg-Wiesloch wurden noch im Herbst 1901 von der Mannheimer Strassenbahn die drei gerade erst von Falkenried gelieferten Tw 88-90 angekauft und bei der HSB als Tw 1-3 bezeichnet. Mit diesen Wagen konnte dann am 16.3.1902 die genannte Linie eröffnet werden. Sie waren den später gelieferten Tw 4-21 sehr ähnlich, aber um einen Sitzplatz länger, mit der früher typischen «Mannheimer»-Fenstereinteilung (kurz-2 x lang-kurz). Veränderungen an Plattformen, Achsstand usw. erfolgten im Zuge üblicher Unterhaltarbeiten bei der Serie 4-21. Um 1948/49 erfuhren sie einen weitergehenden Umbau, indem sie nun vier gleichgrosse Seitenfenster und (Tw 1-2) einteilige Stirnfenster mit links oben anstelle des Linienfensters angeordneten Lüftungskiemen erhielten; bei Tw 3 wurden schmalere Stege an der Front eingebaut, die Rammleisten wurden bei allen drei Tw entfernt. So standen sie dem Betrieb weiterhin zur Verfügung auf Linie 2, später auf Linie 1, aushilfsweise auch Linie 6 und dann vor allem auf der am 1.7.1956 neu eingerichteten Linie 9 bis zur Ablösung (1960) durch anderweitig freigewordene Nachkriegs-Tw. Die restlichen Jahre bis zur Verschrottung wurden sie noch als E-Wagen benutzt, Tw 2 kurzzeitig auch als Arbeitswagen.

Tw 4-21: Bis zur Eröffnung der weiteren auf el. Betrieb umgestellten Strecken waren 1902 die Tw 4-17 von Fuchs geliefert worden. Eine Nachbestellung für die Handschuhsheimer Linie umfasste vier weitere Tw der gleichen Bauart; die 1903 angelieferten Teile wurden in eigener Werkstatt zusammengebaut und als Tw 18-21 im Jahre 1904 in Betrieb genommen. Die Serie hatte ebenfalls Längsbänke (nur 18 Sitzplätze!), jedoch vier gleiche Seitenfenster erhalten. Die angestiegenen Beförderungszahlen nach Handschuhsheim machten gegen 1910 eine Vergrösserung der Wagen erforderlich, um die kostspielige Einstellung von Beiwagen zu vermeiden. Daher erfolgte von 1910 bis 1917 die Schliessung der Plattformen der Tw 1-21, gleichzeitig wurde der Achsstand von 2,0 m auf 2,8 m umgebaut. Hierbei wurden die Dächer bei allen 21 Wagen bis zur Stirnfront herabgezogen. Ab 1926 bekamen sie im oberen Teil der Front Zielfilme und beidseitig davon kleine Fenster für die Liniennummern eingebaut. Ein Bericht aus 1930 nennt «Erneuerungsarbeiten» der Tw 12, 15, 16, 20 und 21; da es genau diese Tw waren, die keine Scheuerleisten mehr aufwiesen, ist anzunehmen, dass jene dabei entfernt wurden (auch Tw 2 fuhr schon vor 1938 ohne Leisten, weitere Wagen verloren sie beim unten beschriebenen Umbau).

Der Einsatz der Tw 1-21 erfolgte bis in die 50er Jahre auf den Linien 1-3, wobei sie auf der SL 2 lange mit zwei Beiwagen fuhren. 1946 wurde der Tw 6 zur übernommenen Walldorfer Linie versetzt und hierzu wieder mit einem Lyrabügel ausgestattet. Nach Einstellung der dortigen Strecke (1954) kam er im Heidelberger Netz nicht wieder in Betrieb.

Eine um 1948/49 begonnene Modernisierung (Tw 11 und 14 Umbau wie Tw 3; Tw 17 schliesslich mit grossen Stirnfenstern) wurde nicht mehr weitergeführt, die drei Tw jedoch noch 1956 für die Linie 9 mit stärkeren Motoren ausgerüstet. Die nicht modernisierten Wagen wurden inzwischen nur noch als E-Wagen und Reserve verwendet, auch auf den Aussenstrecken wie z.B. sonntags ins Neckartal. Sie fuhren meist solo und wurden nur handgebremst. Eine Benützung der elektr. Bremse war lange nur für Notfälle zugelassen; dies zeigte ein roter Strich auf der Nullstellung des alten S & H-Schleifringschalters an. Diese waren übrigens bei Tw 4 und 19 auf stufenlose Schaltweise umgebaut worden (!).

Nachdem die Einstellung der Neckartallinie 1962 zu geringerem Wagenbedarf führte, setzten ab 1962 grössere Verschrottungen ein. Bemerkenswert ist jedoch, dass einzelne Tw dieser Serie immerhin ein Alter von rund 70 Jahren erreichten!

Tw 22-30: Die «El. Strassenbahn Heidelberg-Wiesloch» hatte zur Betriebseröffnung 1901 sieben Tw beschafft, weitere zwei kamen kurz darauf infolge der guten Inanspruchnahme der Bahn hinzu. Sie wurden bei Übernahme durch die HSB 1905 als Tw 22-30 eingereiht. Die fünffenstrigen Wagen hatten verglaste Plattformen, aber offene Einstiege. Letztere wurden Mitte der 20er Jahre geschlossen und die Front zur Aufnahme der Zielfilme etwas verändert. Die Fahrgestelle erfuhren in dieser Zeit einen Umbau (Achsstand von 1,9 m auf 2,6 m erweitert). Nach einem Hilfeersuchen wurden die Tw 22 und 23 an die Mannheimer Strassenbahn ausgeliehen (ab Mai 1943) und gingen dort verloren. Umgebaut wurden 1941 die Tw 25, 27 und 1947 Tw 30 derart, dass sie in der Stirnansicht etwas der 50er-Serie ähnelten, die Seiten waren nun glatt verblecht. Sie behielten jedoch Längssitze; das Dach dieser drei Wagen wurde zur Front heruntergezogen. Die gesamte Serie war stets in Leimen für die Südlinien stationiert, einige der Tw waren zuletzt als Arbeits-Tw in Verwendung (s. Wagenliste). An Fahrschaltern waren im Laufe der Zeit die verschiedensten Typen anzutreffen bis hin zum Vielstufenschalter (Tw 30).

Tw 31–34: Als sich 1919 ein verstärkter Bedarf an Triebwagen zeigte, griff man infolge zu hoher Kosten für neue Wagen auf vier 1911 beschaffte Beiwagen zurück und baute diese bis 1920/21 (je zwei) zu Triebwagen um, wobei die Kästen mit der Fensterteilung 2 x kurz-2 x lang-2 x kurz auf neue Untergestelle gesetzt wurden. So verstärkten sie zunächst den Bestand des Depots Heidelberg ohne grösseren Platzbedarf, da ja nun vier Bw weniger unterzubingen waren. 1942 wurde ein Umbau dieser Wagen durchgeführt, der ihr Aussehen stark veränderte. Sie erhielten neue Wagenkästen mit vier gleichen Seitenfenstern und einer geänderten Front und waren nach diesem Umbau sehr den 50er-Wagen angeglichen. Die Tw fuhren bis 1960 hauptsächlich auf den Südlinien (Depot Leimen) und wurden dann auch von Heidelberg aus als Reserve- und E-Wagen eingesetzt.

Tw 35–36: Zur Erhöhung der Betriebsreserve wurden 1911 erstmals Vierachser beschafft, die zunächst bis 1928 als Tw 90–91 liefen. Sie zeichneten sich durch Maximumdrehgestelle sowie ein grosses Fassungsvermögen aus. Bemerkenswert war die Sitzanordnung, die sich auch bei den später gebauten Vierachsern wiederfindet: nach den Einstiegen folgten Längssitze mit je 3 Plätzen, erst dann kam der innere durch Schiebetüren abgeschlossene Raum mit Querbänken. Die Wagen hatten 6 Seitenfenster und eine besonders rund wirkende Stirnfront. Der Kasten des Tw 36 wurde bei einem Umbau 1944 um 70 cm verlängert, um zwischen Tür und Sitzbänken einen Schaffnerstehplatz zu erhalten. Die Fronten dieses Tw wurden dabei der Serie 39–48 angeglichen. Ein Unfall 1956 veranlasste den Einbau nur einer Front mit grossem Fenster; die unbeschädigte andere Seite blieb mit drei Fenstern erhalten. Eingesetzt waren beide Wagen anfänglich auf der Linie nach Handschuhsheim, später lange Jahre hindurch auf SL 10, ab 1959 mehr auf der wieder eingeführten SL 12 (Verdichtung der Linie 4 nach Wieblingen).

Tw 37–38: 1913 kaufte die HSB weitere fünf Vierachser (Tw 92–96) mit Maximumgestellen, diesmal aber mit etwas kürzerem fünffenstrigem Kasten. Da die seit 1914 in Bau befindliche Strecke nach Eppelheim infolge des Krieges noch nicht fertiggestellt war, konnte die HSB 1918 einem Ersuchen der Mannheimer Strassenbahn wegen dortigen Wagenmangels entsprechen und gab die Tw 94–96 ab. Dieser Verkauf wurde seinerzeit vom Kriegsamt für notwendig erachtet. Die beiden verbliebenen Tw wurden dem Depot Leimen zugeteilt und verkehrten jahrzehntelang auf der SL 7, in den dreissiger Jahren auf SL 10 und 11, und ab 1961 waren sie neben Vierachsern der nächsten Serie auch auf der SL 6 anzutreffen bis zum Einsatz der Ende 1966 gelieferten Gelenkwagen. Der Tw 37 hatte 1950 bei einem Umbau der Stirnfronten grosse Führerstandsfenster erhalten.

Tw 39–48: Als Mitte der zwanziger Jahre der Bau neuer Strecken nach Wieblingen und Schwetzingen in greifbare Nähe rückte, beschloss die HSB, auf ihren Aussenstrecken modernes Wagenmaterial in Form von Vierachszügen einzusetzen. Die Waggonfabrik Fuchs baute hierfür zehn Tw mit gleichrädrigen Drehgestellen, in denen jeweils eine Achse angetrieben wurde. Die Tw wurden als 94II–96II, 97–103 eingenummert und 1928 umbezeichnet; Tw 100 war 1925 auf der Verkehrsausstellung in München zu sehen. Diese für die damalige Zeit eleganten Wagen prägten für Jahrzehnte das Bild der Aussenlinien, wurden sie doch meist mit gleichartigen Beiwagen behängt. Auf der Linie 11 wurden sie sogar mit zwei solcher Bw eingesetzt. Zur besseren Abbremsung derartiger Züge erhielten sie anfangs der 40er Jahre Schienenbremsen eingebaut, die als Betriebsbremse zusammen mit den letzten Bremsstufen in Tätigkeit traten. Erst mit den neuen Vorschriften ab 1960 wurden sie als separate Notbremse geschaltet. Einige Wagen erhielten zwischen 1951 und 1957 grosse Stirnfenster (Tw 42, 43, 44, 47 und 48). Die Wagen, die auf Aussenstrecken eine hohe Geschwindigkeit erreichten, erwiesen sich als sehr robust und erlebten einen Linieneinsatz von nahezu 50 Jahren. Nach der Umrüstung der SL 11 auf Gelenkwagen und den ersten Einstellungen der Überlandlinien waren sie auch auf Strecken des Stadtnetzes sowie als E-Wagen in Dienst. Als Reserve für die Sechsachser wurden diese Wagen mit grossem Fassungsvermögen gerne herangezogen. Die Sechsachserlieferung von 1973 hat schliesslich die noch vorhandenen acht Tw ersetzt.

Tw 49: Für die steigungsreiche Wieslocher Strecke wurde 1929 probeweise ein der vorangegangenen Serie entsprechender Vierachser gebaut, der aber mit 4 Motoren ausgerüstet wurde. Da sich jedoch die 50er-Tw dort besser geeignet erwiesen, wurden keine weiteren Vierachser mehr angeschafft und der Wagen mit den Tw 39–48 nach Neckargemünd, Wieblingen und hauptsächlich nach Schwetzingen eingesetzt. Einige Zeit lief er mit nur 2 Motoren – ohne Bw – im Einsatzverkehr. Nach einem Unfall 1956 erhielt er auf einer Front ein grosses Stirnfenster; 1960 sollte er noch in einen Beiwagen umgebaut werden. Der angefangene Umbau wurde jedoch nicht zu Ende geführt und der Wagen im Dezember 1960 verschrottet.

Tw 50–57: Als nächste Lieferung kam noch 1929 von Fuchs eine Serie von acht Zweiachsern in Dienst, die teilweise auf Stadtstrecken vom Depot Heidelberg aus, teilweise vom Depot Leimen auf den Südlinien 6–8 eingesetzt wurden. Auf der Wieslocher Strecke mit ihren Steigungen südlich von Leimen bewährten sie sich dank ihrer Zugkraft gut. So konnte man im und kurz nach dem Kriege auf der Linie 8 Züge mit drei Beiwagen beobachten, die sie anstandslos beförderten. Ab 1953 wurde ihnen auch zusammen mit den Tw 1–3 der Dienst auf der SL 2 vom (alten) Hbf zur Tiefburg übertragen, da die alten nicht modernisierten «Stadtwagen» der Reihe 4–21 die verkürzte Fahrzeit mit zwei Beiwagen nicht mehr einhalten konnten. Sie wurden auf der SL 8 ab 1956 nach und nach durch neuere Wagen ersetzt und kamen danach vermehrt auf die Linie 4, später auf die SL 5 nach Neckargemünd. Auch auf der Linie 3 waren sie als Reservewagen zu sehen, desgleichen auf der SL 9. Beim Einbau von Sicherheitsglasfenstern hatten sie inzwischen die seitlichen Klappfenster verloren. Die meisten Tw dieser Serie konnten sich noch bis 1973 für E-Fahrten halten, dann wurden die restlichen Wagen ausgemustert.

Tw 58–64: Infolge der Zeitumstände war der Triebwagenbestand von 1929 bis 1949 ausser einigen Umbauten nicht erneuert worden. Als erste Nachkriegsbeschaffung bot sich die Gelegenheit zum Erwerb von sieben KSW-Tw, die im Frühjahr 1949 zunächst auf der Innenstadtlinie 1 ohne Anhänger, bald auch auf der Linie 12 nach Wieblingen mit einem 4x Bw, in Betrieb kamen. Es waren die ersten Tw der HSB mit sitzendem Fahrer. Durch ihre grossen Plattformen waren sie zur Aufnahme vieler Fahrgäste im Kurzstreckenverkehr geeignet, wo es nicht auf die nur 16 Sitzplätze ankam. Sie wurden in der ersten Zeit auf der SL 1 mit zwei Schaffnern eingesetzt, da einer allein den Wagen beim kurzen Haltestellenabstand der Hauptstrasse nicht abfertigen konnte. Ab 1953 wurde auch die SL 1a mit ihnen befahren. Als 1955 die ersten neuen Beiwagen kamen, wurden bei den KSW-Tw die Holzbänke gegen gepolsterte ausgetauscht, um den Fahrkomfort der Bw anzugleichen, mit denen sie bald auch auf der Linie 2 zum neuen Hbf zu zum Einsatz gelangten. Im Laufe der Jahre kamen diese Tw dann auf fast alle Linien, u. a. mit der SL 5 im Neckartal mit einem 4x Bw behängt. Lediglich auf SL 8 waren sie nur kurz in Dienst, nach Schwetzingen (Linie 11 mit 2 Vierachs-Bw) waren sie planmässig nicht anzutreffen. Nach und nach wurden die verbliebenen Linien auf Gelenkwagen umgestellt, so wurden die letzten KSW-Tw 1976 ausser Dienst genommen. Zwei Tw (62 und 64) blieben als Arbeitswagen im Bestand.

Tw 65–74: Die Zugänge von 1952 umfassten eine Serie von 10 «Aufbau»-Triebwagen. Während bei anderen Betrieben diese typischen Wagenkästen auf alte Fahrgestelle kriegsbeschädigter Wagen gesetzt wurden, handelt es sich bei den Heidelberger-Tw jedoch um Neubauten. Daher wurden diese Wagen innerbetrieblich als ESW (Einheitsstrassenbahnwagen) bezeichnet. Als Weiterentwicklung des KSW war ein Wagentyp mit 4 Fenstern, geschlossenem Innenraum und friedensmässiger Ausstattung entstanden. Im Gegensatz zum KSW hatten sie dadurch kürzere Plattformen mit Teleskoptüren erhalten. Die zuerst vorhandenen Holzsitze wurden auch hier 1955/56 durch gepolsterte ersetzt. Der erste Einsatz erfolgte auf den Linien 4/5 und 12, ab 1955 auch auf der SL 2 zum neuen Hbf; in den folgenden Jahren waren sie gemischt mit den KSW auch auf allen anderen Linien (ausser 11) anzutreffen. Die Ausmusterung wurde 1973 bis 1978 durchgeführt.

Tw 75–81: Die letzten Neubauten der Waggonfabrik Fuchs für die HSB bestanden aus sieben Tw des «Verbands»-Typs mit abgeschrägten Frontfenstern. Ende 1955 wurden zwei Wagen, im Herbst 1956 weitere fünf angeliefert. Äusserlich unterschieden sich die beiden Lieferungen durch die bei den Tw 77–81 weiter herabgezogenen Seitenbleche. Die ersten zwei Wagen wurden nach dem «Einfahren» sogleich auf Linie 8 eingesetzt, wo eine Modernisierung des Wagenparks dringend erforderlich war. Die fünf Tw 1956 kamen vorwiegend auf der SL 2/2 K in Betrieb. Später glich ihr Einsatz dem der bereits besprochenen Neubaufahrzeuge. Nachdem die SL 4 im Mai 1976 als letzte auf Einmannbetrieb mit Gelenkwagen umgestellt war, verblieben die Verbandswagen noch bis Ende 1977 für Fahrten als E-Wagen. Der **Tw 80** ist heute erhalten und absolvierte alljährlich Einsätze als «Weinkerwe-Express» nach Leimen sowie einige aufsehenerregende Sonderfahrten, die ihn über OEG-Strecken bis nach Weinheim und Mannheim sowie zu einer Veranstaltung nach Ludwigshafen brachten.

Tw 201–208: Im Oktober 1958 war der zunächst in Mannheim getestete sechsachsige Einrichtungs-Gelenk-Tw 255 der Bochum-Gelsenkirchener Strassenbahn auch in Heidelberg mit grossem Erfolg einige Tage auf der SL 2/2 K vorgeführt worden. Die Personalkostensituation zwang seinerzeit die Betriebe, auf grossräumigere Wagen überzugehen. War in den 50er Jahren eine Anschaffung von modernen Vierachsern nicht zustande gekommen, so wurden nun bei **Düwag** acht Sechsachs-Gelenkwagen bestellt, die Anfang 1960 ausgeliefert und ab Frühjahr bei einem Bedarf von 7 Tw auf der Linie 2/2 K zum Einsatz kamen. Nach anfänglichen Schwierigkeiten hatten sich die Fahrgäste bald auf das neue «Fahrgastflusssystem» mit Einstieg hinten beim nun sitzenden Schaffner umgestellt. Sichtkartenbesitzer konnten auch vorn beim Fahrer einsteigen, für den Ausstieg waren die mittleren Türen vorgesehen. Als 1968 am Karlstor durch Strassenbaumassnahmen die dortige Schleife entfiel, mussten die Linien 2 und 5 (ex 2 K) betrieblich getrennt und letztere zum Karlstor mit Zweirichtungswagen gefahren werden. Drei der so nicht mehr benötigten Wagen wurden nach Mannheim verkauft. Schliesslich waren auch die restlichen Tw dieser Serie nach Einstellung der Strecke zur Tiefburg nicht mehr einzusetzen. Sie wurden 1971 nach Mainz abgegeben.

Tw 209–213: Fünf gleichartige Einrichtungswagen wurden 1961 für Linie 11 nach Schwetzingen beschafft mit je zwei einteiligen Linkstüren, die je nach Fahrtrichtung infolge der Seitenlage der eingleisigen Strecke in Plankstadt und Eppelheim benötigt wurden. Durch das grosse Fahrgastaufkommen mussten diese Wagen zunächst mit den alten 4 x Bw behängt werden, die dann ab 1967 durch die 2 x Verbands-Bw ersetzt wurden. Der Reserve-Tw war in den ersten Jahren auch oft auf der SL 2/2 K eingesetzt. Als dann 1964 die SL 11 von 20- auf 15-Min-Betrieb wechselte, benötigte man sämtliche Tw für die Kurszüge; ersatzweise war daher oft noch ein Vierachserzug (mit einem Bw) auf dieser Linie zu sehen. Die Einstellung der Strecke Eppelheim-Schwetzingen im Januar 1974 hatte zur Folge, dass die HSB auch für diese Wagen mangels weiterer Schleifen keine Einsatzmöglichkeit mehr besass. Sie wurden ebenfalls nach Mainz verkauft, wo sie nach Schliessung der Linkstüren auf den SL 10 und 11 (!) noch in Betrieb sind.

Tw 214–244: War anfangs der 60er Jahre für weitere Strecken (Wiesloch, Wieblingen) der Kauf von Einrichtungswagen mit Linkstüren vorgesehen, so ergaben sich dort Schwierigkeiten, die einen Bau von Schleifen nicht ermöglichten. So ging die HSB bei der folgenden Modernisierung ihres Wagenparks ab 1964 wieder zum Zweirichtungs-Tw über. Zuerst wurde deshalb die Lieferung von vier Tw für die SL 8 eingeleitet, die ab Sommer 1964 dort die Zweiachs-Tw weitgehend ablösten. Auch hier musste mit Vierachs-, ab 1966 mit Zweiachs-Bw gefahren werden. Zum Jahreswechsel 1966/67 kamen weitere acht Tw, mit denen die SL 6 modernisiert wurde. Die geplante Umstellung der Linie 1 unterblieb vorerst, da die nächsten vier Wagen (226–229) infolge der 1968 aufgegebenen Karlstorschleife für die Linie 5 benötigt wurden. Waren die bisher beschriebenen Gelenkwagen noch mit Schaffnerplätzen ausgerüstet, so folgten die weiteren Wagen ohne, da inzwischen immer mehr Linien im Einmannbetrieb gefahren wurden. Um die letzten Vorkriegswagen endgültig ausscheiden zu können, kam es zur bisher grössten Tw-Bestellung von 15 Wagen (230–244), die 1973 ausgeliefert wurden. Mit den dann vorhandenen 31 Sechsachsern für Zweirichtungsbetrieb konnten die noch verbliebenen Linien mit modernen Wagen gefahren werden; als letzte Linie erhielt die SL 4 solche, nachdem sie bis 1976 mit Zweiachs-Tw und Pendelschaffnern betrieben wurde. Nach dem Brand der Werkstatt vom 23.8.1984 stehen derzeit nur noch 28 Wagen dieser Serie zur Verfügung.

Tw 201II–204II: Seit der Einstellung der SL 6, 7, 8 fährt nur noch die neue SL 3 vom Stadtzentrum aus nach Süden. Es zeigte sich, dass auf dieser Linie zumindest zeit- und streckenweise die Sechsachser zu klein, d. h. überfüllt waren, so dass grössere Wagen benötigt wurden. Als teilweise Verbesserung dieser Situation kam es Ende 1975 zur Anschaffung von vier Achtachsern, die im Aussehen den vorhandenen Sechsachsern entsprechen, aber ein Mittelteil mit Doppeltüren und weiteren 12 Sitzplätzen aufweisen. Leider fiel auch der Tw 204II dem Brand vom 23.8.1984 zum Opfer. Trotz aller Versuche des Personals konnte er nicht mehr aus der brennenden Halle gezogen werden.

Eine weitere Ausrüstung der HSB mit Achtachsern wird in naher Zukunft erfolgen, wenn die bestellten Stadtbahnwagen M8C zur Auslieferung gelangen. Im Hinblick darauf, dass der Schienenverkehr unverzichtbarer Bestandteil des Nahverkehrs bleibt und die Erweiterung des Streckenabschnittes in der Berliner Strasse vorgesehen ist, soll der Wagenpark jetzt ergänzt werden, um spätere Investitionsstösse zu vermeiden. Daher wurde zur Erprobung des neuen Typs im Oktober 1983 der von der Essener Strassenbahn ausgeliehene Tw 1118 in Heidelberg erfolgreich eingesetzt. Die ersten vier Tw sollen bis Ende 1985/Anfang 1986 zur Verfügung stehen, weitere vier Wagen (wegen Brandverlustes nachbestellt) werden sich im Frühjahr 1986 der Lieferung anschliessen.

Beiwagen 101–110: Im Winter 1902/03 wurden die vorhandenen zehn Sommerwagen der Pferdebahn in solche für den el. Betrieb umgebaut und als Bw 35–44 bezeichnet. Sie waren seitlich offen und hatten Querbänke über die ganze Wagenbreite. Bei einem Umbau wurden 1910/ 11 Fahrgastraum und Plattformen vergrössert (das Platzangebot erhöhte sich dabei von 36 auf 48 Pl.) sowie der Achsstand von 1,5 m auf 3,0 m vergrössert. Im 1. Weltkrieg führte die HSB mit diesen Bw Verwundeten-Transporte vom Neuen Güterbahnhof zu den Lazaretten in verschiedenen Stadtteilen durch. Infolge der offenen Bauart konnten die Tragbahren leicht auf die Bänke geschoben werden. Bei der Umnumerierung von 1920 kam die Wagenserie in die neue Reihe 41–50, wobei mangels entsprechender Unterlagen nicht mehr festzustellen ist, ob die gesamte Nummerngruppe höhergesetzt oder nur die Bw 35–40 zu 45–50 wurden und die Wagen 41–44 ihre Bezeichnung behielten. Um die Wagen ganzjährig verwenden zu können, erfolgte ab 1919/20 ein weiterer Umbau, bei dem sie einen geschlossenen Kasten mit Längsbänken und 8 Fenstern bekamen. Die Plattformen waren weiterhin offen und im Sommer bei den Fahrgästen beliebt. Auch während des 2. Weltkrieges sah man wiederum die Beförderung von Verletzten vor und baute hierzu in den Innenräumen besondere Halterungen zum Einhängen von Tragbahren ein. Nachdem diese Beiwagen zunächst lange Zeit vor allem auf der Hauptstrassenlinie eingesetzt waren, standen sie später regelmässig mit den Linien 1 und 2 und nach dem 2. Weltkrieg auf der Strecke Schlachthaus–Handschuhsheim in Verwendung. Dort wurden sie 1955 ersetzt und waren bis zur Lieferung neuer Wagen kurzfristig wieder auf der SL 1 zu finden. In den letzten Jahren bis Ende 1959 sah man sie in der HVZ an den Tw der SL 10 sowie morgens und nachmittags zu zweien hinter einem Vierachs-Tw als Einsatzzug («Stotzzug»!). Im Winter 1955/56 wurden mit ihnen morgens einzelne Züge der SL 6 verstärkt, wie auch in der Folgezeit ab und zu Doppelwagen der SL 8 mit ihnen versehen wurden. Eine Modernisierung unterschiedlichen Grades hatten nach 1947 noch die Wagen 102, 104 und 109 erfahren. Alle drei Bw gemeinsam hatten Rollenachslager, untenliegende Federn, Scheibenbremsen und glatte Seitenwände ohne Leisten. Während bei Bw 102 wie bei einigen anderen die Holzeinfassung der Fenster verschwand, erhielt Bw 104 gummigefasste Scheiben eingebaut. Beim Bw 109 ging man am weitesten und versah den Kasten anstatt mit acht nunmehr mit fünf grösseren gummigefassten Fenstern. Der Einsatz dieser Wagenserie endete im Herbst 1959, da ab 1960 keine Wagen mit offenen Plattformen mehr zugelassen waren. Als letzte blieben die Wagen 104 und 109 bis zum Herbst 1960 im Depot abgestellt, zur selben Zeit wurde Bw 102 gerade als Museumswagen «6» in den Zustand von 1910–1919 zurückgebaut.

Bw «ex Mainz»: Bei der Beschreibung der «Sommerwagen» muss noch der Kauf eines elften Wagens erwähnt werden. Ein von der Pferdebahn Mainz stammender und dort nicht in den el. Betrieb übernommener offener Bw wurde 1911 von der HSB erworben (s. a. H. Neise: Mainz und seine Strassenbahn). Laut Geschäftsbericht der HSB war der Zugang auf den Umbau eines Bw und die vorbereitenden Arbeiten für den der übrigen Wagen zurückzuführen. Dieser elfte Wagen ist in Zusammenhang zu bringen mit einem 1913 erwähnten vorgesehenen Umbau eines offenen Bw in einen geschlossenen mit Mitteleinstieg. Gemäss Aussagen eines Pensionärs war ein Wagen mit Mitteleinstieg tatsächlich umgebaut, aber nie in Betrieb genommen worden. Er stand stets im Depot abgestellt und wurde in den Berichten von 1921 bis 1924 als geschlossener Bw (Nr. nicht bekannt) nachgewiesen, danach fehlen weitere Unterlagen. Bei der Umbezeichnung von 1928 ist er keinesfalls mehr erfasst worden.

Bw 111–119: Bei Übernahme der Wieslocher Bahn kamen 1905 deren neun Bw (Bj. 1901) in den Bestand der HSB. Es waren fünffenstrige Wagen mit Oberlichtdach und offener Plattform, deren Schliessung in den Jahren 1909–1911 durchgeführt wurde. Bw 112 wurde 1930 bei Erneuerungsarbeiten in der HSB-Werkstatt umgebaut mit zu den abgeänderten Plattformstirnwänden heruntergezogenem Dach und glatten Seitenwänden. Im gleichen Jahr erhielten die Wagen 111 und 117–119 Quersitze. Zwei Bw (111, 113) wurden im Mai 1943 nach Mannheim ausgeliehen und waren dort als Kriegsverluste abzubuchen. Drei weitere wurden ebenfalls schon 1943 ausgeschieden, die restlichen Wagen verschwanden bis 1955. Nur der umgebaute Bw 112 blieb noch etwas länger in Betrieb, und zwar in Verstärkungszügen der SL 6/8, und manchmal sogar als 2. Beiwagen der SL 11, schliesslich war er Anfang 1960 noch auf der SL 3 eingesetzt. Als Wagen ohne Schienenbremsen wurde er dann ausrangiert.

Bw 113^{II}–117^{II}: Im Kriegsjahr 1944 lieferte die Firma Fuchs als Ersatz für die ausgemusterten bzw. abgegebenen Wieslocher Wagen fünf vierfenstrige Bw mit Querbänken. Das Dach war in der Mitte als Tonnen-, an den Enden als Schleppdach mit seitlichen Öffnungen für die Lüftung ausgebildet. Die ersten und vierten Fenster hatten im oberen Viertel Klappen, die nach innen geöffnet werden konnten. Eingesetzt wurden die Wagen lange Zeit vom Depot Leimen auf den Südlinien, später kamen sie auch auf die Stadtstrecken, aber ebenso fallweise als zweiter Bw der Linie 11 bis nach Schwetzingen. Im Neckartal dagegen waren sie planmässig nicht anzutreffen. Nachdem genügend neue Gelenk-Tw zur Verfügung standen, kam es 1964–67 zur Verschrottung.

Bw 120–126: Die erste Beschaffung von Beiwagen 1903 umfasste vier Fahrzeuge (31–34) mit Längssitzen, offener Plattform, Oberlichtdach und vier Fenstern. Eine Nachbestellung von drei

Wagen (45–47) wurde 1904 ausgeliefert. Die Bw 31, 34, 45 und 47 wurden 1917 bis 1918 nach Mannheim ausgeliehen. Ab 1920 wurden die Plattformen geschlossen und die Serie in den Nummern 60–66 (ab 1928 als 120–126) zusammengefasst. Diese Bw liefen oft zusammen mit offenen Wagen (101–110) auf Linie 2, ab 1945 auch zu zweit hinter Tw der Schlierbacher Linien (1 bzw. 4). Später wurden sie bei Doppelzügen der SL 8 wie auch bei Ausfall von 4 x Bw als 2. Anhänger nach Schwetzingen benutzt. Auch waren sie zeitweilig morgens als Verstärkung von Zügen der SL 6, dann in direkten E-Zügen Kirchheim–Karlstor zu sehen. Zuletzt wurden sie in den ersten Monaten 1960 noch auf der SL 3 eingesetzt, da sie keine Schienenbremsen mehr erhielten und somit nur noch als einzelner Bw hinter einem Tw mit solcher Bremse laufen durften (diese Vorschrift hatte vorübergehend einen Wagenengpass zur Folge). Nach der Inbetriebnahme der ersten Gelenk-Tw standen wieder genügend neuere Wagen zur Verfügung, so dass schliesslich auf diese Serie verzichtet wurde.

Bw 127–134: Von den sogenannten «grossen Beiwagen» wurden 1911 vier Wagen gebaut, denen 1913 noch acht weitere folgten. Es waren gegenüber den bisher benutzten längere Bw mit Quersitzen und an den Enden heruntergezogenem Oberlichtdach. Die Fensterteilung war etwas ungewohnt: von den vier Fenstern waren die aussenliegenden in der Mitte nochmals geteilt. Die erste Numerierung dürfte 61–72 gelautet haben; Unterlagen hierüber sind leider nicht mehr greifbar. Als der Bedarf an Triebwagen 1919 nach Eröffnung der Eppelheimer Strecke angestiegen war, wählte man die Bw 61–64 zu einem Umbau 1920/21 in die Tw 31–34 aus. Die restlichen acht Bw kamen gleichzeitig in die neue Serie 67–74 und wurden 1928 in 127–134 umbezeichnet. Gegen Ende der zwanziger Jahre erfolgte ein Umbau dieser Bw insoweit, als diese nun vier gleiche Fenster mit breiteren Zwischenstegen und glatte Seitenwände aufwiesen. 1930 wurden «Erneuerungsarbeiten bei den Bw 127, 129, 133 und 134» nachgewiesen. Lange Jahre hindurch war der Bw-Typ in Leimen für die Linien 6–8 stationiert, einige wurden im Juni 1960 und 1961 jeweils eine Woche lang auf der SL 2 eingesetzt, als in Handschuhsheim durch die «Kerwe» die Tiefburgschleife nicht befahrbar war und die neuen Gelenkwagen nicht verkehren konnten. Solange mussten die Linien 2 und 2 K betrieblich getrennt gefahren werden. In diesen Jahren begannen auch die ersten Verschrottungen dieser Serie, lediglich Bw 132 blieb noch bis 1969 in Betrieb. Er war um 1952 modernisiert worden mit grossen Stirnscheiben, verstärktem Fahrgestell und Scheibenbremsen.

Bw 136–153: Passend zu den 4x Triebwagen waren 1925 die Bw 75–84 (1928 = 135–144) beschafft worden. Sie hatten noch wie die Tw Holzrahmenfenster und unterschieden sich darin von den 1928 nachgelieferten Bw 145–152, die bereits mit Metallrahmenfenstern und oben Klappfenstern ausgestattet waren. Zunächst auch mit alten Tw auf der Handschuhsheimer Linie eingesetzt, versahen sie bald ihren Dienst auf den Überlandstrecken in den für lange Zeit typischen Vierachserzügen der Linien 5 (ein 4 x Bw) und 11 (in der Regel zwei 4 x Bw). Auf der Linie 8 waren sie in Zügen mit 2 x Tw/4 x Bw/2 x Bw zu sehen, derartige Zusammenstellungen wies auch die Linie 6 bis zum Übergang von 24- auf 12-Min-Betrieb auf. Weitere Linien wurden mit den vierachs. Bw bestückt, so die 1948–1956 als westlicher Teil der ehem. Neckartallinie nach Wieblingen geführte SL 12 und die in dieser Zeit betrieblich mit der SL 5 zusammengefasste SL 4. Ab Frühjahr 1956 waren auch die zwei Züge der SL 7 oft mit diesen Bw versehen. Auf der SL 8 konnte es für einige Jahre umlaufbedingt zu Zügen mit zwei 4 x Bw hinter einem 2 x Tw kommen, da der zweite Beiwagen in der Regel nur bis Leimen lief und dort dann dem nach Heidelberg fahrenden Gegenzug beigegeben wurde.
Als bei Übernahme der Walldorfer Strassenbahn noch 2 x Bw in den Bestand der HSB kam, erhielt dieser die Nr. 135[II], während der 4 x Bw 135 zum 145[II] und der Bw 145 des Baujahres 1928 zum Bw 153 wurde. Ende der fünfziger Jahre verschwanden bei Einführung der Sicherheitsglasfenster die Holzrahmen der ersten Lieferung. Nicht ganz «artrein» war später der Einsatz hinter den neuen Gelenkwagen der Linien 11 und 8, wo auf diese Weise jedoch Züge von grossem Fassungsvermögen gebildet wurden. Ersten Verschrottungen nach Unfällen (1965/66) folgten weitere, bis 1973 die letzten Wagen entbehrlich wurden.

Bw 154–168: In drei Auslieferungen zu je fünf Wagen kamen im Sommer und Herbst 1955 sowie Herbst 1956 die letzten 15 Beiwagen in Dienst, die dem Verbandstyp angehörten. Dies waren zugleich die ersten Wagen der HSB mit gepolsterten Sitzen. Die Erstlieferung wurde sogleich auf der SL 2 zum neuen Hbf eingesetzt, da man als Fremdenverkehrsstadt den im damals modernsten Bahnhof ankommenden Reisenden nicht mehr die Fahrt zur Stadtmitte in den alten Wagen mit offenen Plattformen zumuten wollte. Die nächsten kamen auf die Linie 1; nach Erscheinen der Tw 75 und 76 wechselten einige Wagen ihr Domizil nach Leimen für die SL 8. Mit der Indienststellung der Tw 77–81 folgten schliesslich weitere 5 Bw, die auf der Linie 2/2 K benötigt wurden. Im Laufe der Jahre waren diese Wagen auf allen mit Beiwagen bedienten Linien zu sehen, so z. B. hinter Vierachs-Tw der SL 6 und 7 oder als reinrassiger Dreiwagenzug auf der SL 8; die SL 10 nach Eppelheim wurde zeitweise in der HVZ mit zwei Beiwagen gefahren. Nach Ergänzung der elektrischen Einrichtung verkehrten diese Bw auch mit

Gelenktriebwagen auf den SL 8 und 11. Verhältnismässig früh waren die Bw jedoch durch den vermehrten Einsatz von Gelenkwagen mit Einmannbetrieb überholt. Sie wurden nach den grossen Streckeneinstellungen 1973/74 nicht mehr benötigt. Nachdem einige noch bis 1975 als Reserve abgestellt waren, wurden auch diese als letzte Beiwagen ausgeschieden.

Güter- und Arbeitsfahrzeuge: Mit der Wieslocher Strecke wurden 1905 die beiden Elloks 41– 42 (zweiachsig, mit Ladeflächen und Mittelführerhaus) übernommen, als **80–81** bezeichnet und weiter für den Steintransport bis zu dessen Einstellung 1918 benutzt. Die sieben Güterwagen behielten ihre Nummern (**51–57**). Nach 1918 waren die Loks als Rangierfahrzeuge I und II in Verwendung. Die erste ist 1930 an den Schlachthof (an das Depot angrenzend) für Rangierzwecke abgegeben und hierzu auf Normalspur umgebaut worden. Die zweite wurde 1947 nach einem Kabelbrand ausgemustert.
Spezielle Arbeitstriebwagen wurden von der HSB insgesamt vier beschafft: 1911 und 1920 je ein Spreng-Tw (**89, 88**), mit denen zur Minderung der Staubentwicklung Wasser auf die unbefestigten Strassen gesprengt werden konnte; 1928 ein Schienenreinigungs-Tw (**100**) zum Absaugen des Schmutzes aus den Rillenschienen; 1929 entstand in der HSB-Werkstätte ein Schleif-Tw (**97**) zur Gleispflege. Tw 100 war auf seinen Fahrten auch mit Reklametafeln verkleidet. Der Anstrich dieser Wagen war ebenfalls blau/weiss, nur **Tw 97** wurde gegen Mitte der 60er Jahre als Arbeitswagen noch orange umlackiert.
Die Beförderung der Gleisbaumannschaft sowie von Arbeitsloren führte man lange mit älteren 2 x Tw durch, die hierzu kurzfristig dem Reservewagenpark entnommen wurden. Ab 1959 stand für diesen Zweck der **Tw 28** zur Verfügung, der erstmals durch einen dunkelgrünen Anstrich als Arbeitswagen gekennzeichnet war und Anfang 1960 die **Nr. 98** erhielt. Ersetzt wurde er nacheinander durch die **Tw 26, 24 und 27,** die ebenfalls jeweils die Nr. 98 bekamen, aber ihre alten Farben behielten. Damit war die Nr. 98 innerhalb der Arbeits-Tw 5mal besetzt. Nachfolger wurde im April 1969 der **Tw 53,** der nun aber seine Nummer nicht mehr wechselte. Seit 1973 wird der **KSW-Tw 64** für Dienstfahrten verwendet, der seither orange gestrichen ist; diese Farbe erhielt inzwischen auch **Tw 62,** der 1978 unter Verwendung von Ausrüstungsteilen des Tw 97 zum neuen Schleif-Tw umgebaut wurde.

Daneben war eine Anzahl von Arbeitsbeiwagen (Schneepflüge, Salzwagen usw.) vorhanden, über die leider nur noch sehr spärliche Angaben vorliegen. So entstanden z. B. 1944 kriegsbedingt zwei offene Güterwagen im Eigenbau. Die meisten Wagen dieser Gruppe wurden in den 60er- und 70er Jahren verschrottet.

Wagenparkliste

Bauj.		Nr.	Bemerkungen (? = unbekannt)	Verbleib
1901	2 x Tw	1	1901 ex MA 88; Plg 191?; Ub 1949	+ 1967
		2	1901 ex MA 89; Plg 191?; Ub 1949	+ 1967
		3	1901 ex MA 90; Plg 191?; Ub 1949	+ 1972
1902	2 x Tw	4	Plg 191?	+ 1962
		5	Plg 1911	+ 1962
		6	Plg 1912; 1946–1954 in Walldorf	+ 1954
		7	Plg 1912	+ 1961
		8	Plg 191?	+ 1962
		9	Plg 1912	+ 1964
		10	Plg 191?	+ 1964
		11	Plg 191?; Ub 1950	1972–IHS; 1980–DSM
		12	Plg 191?	1970–Mus. Marxzell
		13	Plg 191?	+ 1962
		14	Plg 191?; Ub 1950	+ 1972
		15	Plg 191?; zuletzt Rangier-Tw	+ 1975
		16	Plg 1911	+ 1962
		17	Plg 1917; Ub 1953	+ 1974
1904		18	Plg 191?	+ 1962
		19	Plg 1917	+ 1962
		20	Plg 191?	+ 1962
		21	Plg 1917	+ 1962

Bauj.		Nr.	Bemerkungen (? = unbekannt)	Verbleib
1901	2 x Tw	22	1905 ex ESHW 1; 1943 Iw. Mannheim	KV in Mannheim 1.3.45
		23	1905 ex ESHW 2; 1943 Iw. Mannheim	Brandstiftg. MA 29.5.45
		24	1905 ex ESHW 3	1962 = Arb-Tw 98 IV
		25	1905 ex ESHW 4; Ub 1941	+ 1967
		26	1905 ex ESHW 5	1961 = Arb-Tw 98 III
		27	1905 ex ESHW 6; Ub 1941	1967 = Arb-Tw 98 V
		28	1905 ex ESHW 7; ab 1959 = Arb-Tw	Uz 1960 = 98 II
1902		29	1905 ex ESHW 8; 1955 = Rang-Tw	+ 1956
		30	1905 ex ESHW 9; Ub 1947	+ 1969
1907	2 x Tw	22II	1946 ex Walldorf 1II (ex 2)	+ 1954 (Einsatz nur W.)
1923	2 x Tw	23II	1946 ex Walldorf 6	+ 1954 (Einsatz nur W.)
1920	2 x Tw	31	Ub 1920 ex Bw 63; Ub 1942	+ 1963
		32	Ub 1920 ex Bw 64; Ub 1942	+ 1966
1921		33	Ub 1921 ex Bw 61; Ub 1942	+ 1961
		34	Ub 1921 ex Bw 62; Ub 1942	+ 1964
			Uz 1928	
1911	4 x Tw	90	= 35	+ 1961
		91	= 36 Umbau 1944; 1 grStf 1956	+ 1966
1913	4 x Tw	92	= 37 grStf 1950	+ 1973
		93	= 38	1974-DSM
		94	–	1918-Mannheim 236
		95	–	1918-Mannheim 237
		96	–	1918-Mannheim 238
1925	4 x Tw	94II	= 39	+ 1971
		95II	= 40	1973-Kinderklinik HD
		96II	= 41	+ 1972
		97	= 42 grStf 1952	1973-Kindergarten Höllenstein
		98	= 43 grStf 1951	1973-Spielplatz Walldorf
		99	= 44 grStf 1955	1973-Fa. Bauer, MA; 1976-Mus. V.; 1982-Johannes Scheurich
		100	= 45	1974-Patrick-Henry-Village
		101	= 46	+ 1973
		102	= 47 grStf 1951	+ 1974
		103	= 48 grStf 1957	1973-Kindergarten Walld.
1929	4 x Tw	49	4 Motore; 1 grStf 1956	+ 1960
1929	2 x Tw	50		1973-Spielpl. AWo Bierhelderhof
		51		+ 1972
		52		+ 1970
		53	ab 1969 = ArbTw	+ 1973
		54		+ 1973
		55		1973-Holiday Inn Walldorf
		56		+ 1972
		57		1974-DSM
1949	2 x Tw	58		+ 1976
		59		1976-Mus. Viernheim
		60		1976-Rehab. Zentr. Neckargemünd
		61		+ 1976
		62	ab 1978 = Schleif-Tw	
		63		1973-privat
		64	ab 1973 = Arb-Tw	
1952	2 x Tw	65		+ 1975
		66		+ 1976
		67		+ 1973
		68		1978-SMS
		69		+ 1977
		70		+ 1976
		71		+ 1976

Year	Count/Type	Number			Notes
1952	2 x Tw	72			+1977
		73			+1977
		74			+1975
1955	2 x Tw	75			+1977
		76			+1975
1956		77			+1973
		78			1978-DSM
		79			1978-SMS
		80			
		81			1981-DSM
1960	6 x ER-Gl-Tw	201			1968-Mannheim 318 II
		202			1968-Mannheim 319 II
		203			1968-Mannheim 320 II
		204			1971-Mainz 239
		205			1971-Mainz 240
		206			1971-Mainz 236
		207			1971-Mainz 237
		208			1971-Mainz 238
1961	6 x ER-Gl-Tw	209			1974-Mainz 241
		210			1974-Mainz 242
		211			1974-Mainz 243
		212			1974-Mainz 244
		213			1974-Mainz 245
1964	6 x ZR-Gl-Tw	214			
		215			
		216			+23.8.84 (Werkstattbrand)
		217			
1966		218			
		219			
		220			
		221			
		222			
		223			
		224			+23.8.84 (Werkstattbrand)
		225			
1968		226			
		227			
		228			
		229			
1973		230			
		231			
		232			
		233			
		234			
		235			
		236			
		237			
		238			
		239			
		240			
		241			
		242			+23.8.84 (Werkstattbrand)
		243			
		244			
1975	8 x ZR-Gl-Tw	201 II			
		202 II			
		203 II			
		204 II	am 23.8.84 durch Brandschaden ausgefallen; Neuaufbau erfolgt		

			Uz 1920	Uz 1928		
Ub 1903	2 x Bw	35	= 41 II	= 101	Ub ex Pfb; Ub 1920–25	+1956
		36	= 42 II	= 102	dto.; modernis. nach 47	Ub 1960=Mus-Bw 6 (76-Vi)
		37	= 43 II	= 103	dto.	+1960
		38	= 44 II	= 104	dto.; modernis. nach 47	+1960

Bauj.		Nr.	Bemerkungen (? = unbekannt)			Verbleib
			Uz 1920	Uz 1928		
Ub 1903	2 x Bw	39	= 45ⅠⅠ	= 105	dto.	+ 1960
		40	= 46ⅠⅠ	= 106	dto.	+ 1960
		41	= 47ⅠⅠ	= 107	dto.	+ 1959
		42	= 48ⅠⅠ	= 108	dto.	+ 1960
		43	= 49ⅠⅠ	= 109	dto.; Ub 1953	+ 1960
		44	= 50ⅠⅠ	= 110	dto.	+ 1956
1901	2 x Bw	48[1]	= 51ⅠⅠ	= 111	05 ex ESHW 21; 1943 lw. MA	KV in Mannheim
		49	= 52ⅠⅠ	= 112	05 ex ESHW 22; Ub 1930	+ 1960
		50	= 53ⅠⅠ	= 113	05 ex ESHW 23; 1943 lw. MA	KV in Mannheim
		51	= 54ⅠⅠ	= 114	05 ex ESHW 24	+ 1943
		52	= 55ⅠⅠ	= 115	05 ex ESHW 25	+ 1943
		53	= 56ⅠⅠ	= 116	05 ex ESHW 26	+ 1943
		54	= 57	= 117	05 ex ESHW 27; 1943=111ⅠⅠ	+ 1958 (1946=Arb-Bw)
		55	= 58	= 118	05 ex ESHW 28	+ 1955
		56	= 59	= 119	05 ex ESHW 29	+ 1952

[1] Numerierung bei der ESHW und erste Einordnung bei der HSB (möglicherweise gleich 51–59) bisher nicht sicher nachgewiesen.

Bauj.		Nr.			Bemerkungen	Verbleib
1944	2 x Bw			113ⅠⅠ		+ 1964
				114ⅠⅠ		+ 1967
				115ⅠⅠ		+ 1967
				116ⅠⅠ		+ 1966
				117ⅠⅠ		+ 1967
1903	2 x Bw	31	= 60	= 120	Plg 1921	+ 1958
		32	= 61ⅠⅠ	= 121	Plg 192?	+ 1960
		33	= 62ⅠⅠ	= 122	Plg 1921	+ 1960
		34	= 63ⅠⅠ	= 123	Plg 192?	+ 1960
1904		45	= 64ⅠⅠ	= 124	Plg 1921	+ 1960
		46	= 65ⅠⅠ	= 125	Plg 192?	+ 1960
		47	= 66ⅠⅠ	= 126	Plg 1920	+ 1960
1911	2 x Bw	61	–	–		Umbau 1921 = Tw 33
		62	–	–		Umbau 1921 = Tw 34
		63	–	–		Umbau 1920 = Tw 31
		64	–	–		Umbau 1920 = Tw 32
1913		65	= 67ⅠⅠ	= 127		+ 1961
		66	= 68ⅠⅠ	= 128		+ 1962
		67	= 69ⅠⅠ	= 129		+ 1962
		68	= 70ⅠⅠ	= 130		+ 1960
		69	= 71ⅠⅠ	= 131		+ 1961
		70	= 72ⅠⅠ	= 132	Umbau 1952	+ 1969
		71	= 73	= 133		+ 1962
		72	= 74	= 134		+ 1961
1913	2 x Bw			135ⅠⅠ	1946 ex Walldorf 5	+ 1954 (Einsatz nur Walld.)
1925	4 x Bw		75	= 135	1946 = 145ⅠⅠ	+ 1970
			76	= 136		+ 1968
			77	= 137		+ 1970
			78	= 138		+ 1965
			79	= 139		+ 1966
			80	= 140		+ 1967
			81	= 141		+ 1972
			82	= 142		+ 1972
			83	= 143		+ 1967
			84	= 144		+ 1970
1928				145	1946 = 153	s. unter Bw 153
				146		+ 1966
				147		+ 1966
				148		+ 1973
				149		+ 1973
				150		+ 1970
				151		1974-DSM
				152		1973-Spielpl. Eppelheim
				153	ex 145, s. oben	1974-DSM

Bauj.		Nr.	Bemerkungen (? = unbekannt)		Verbleib
1955	2× Bw	154			+1974
		155			+1975
		156			1975-Fa. in Mosbach
		157			1974-Jugendherberge HD
		158			1974-Gem. Sandhausen
		159			+1974
		160			+1975
		161			+1974
		162			+1974
		163			+1974
1956		164			+1975
		165			+1975
		166			+1973
		167			+1973
		168			+1973
1901	2× Güter-Ellok	80	= I	1905 ex ESHW 41	U1930 f. Schlachthof (1435 mm)
		81	= II	1905 ex ESHW 42	+1947
1929	2× Schleif-Tw	97		Eigenbau	1978-Mus. Viernheim
1920	2× Spreng-Tw 88	= 98		Eigenbau	+vor 1954
1901	2× Arb-Tw	98 II		1960 ex Tw 28	+1961
		98 III		1961 ex Tw 26	+1962
		98 IV		1962 ex Tw 24	+1966
		98 V		1967 ex Tw 27	+1969
1911	2× Spreng-Tw 89	= 99		8 m³; Hellmas	+1929
1928	2× Schienenrein.-Tw	100			+1966
	2× off. Güterwg.	188			+
	2× Schneepflug	190			+
	2× Schneepflug	191			+1974
	2× Salzwagen	192			+1974
	2× Salzwagen	193			+1962
	2× Salzwagen	194			+1962
	2× Salzwagen	195			+1973
	2× Schneepflug	198			+1973

Die Arbeits-Bw hatten bis 1959 Nummern über 200 und wurden 1960 bei Eintreffen der Gelenk-Tw umgezeichnet.

Die wichtigsten Daten und Abmessungen der Wagen

Serie	Achsen	Motore	Achsstand	Kastenlänge	-breite	Sitzpl.
Tw 1– 3	2	2	2,0 (U=2,8)	9,60	2,07	20 l
4– 21	2	2	2,0 (U=2,8)	9,05	2,07	18 l
22– 30	2	2	1,9 (U=2,6)	9,10	2,07	20 l
22II	2	2	1,8	7,70	1,94	18 l
23II	2	2	2,8	9,00	2,10	20 l
31– 34	2	2	2,8	10,00	2,10	24 q
35– 36	4	2	1,35+4,00+1,35	12,05 1)	2,10	12 l+22 q
37– 38	4	2	1,35+3,70+1,35	11,90	2,15	12 l+16 q
39– 48	4	2	1,35+3,74+1,35	11,85	2,15	12 l+18 q
49	4	4	dto.	dto.	dto.	dto.
50– 57	2	2	2,8	9,80	2,18	22 q
58– 64	2	2	3,0	10,40	2,20	16 q
65– 74	2	2	3,0	10,50	2,173	22 q
75– 81	2	2	3,0	10,50	2,20	22 q
201–208	6	2	1,8 (Drehg.)	19,095	2,20	35
209–213	6	2	1,8	19,095	2,20	35
214–225	6	2	1,8	20,10	2,20	38
226–229	6	2	1,8	20,10	2,20	40
230–244	6	2	1,8	20,10	2,20	42
201II–204II	8	2	1,8	26,10	2,20	54
Bw 101–110	2	–	1,5 (U=3,0)	2)	1,90	26 l
111–119	2	–	2,8	8,50	2,07	20 l 3)
113II–117II	2	–	2,8	9,70	2,15	20 q
120–126	2	–	2,6	8,20	2,00	16 l
127–134	2	–	3,0	9,50	2,15	24 q
135II	2	–	3,0	9,60	2,00	24 l
136–153	4	–	1,35+3,69+1,35	11,85	2,15	12 l+18 q
154–168	2	–	3,0	10,50	2,20	22 q
Bergb. 1–2 alt	2	–	5,55	8,15	2,40	40 q
1–2 neu	2+2	–	4,24	14,85	2,00	48 q 4)
3–4	2	–	3,70	7,90	2,35	30 q

1) Tw 36 Kastenlänge nach Umbau: 12,75
2) Bw 101–110 Länge: 1,20 + 6,05 Kasten + 1,20 = 8,45 über Plattf.
3) Bw 111, 117–119 Umbau 1930: 18 Quersitze
4) hier enthalten: 20 Klappsitze

Von einer Angabe der Stehplätze wurde abgesehen, da sich im Verlaufe der Jahre durch wechselnde Berechnungsgrundlagen jeweils unterschiedliche Zahlen ergaben.

Allgemeiner Wageneinsatz im 2. Weltkrieg
nach Angaben von Herrn Grauli

Linie 1	Tw 1– 21	Behängung im Hauptbetrieb 1 Bw
	Bw 101–110	
Linie 2	Tw 1– 21	Behängung 1 Bw
	Bw 101–110	
	120–126	
Linie 5	Tw 39–48	Behängung 1 Bw
	Bw 135–152	
Linie 6+8	Tw 22–30	Behängung L. 6 1 Bw
	31–34	L. 8 2–3 Bw
	Bw 127–134	
	135–152	
	112, 118, 119	
Linie 11	Tw 35– 48	Behängung i. d. Regel 2 Bw
	Bw 135–152	zeitweilig 1 Bw
	später auch Bw 113II–117II (als Reserve)	

Die Tw 35, 36, 37, 38, 39, 41, 50–57 haben zeitweilig (etwa bis 1948/49) gestanden wegen Motorenausbau; diese kamen in Vierachsern zum Einbau.

Betriebsdaten, Stand Herbst 1960

Gleislänge:	73,884 km (Nutzlänge, einschl. 3,093 km Gemeinschaftsgleis der OEG)			
Betriebslänge:	45,081 km	im Stadtgebiet Heidelberg:		30,747 km
		auf Gebiet von Umlandgemeinden:		14,334 km
davon eingleisig:	23,051 km	eigener Bahnkörper:		3,653 km

173 eigene Weichen, davon 23 elektrisch umstellbar

Linienlängen und Wageneinsatz:

SL	Länge km	dav. eingl. km	Folge min	Normalverkehr Tw/Bw	Regeleinsatz Tw	Regeleinsatz Bw
1	4,130	0,246	10	4/–	58–74	–
2/2K	7,463	0,228	10	7/–	201–208	–
3	4,040	–	10	4/4	58–74	113^{II}–117^{II}, 154–168
4	10,326	3,038	20	4/4	50–57	136–153
5	11,765	4,830	20	4/4	39–48	136–153
6	4,988	1,539	10	4/4	31–34, 50–57	154–168
7	6,869	1,176	20	2/2	37–38	113^{II}–117^{II}, 132
8	12,970	7,014	20	4/4 [1]	65–81	136–168
9	5,548	0,018	10	4/–	58–74	–
10	5,001	0,959	20	2/2 (HVZ 2/4)	58–81	154–168
11	9,978	5,669	20	4/4 (HVZ 4/8)	39–48	136–153
12	4,857	2,725	20	2/–	35–36	–
	87,935			45/28 (34)		

[1] Die Linie SL 8 führte im Normalverkehr bis Leimen, in der HVZ bis Nussloch einen 2. Beiwagen mit; diese sind wie auch in der HVZ gefahrene Doppelzüge (Tw 24–30, 50–57; Bw 127–134 aus Reservebestand) in der Tabelle nicht erfasst.

Die städtische Strassenbahn Walldorf

Bei der Erbauung der Badischen Staatsbahn von Heidelberg nach Karlsruhe wurden die beiden Gemeinden Walldorf und Wiesloch nicht von der Bahnstrecke berührt. Vielmehr entstand der beiden Gemeinden zugehörige Bahnhof Wiesloch/Walldorf über 2 km von den jeweiligen Ortsmitten entfernt. Hieraus ergab sich für die beiden Ortschaften das Bedürfnis nach einer Verkehrsverbindung zum Bahnhof.

Diesem Verkehrsbedürfnis Rechnung tragend, erhielt die Stadtgemeinde Walldorf am **11.1.1902** die Staatsgenehmigung, auf der Landstrasse zwischen der Eisenbahnstation Wiesloch und der Stadt Walldorf eine Strassenbahn anzulegen und diese für einen Zeitraum von 25 Jahren zu betreiben. Von Anfang an war vorgesehen, die Bahn zunächst als Pferdebahn, später mit Elektrizität zu betreiben. Der Betrieb der 2,2 km langen Pferdebahn wurde am 2.3.1902 mit der Feier zur Stadterhebung eröffnet. Die Bahn begann auf der Westseite des Bahnhofes Wiesloch/Walldorf beim schienengleichen Übergang der Landstrasse Wiesloch/Neulussheim und endete bei der evangelischen Kirche in Walldorf. Die Bahn war auf der nördlichen Seite des Strassenkörpers eingleisig und mit 1 m Spurweite angelegt worden. Die zweigleisige Wagenhalle befand sich im früheren Hof des Hotels «Astoria» anstelle des derzeitigen Parkplatzes. Der Betrieb wurde mit zwei von der HSB erworbenen Pferdebahnwagen durchgeführt.

1907 erfolgte die Umwandlung in eine elektrische Bahn. Die Firmen Felten & Gouillaume und Lahmeyer-Werke in Frankfurt, die mit den Bauarbeiten beauftragt waren, verlängerten die Strecke über die neue Staatsbahnbrücke hinweg und in einer grossen Schleife unter dieser hindurch bis zum Bahnhofsvorplatz. Die Baukosten hierfür beliefen sich auf 130 000 M. Die Eröffnung fand am 22.2.1907 statt. Nunmehr betrug die Gleislänge 2,85 km, davon 2,05 km auf der Gemarkung Walldorf und 0,8 km auf der Gemarkung Wiesloch. Ausweichen befanden sich vor dem Staatsbahnhof und bis 1910 in Streckenmitte.

Die Strassenbahn verkehrte zu allen im Staatsbahnhof haltenden Zügen mit Anschluss an die Nebenbahn. Den Fahrstrom von 550 Volt lieferte das Elektrizitätswerk in Wiesloch. Ein Kreuzen von Motorwagen fand im regelmässigen Betrieb nicht statt. Der Fahrplan war laut Genehmigungsurkunde derart einzurichten, dass nur ein Triebwagen in beiden Richtungen fuhr oder, genügte diese Zugfolge nicht, dass zwei Motorwagen sich im Stationsabstand folgten. Für die Betriebsführung hatte die «Betriebsordnung für Kleinbahnen mit nebenbahnähnlichem Betrieb» Gültigkeit. Danach war die einzuhaltende Höchstgeschwindigkeit wie folgt bestimmt:

a) innerhalb der Stadt Walldorf 12 km/h
b) auf der Strassenbrücke über die Staatsbahn nebst Auffahrten 15 km/h
c) auf der freien Strecke 22 km/h

Zur Eröffnung des elektrischen Betriebes wurden zwei Motorwagen beschafft. Ein dritter Motorwagen kam **1911** hinzu und ein Beiwagen **1913**. Schliesslich erfuhr der Wagenpark **1923** noch eine Ergänzung um einen weiteren Triebwagen.

Neben der Beförderung von Personen gab es auch einen Post- und Expressgutverkehr.

Die Strassenbahn war Eigenbetrieb der Stadt Walldorf und wurde von der Stadtverwaltung betreut. Der Betrieb verfügte aber weder über ein eigenes Verwaltungspersonal noch über ein eigenes Verwaltungsgebäude. Hierfür wurden ausschliesslich die der Stadt benutzt.

Im I. Weltkrieg musste aus Sparnisgründen der Personenverkehr an der Strassenbrücke enden. Nur zur Postbeförderung wurden teilweise noch Fahrten bis zum Bahnhofsvorplatz durchgeführt.

Vor dem Ersten Weltkrieg tauchten Pläne auf, die Walldorfer Strassenbahn in eine Ringbahn Heidelberg–Kirchheim–Sandhausen–Walldorf–Wiesloch–Heidelberg einzugliedern. Der Ausbruch des Ersten Weltkrieges verhinderte jedoch die Realisierung dieses Vorhabens ebenso wie die wirtschaftlichen Schwierigkeiten in den Jahren danach. Seitens der Stadtgemeinde Walldorf bestand aber nach wie vor Interesse an der Ringbahn. Die zwecks Übernahme der Strassenbahn Walldorfs im Jahre 1931 durch die HSB geführten Verhandlungen scheiterten aber daran, dass die Stadt Walldorf wegen der seinerzeitigen wirtschaftlichen Verhältnisse auf die aus der Strassenbahn resultierenden Einnahmen nicht verzichten konnte.

Im selben Jahr war der Fortbestand der Strassenbahn ernsthaft gefährdet, als das Wasser-und Strassenbauamt Sinsheim erhebliche Abnutzungen der Strecke feststellte und Renovierungsmassnahmen forderte, die 270 000 Reichsmark betragen hätten. Die HSB erklärte sich zur Einrichtung eines Omnibusbetriebes bereit, dem aber die Stadt Walldorf nur zustimmen wollte, sofern die HSB die städtische Strassenbahn zu Eigentum erwirbt oder volle Entschädigung leistet. Nachdem ein annehmbares Ergebnis nicht erzielt werden konnte, wurde die Strecke notdürftig repariert und weiterhin von der Stadt betrieben.

Mit Erlass vom **21.9.1937** hatte der Minister des Inneren der Stadt Walldorf die Auflage gemacht, wegen des Zustandes der Bahnanlagen und der Betriebsmittel den Betrieb auf O-Bus oder Omnibus umzustellen. Hierzu wurden bereits **1938** Vorschläge beim Verband Deutscher Kraftverkehrsgesellschaften Dortmund eingeholt, Massnahmen aber infolge des einsetzenden Krieges nicht mehr getroffen.

Die Kriegsjahre brachten einen sehr starken Fahrgastzuwachs. Betrugen 1938 die Fahrgastzahlen noch 186 340 Personen, so stieg diese Zahl bis **1943** auf 479 099 Personen an. Trotz aller Schwierigkeiten durch den Krieg liess sich der Strassenbahnbetrieb zuletzt aufrechterhalten. Ab 31.3.1945 musste der Verkehr ruhen. Die Oberleitung und der Unterbau der Bahn waren durch Artilleriebeschuss stark beschädigt worden. In den letzten Kriegstagen sollte auch die Strassenbrücke über die Reichsbahn gesprengt werden. Hierdurch kamen die Gleise auf der Brücke schwer zu Schaden.

Da die Instandsetzungsarbeiten an den Gleisanlagen und die Überholung der Fahrzeuge grössere Geldmittel erforderten, wurden zwischen dem Bürgermeister der Stadt Walldorf und der HSB Verhandlungen über die Übernahme der Strassenbahn geführt. Die Stadtgemeinde erklärte sich bereit, die Strassenbahn an die HSB käuflich abzugeben. Es wurde jedoch die Bedingung daran geknüpft, dass die Bahn nach der langen Stillegezeit wieder so schnell wie möglich in Betrieb genommen wird. Diese Zusage wurde erteilt und der Betrieb am 3. September **1945** eröffnet. Die HSB stellte den Triebwagen Nr. 6 zur Verfügung und brachte die Oberleitung in Ordnung. Nunmehr wurde täglich ein Halbstundenverkehr von 05.30 Uhr bis 20.30 Uhr zwischen Walldorf-Stadt und der Westseite der Strassenbrücke durchgeführt. Nach Abschluss eines Verkaufvertrages am 1.11.**1946** ging die städtische Strassenbahn Walldorf in das Eigentum der HSB über. Diesem Kauf lag auch der Gedanke zugrunde, eine Ringbahn zu schaffen. Aber eine Verwirklichung unterblieb. Dafür eröffnete die Strassenbahngesellschaft 1948 eine Buslinie von Heidelberg nach Walldorf.

Nachdem die Brücke über die Staatsbahn seit Ende **1949** wieder instandgesetzt worden war, wurde eine Weiterführung der Strassenbahn bis zum Bahnhofsgebäude geprüft. In Anbetracht der hohen Investitionskosten für Gleis- und Oberleitungsanlage wurde aber im Folgejahr lediglich die Endstelle von der Westseite der Brücke nach der Ostseite verlegt und dort eine eigene Treppe gebaut. Die Strassenbahngesellschaft war der Ansicht, die Fahrgäste könnten den Bahnhof zu Fuss 2 Minuten eher erreichen als mit der Strassenbahn, die 4 Minuten für die Schleifenfahrt benötige.

Die anlässlich der Elektrifizierung der Bundesbahn bevorstehende Anhebung der Brücke sowie der beabsichtigte Bau der Umgehungsstrasse Walldorf hätten neue Investitionen im Gleisbau erfordert. Daher entschloss man sich, den Betrieb durch einen Omnibusverkehr zu ersetzen. Am **1.8.1954** trat die Walldorfer Strassenbahn ihre letzte Fahrt an. Die zuletzt in Betrieb befindlichen Triebwagen (Nr. 6, 22 und 23) und der Beiwagen Nr. 135 wurden zunächst auf dem Gleislager zwischen Rohrbach und Leimen und in der Wagenhalle in Leimen abgestellt und später verschrottet.

Der Wagenpark der Städtischen Strassenbahn Walldorf

Baujahr	Nr.		Bemerkungen	Verbleib
1907	2 x Tw	**1**		+ 1925
		2	= 1 II	1946 = HSB 22 II + 1954
18 ..	2 x Bw	**3**	ex Pfb 1 (1902 ex Pfb HD)	+ um 1925 ?
		4	ex Pfb 2 (1902 ex Pfb HD)	+ um 1910 ?
1911	2 x Tw	**4**		+ 1947 (ohne HSB-Umbezeichnung)
1913	2 x Bw	**5**		1946 = HSB 135 II + 1954
1923	2 x Tw	**6**		1946 = HSB 23 II + 1954
1902	2 x Tw	**HSB 6**	ab 1946 in Walldorf	+ 1954

Die Bergbahn

Die Untere Bahn Kornmarkt–Molkenkur

Mit dem Projekt, eine Bergbahn zum Heidelberger Schloss und auf die waldigen Anhöhen des Königstuhls zu führen, befassten sich schon Anfang der siebziger Jahre des letzten Jahrhunderts mehrere Gesellschaften. **1873** unterbreitete der Ingenieur Riggenbach auf Veranlassung eines Konsortiums den massgebenden Behörden das Projekt einer Zahnradbahn vom Klingentor nach Schloss–Molkenkur–Königstuhl zur Konzessionierung. Das Projekt fand seitens der städtischen und staatlichen Behörden die weitgehende Unterstützung, blieb jedoch infolge des plötzlichen Todes eines der Hauptbeteiligten unausgeführt.

In der Zwischenzeit hatten die amerikanischen Ingenieure neue Wege beim Bau von Bergbahnen eingeschlagen. Sie versuchten den Seilbahnen durch Anwendung von zwei Drahtseilen, von denen das eine als Zugseil, das andere als Sicherheitsseil fungierte, zum Durchbruch zu verhelfen. **1882** erarbeitete der Amerikaner, Ingenieur Eppelsheimer, der Patentinhaber für dieses Seilbahnsystem war, im Auftrag der Fa. Soenderop & Co., Kommanditgesellschaft für Bau und Betrieb von Eisenbahnen in Berlin, nach diesem System ein Bergbahnprojekt zum Schloss und zu der Molkenkur. Der Ausführung des Projekts konnte aber wegen Schwierigkeiten beim Grundstückserwerb nicht nähergetreten werden.

Schon **1883**, nachdem das Eppelheimer'sche Projekt aufgegeben wurde, fassten die Gesellschafter, Gebrüder Leferenz, die Pläne zum Bau einer kombinierten Zahnrad- und Drahtseilbahn von der Zwingerstrasse (Bremeneck) zum Schloss und zu der Molkenkur ins Auge. Nach Gründung der «Heidelberger Strassen- und Bergbahn Gesellschaft, Leferenz & Co.» (später HSB) am **23.3.1885** legten die Gesellschafter das Bergbahnprojekt dem Stadtrat zur Genehmigung vor. Zunächst offerierte der Stadtrat der Gesellschaft, ein Zahnradbahnprojekt vom Klingentor aus vorzulegen. Die Schattenseiten eines Klingentorprojekts, besonders einer Zahnradbahn, und die Vorteile einer Drahtseilbahn scheinen es gewesen zu sein, die den Stadtrat veranlassten, dem Klingentorprojekt keine weitere Beachtung zu schenken. So erklärte sich der Stadtrat am 14.7.1885 dazu einverstanden, dass eine Bergbahn zum Schloss und der Molkenkur erbaut und das Drahtseilprojekt Bremeneck zur Ausführung gebracht werden solle. Hiergegen erhob am 30.7.1885 der Heidelberger Schlossverein Einspruch. Es wurde befürchtet, dass durch die Bergbahn die landschaftliche Schönheit Heidelbergs stark beeinträchtigt werde. Diese Agitation, der sich auch die Studentenschaft anschloss, führte zu einer ausserordentlichen Verzögerung der weiteren Abläufe.

Unterdessen waren zwei weitere Projekte aufgetaucht. Eines davon sah eine Drahtseilbahn zu einem geplanten Sanatorium vor. Diese Bahn sollte durch das Karmeliterwäldchen führen und nicht nur Sanatoriumszwecken, sondern auch dem allgemeinen Verkehr dienen. Das zweite Projekt von Mai-Arnold stellte eine kombinierte Drahtseil- und Zahnradbahn vom Klingentor zur Molkenkur dar.

Nach längeren Verhandlungen wurde der Heidelberger Strassen- und Bergbahn AG zum **25. Juni 1888** die nachgesuchte Konzession zum Bau und Betrieb einer kombinierten Drahtseil- und Zahnradbahn von Heidelberg zum Schloss und zur Molkenkur auf die Dauer von 50 Jahren erteilt. Bei den äusserst schwierigen Bauverhältnissen konnte die Bahn erst Anfang 1890 nach 2jähriger Bauzeit fertiggestellt werden. Es mussten tiefe Bergeinschnitte, 8 Wegunterführungen und ein Tunnel von 110 m Länge hergestellt werden. Nachdem die behördliche Revision stattgefunden und sich keinerlei Beanstandungen ergeben hatten, wurde die feierliche Eröffnung des Betriebes am **30. März 1890** unter reger Anteilnahme der staatlichen und städtischen Behörden, sowie sonstiger von Unternehmen beteiligter oder interessierter Kreise vollzogen.

Die Bergbahn nimmt ihren Anfang an der Zwingerstrasse beim Kornmarkt, führt in gerader südöstlicher Richtung bis zum Alten Schlossweg, macht von da bis über den Wolfsbrunnenweg mit einem Kurvenradius von 250 m und 130,44 m Länge eine Wendung nach Südost und verläuft in gerader Richtung nach der Gebirgseinsattelung nächst der Molkenkur weiter.

Die Bahnlänge beträgt waagrecht gemessen 457,7 m und in der Steigung 488,91 m. Die Steigung dieser Strecke bewegt sich zwischen 25 und 43%, wobei der absolute Höhenunterschied zwischen dem unteren und oberen Bahnsteig 172 m beträgt. Sie wurde in Meterspur erbaut.

Das System der Bergbahn bestand bis **1907** darin, dass sich an der Bergstation Molkenkur eine Seilscheibe befand, um die ein entsprechend starkes Drahtseil führte, an dessen beiden Enden je ein Wagen angehängt war. Jeder Wagen besass einen Wasserkasten von 8 cbm Rauminhalt. Beim Betrieb wurde der obere Wagen mit Wasser aus einem auf der Molkenkur gelegenen Reservoir so beladen, dass er das Übergewicht über den unteren Wagen erhielt und diesen hochziehen konnte. An der Station Kornmarkt wurde das Wasser wieder herausgelassen und durch eine mit einer Dampfmaschine angetriebenen Pumpanlage durch Rohrleitungen wieder in das Reservoir befördert. Die Fahrgeschwindigkeit konnte vom Wagenführer durch eine Bremsanlage, die in die Zahnstange eingriff, reguliert werden.

Der Gleisoberbau war dreischienig ausgeführt, wobei die mittlere Schiene von beiden Wagen benutzt wurde. In der Ausweiche teilte sich die mittlere Schiene in deren zwei auf, damit sich die Wagen begegnen konnten. Die Gleise selbst bestanden aus Stahlschienen von 10 cm Höhe und flusseisernen Querschwellen. Die Zahnstangen waren nach Riggenbach'schem System mit eingenieteten schmiedeeisernen Zähnen hergestellt. Schienen und Zahnstange bildeten von ihrer Befestigung her ein zusammenhängendes Ganzes. Der Gleisunterbau war grösstenteils treppenförmig gemauert und zur Aufnahme der Schwellen geschottert.

Die beiden von der Firma Fuchs Waggonfabrik AG, gelieferten Wagen waren treppenförmig konzipiert, so dass die Sitzplätze bei der mittleren Steigung von 36% waagrecht standen. Sie hatten 40 Sitzplätze und einen Gepäckraum, der nötigenfalls 10 Stehplätze bot. Jeder Wagen verfügte über eine bergseitige und eine talseitige Bremse, die beide durch ein Zahnrad auf die Zahnstange wirkten. Das Zahnrad war auf der Wagenachse aufgekeilt. Beiderseits des Zahnrades sassen Bremsscheibenräder, auf die bei der Bremsung hölzerne Bremsklötze angepresst wurden. Der Bremsdruck auf die Bremsklötze wurde durch ein Hebelgewicht erzeugt. Die bergseitige Bremse war selbsttätig und trat bei einem etwaigen Seilbruch sofort in Wirkung, während die talseitige Bremse (Handbremse) dem Wagenführer zur Regelung der Geschwindigkeit diente. Die normale Betriebsbremsung an den Stationen erfolgte durch den Maschinisten in der Bergstation Molkenkur.

Die Verständigung zwischen Wagenführer und Maschinisten geschah durch elektrische Klingelsignale. Die Signalleitung auf der Strecke verlief als blanker Draht, so dass sie der Wagenführer jederzeit mit einem Kontaktstock, der aus einem Metallrohr mit isoliertem Griff bestand, berühren konnte, wodurch dann der Stromkreis der Klingelanlage über den an dem Wagen angeschlossenen Stab und die Schiene geschlossen wurde. In den Stationen war die Signalleitung als Schleifleitung ausgebildet und durch einen am Wagen befestigten Stromabnehmer mit dem Druckknopf auf dem Wagen in Verbindung gebracht. Neben dieser sogenannten Schleifleitung für das Glockensignal befand sich eine ebenfalls blanke Leitung für telefonische Verständigung des Wagenführers mit dem Maschinisten.

Es zeigte sich bald, dass die Bergbahn einem dringendem Bedürfnis, besonders der Fremden, entsprach. Im ersten Betriebsjahr wurden 189 904 Personen befördert; 1906 waren es schon 260 517 Personen. Mit dem Neubau der oberen elektrisch betriebenen Bergbahn Molkenkur-Königstuhl wurde die bis dahin mit Wasserballast betriebene untere Bahn ebenfalls in eine solche mit elektrischem Antrieb umgestellt. Hierdurch war die Möglichkeit gegeben, die Fahrten infolge des Wegfalls der Wasserfüllung in kürzeren Abständen zu wiederholen. Überdies liess sich der Betrieb — was für die Wirtschaftlichkeit wichtig war — jetzt auch im Winter aufrechterhalten.

Zum 30. Oktober 1906 wurde der Betrieb der unteren Bahn eingestellt. Anschliessend begann der Umbau der Molkenkurstation, der infolge des harten Winters unter schwierigen Gründungsarbeiten erst im Februar 1907 soweit gediehen war, dass der Einbau der Maschinen und elektrischen Anlagen erfolgen konnte. An den Wagen hingegen waren keine Änderungen erforderlich. Sie wurden lediglich gründlich instandgesetzt, erhielten eine neue Beleuchtung unter Benützung einer Oberleitung und wurden mit einem neuen Anstrich, der dem der Strassenbahnwagen glich, versehen. Ebenso waren an den Gleisanlagen keine wesentlichen Änderungen erforderlich.

Aufgrund der Erfahrungen des ersten Betriebsjahres mit dem elektrischen Betrieb wurde es für notwendig erachtet, auch einen Umbau der Kornmarkt- und Molkenkurstationen dergestalt vorzunehmen, dass die Fahrgäste auf der einen Seite in den Wagen einsteigen und auf der anderen Seite aussteigen können und sich so nicht mehr gegenseitig behindern. Dazu mussten Änderungen sowohl an der Gleisanlage als auch an dem vorhandenen Rollmaterial vorgenommen werden. Zudem waren drei Wartesäle mit ausreichender Sitzgelegenheit vorgesehen, die nicht nur einem vorhandenen Bedürfnis entsprachen, sondern auch den durch den Winterbetrieb — Rodler — geschaffenen neuen Verhältnissen Rechnung tragen sollten. Der beabsichtigte Zweck dieser Um- und Neubauten war es, eine weit schnellere Abfertigung der Wagen und eine grössere Anzahl Fahrten als bisher zu ermöglichen.

Die einleitenden Arbeiten wurden wegen des schlechten Wetters schon im November 1907 vorgenommen, und der Betrieb für die Zeit vom 26.11.–22.12.1907 eingestellt. Die weiteren Umbauarbeiten konnten dann während des Betriebes ausgeführt werden. Der 1907 begonnene Bau der drei Wartehallen an der Kornmarkt-Station konnte im Folgejahr zu Ende geführt werden.

Für die Gleisänderung war im März 1908 eine nochmalige Betriebseinstellung erforderlich. Anstelle des bisherigen dreischienigen Oberbaues trat das billigere Zweischienensystem, das auch die zweite Zahnstange ausserhalb der Ausweiche entbehrlich machte. Bei den Weichen sind die Innenschienen zum Seildurchlauf unterbrochen. Daher mussten die Wagen mit den für Standseilbahnen üblichen Radsätzen ausgerüstet werden. Die äusseren Räder erhielten zwei Spurkränze, und die Innenräder wurden als breite Rollen ausgeführt. Gleichzeitig sind die Wagen auch auf der bisher geschlossenen Seite mit Türen versehen worden.

Mit diesen technischen Ausrüstungen ist die untere Bergbahn jahrzehntelang ohne Störungen und Unfälle betrieben worden. Lediglich wegen der Kohlenknappheit standen im Winter 1918/19 die Räder still, ebenso zum Ende des 2. Weltkrieges beim Einmarsch amerikanischer Truppen zwischen dem 29.3. und 12.5.1945. Da im Laufe der fünfziger Jahre das Platzangebot bezüglich des immer grösser werdenden Beförderungsbedürfnisses, insbesondere zum Schloss, öfter nicht ausreichend war, befasste sich die Strassenbahngesellschaft jahrelang mit der Schaffung besserer Beförderungsmöglichkeiten zum Schloss. Hierfür wurde neben der Erneuerung der Bergbahn mit einer Vergrösserung des Platzangebotes und Erhöhung der Fahrgeschwindigkeit auch der Bau einer Rolltreppe zum Schloss erörtert. Beides wurde eingehend untersucht und auch Projekte dafür ausgearbeitet. Dadurch, dass die Bergbahn ohnedies erneuert werden musste, ergab sich die Frage, ob nicht die untere Bahn zwischen Kornmarkt und Schloss vollständig durch den Bau einer Rolltreppe ersetzt werden könnte. Dadurch hätte aber der Abschnitt zwischen Schloss und Molkenkur für die Bergbahn erhalten bleiben müssen, wobei verhältnismässig hohe Umbau- bzw. Erneuerungskosten entstanden wären. Auch wurde berücksichtigt, dass es Menschen gibt, die die Benützung einer Rolltreppe grundsätzlich ablehnen, und so ein Teil der Schlossbesucher dann kein Beförderungsmittel gehabt hätte. Aus diesen Erwägungen heraus entschloss man sich, die Bergbahn zu erneuern.

So wurde am 25.9.1961 die alte Anlage ausser Betrieb gesetzt. An ihre Stelle trat eine nach dem damaligen neuesten Stand der Technik angelegte Bahn, die vollautomatisch arbeitete. Insofern kann die Bahn auch ohne Maschinisten durch Signalgebung des Wagenführers betrieben werden. Der Neubau bedeutete auch zugleich eine Abkehr von der alten Zahnradtechnik, denn die neue Bahn wird ohne Bremszahnrad betrieben. Der bisherige Schottergleiskörper wurde durch einen Betonkörper ersetzt und die alten Schienen gegen neue Keilkopfschienen ausgewechselt. Auch erfolgte eine vollständige Erneuerung der Stationsgebäude am Kornmarkt und am Schloss. Zur Beschleunigung des Fahrgastwechsels ist an allen drei Stationen eine Trennung der ein- und aussteigenden Fahrgäste vorgenommen worden.

Die neuen Bergbahnwagen sind als Gliederzüge konzipiert und können 100 Personen aufnehmen. Ihre Geschwindigkeit beträgt bis zu 4 m pro Sekunde; doppelt so viel wie bei der alten Bahn. Die Wagenkasten stammen von der Firma Waggonfabrik AG in Rastatt, die Fahrwerke von der Firma von Roll in Bern (Schweiz). Zur Betriebssicherheit erhielten die beiden Gliederzüge jeweils vier Bremszangen, die auf die Keilkopfschienen wirken und als Fangbremsen wirken.

Die Lichtstromversorgung erfolgt über eine Oberleitung mit 220 Volt Wechselstrom, während eine zweite nur 12 Volt Gleichstrom führende Fahrleitung zur Steuerung der Anlage dient.

Die elektrische Anlage, die sich grundlegend von der alten Bahn unterscheidet, lieferte und montierte die Firma AEG.

Am Ostersamstag, 26.4.1962, konnte der Fahrbetrieb wieder aufgenommen werden. Während der Umbauzeit hatte es einen Ersatzverkehr mit Omnibussen gegeben. Die neue Bergbahn wurde vom Publikum gut angenommen. Jährlich werden annähernd 900 000 Fahrgäste befördert. Die Bergbahn stellt, nach wie vor, eine besondere Attraktion für Heidelberg als Universitäts- und Fremdenstadt dar.

Die Obere Bahn Molkenkur–Königstuhl

Die günstigen Ergebnisse der unteren Bahn, sowohl hinsichtlich der Betriebssicherheit wie der Benutzung durch das Publikum, liessen schon bald den Gedanken aufkommen, die Bahn zu der gleichfalls viel besuchten höchsten Erhebung Heidelbergs, dem Königstuhl, zu verlängern.

Vorarbeiten in dieser Richtung erfolgten schon frühzeitig; jedoch erst mit Aufkommen des Wintersports in der Umgebung von Heidelberg seit Anfang dieses Jahrhunderts und die Errichtung eines Elektrizitätswerkes gaben Veranlassung, dem Projekt ernsthaft näherzutreten, denn diese Umstände waren auf den Verkehr wie die Betriebskosten von günstigem Einfluss. Schliesslich wurde im Frühjahr 1905 der Bau endgültig beschlossen und die Ausführung der mechanischen und elektrischen Betriebsmittel der Firma Brown, Boveri & Cie., Mannheim übertragen, die ihrerseits mit den L. von Rollschen Eisenwerken in Bern wegen Ausführung des mechanischen Teils in Verbindung trat. Beide Firmen hatten zusammen in der Schweiz schon mehrere Bergbahnen mit Erfolg erbaut. Der Entschluss, die neue Bahn mit Elektrizität zu betreiben, hatte, wie bereits erwähnt, die Folge, auch die untere Bahn für den elektrischen Betrieb umzubauen, da sich die Betriebsart viel kostengünstiger stellte. Nach Erhalt der Genehmigung begannen im Sommer 1905 die Bauarbeiten. Das Stationsgebäude auf dem Königstuhl wurde im September 1906 fertiggestellt. Nach einer 2jährigen Bauzeit kam die obere Bahn am 28. Mai 1907 in Betrieb. Die Bahnlinie in ihrer gesamten Ausdehnung besitzt zwei vollständig getrennte Teilstrecken, so dass bei der Station Molkenkur von der unteren zur oberen Bahn umgestiegen werden muss. Diese Teilung, die vielfach angefochten wurde, gestattet aber in der gleichen Zeit eine unterschiedliche Fahrtenzahl auf den Teilstrecken je nach Bedarf durchzuführen. Diesem Vorteil standen aber die Nachteile des Umsteigens und die Einrichtung zweier Betriebsstationen mit Ausrüstung und Bedienungsmannschaft gegenüber.

Die obere Bahn beginnt im Anschluss der Endstation der unteren Bahn, setzt sich mit grosser Steigung und in zwei schlanken Kurven über die Weggabelung hinter der Molkenkur bis zur

Ausweiche hinweg, um von da in gerader Richtung und stets wachsender Steigung zum Königstuhl zu gelangen. Die Höhendifferenz zwischen der Station Molkenkur und der Station Königstuhl beträgt 260,5 m. Die Länge der Bahn beträgt in der Horizontalen gemessen 974 m und in der Steigung 1020 m. Die Anfangssteigung an der Station Molkenkur beträgt 27%, in der Mitte der Ausweiche 22% und die Endsteigung 40,9%. Die Gleisanlage besteht, wie bei Bergbahnen üblich, aus Keilkopfschienen. Die Schienen sind auf eisernen Querschwellen mit 1000 mm Spurweite verlegt. Durch Anwendung der Schienenbremse konnte auf die Zahnstange verzichtet werden. Das Gleisbett entspricht in der Bauweise dem der alten unteren Bahn.

Das Drahtseil ist ein verzinktes Rundlitzenseil mit einem Durchmesser von 30,3 mm. Das Seil ist auf der Strecke, wie bei der alten unteren Bahn, auf Rollen gelagert und läuft in der Maschinenanlage zunächst über ein Ablenkrad, dann über das Treib- und Umlenkrad in zweimaliger Umwicklung wieder auf die Strecke. Während sämtliche Seilscheiben bei der alten unteren Bahn in gleicher Neigung wie der letzte Streckenabschnitt lagen, sind sie bei der oberen Bahn vertikal angeordnet. Als Antrieb dient ein Gleichstrom-Nebenschlussmotor für 600 Volt Spannung. Auf dem Führerstand der Antriebstelle – in der Bergstation Königstuhl – befindet sich ein Indikator, der dem Maschinisten die jeweilige Stellung der Wagen auf der Strecke anzeigt, ein Geschwindigkeitsmesser, ein Handrad für die Handbremse und ein Hebel für die automatische Bremse. Die Handbremse ist eine einfache Spindelbremse und wirkt auf eine mit dem Windwerk verbundene Bremsscheibe. Die automatische Bremse dagegen dient als Notbremse. Sie besteht aus zwei hölzernen Bremsbacken, die durch eine Spindel bewegt auf eine Bremsscheibe wirken. Bei automatischer Bremsung wird ein an einem Drahtseil hängendes Gewicht zu Fall gebracht. Hierdurch rollt sich das Drahtseil ab und dreht dabei die Spindel, welche die Bremsbacken anzieht.

Die beiden von der Firma Heinrich Fuchs Waggonfabrik AG, Heidelberg, gelieferten Wagen hatten ursprünglich zwei geschlossene Abteile für je 10 Sitzplätze und hinten und vorne zwei offene Abteile für je 15 Stehplätze; im vorderen Abteil waren Klappsitze angebracht, mittels deren her anstelle von 15 Stehplätzen 10 Sitzplätze geschaffen werden konnten. 1924 erfolgte der Einbau von geschlossenen Plattformen. Danach waren die Wagen für 20 Steh- und 30 Sitzplätze zugelassen. Sämtliche Abteile werden elektrisch beleuchtet. Der Strom hierfür wird aus einer besonderen, an Auslegern angebrachten Oberleitung entnommen. Die Fahrgeschwindigkeit beträgt maximal 2 m pro Sekunde.

Die Bremsung der Wagen erfolgt derart, dass der keilförmige Schienenkopf von einer am Wagengestell befestigten Zange fest umfasst wird. In jedem Wagen sind drei solcher Zangen eingebaut, die alle auf der Wagenseite, auf der das Rad mit den Doppelspurkränzen läuft, angebracht sind. Die vorderste Zange, die vor der bergseitigen Achse sitzt, ist die Handbremse des Wagens. Sie kann nur vom Wagenführer mittels Handkurbel von den Plattformen bedient werden. Die beiden anderen Zangen bilden die automatische Bremse. Diese kann vom Wagenführer entweder mittels Fusspedal bedient werden oder tritt bei evtl. Seilbruch automatisch in Funktion.

Die Signaleinrichtungen sind die gleichen, wie sie bei der alten unteren Bahn bestanden.

Die Beförderungszahlen auf der gesamten Bergbahn stiegen nach der Betriebsaufnahme der oberen Bahn ständig an. Besonders durch die Möglichkeit, auch im Winter den Fahrbetrieb aufrechtzuerhalten, wurde der Wintersport auf dem Königstuhl – Einrichtung einer Rodelbahn – gefördert. 1947 erreichten die Beförderungszahlen der Bergbahn mit 1,4 Mio. Personen den absoluten Höchststand. Nur nach Kriegsende 1945 war der Betrieb der oberen Bahn vom 29.3. bis 21.10. unterbrochen.

Die zunehmende PKW-Benutzung bewirkte bei der Bergbahn ab 1964 einen stetigen Beförderungsrückgang. Hinzu kam, dass die Einheimischen vielfach auch den Bus zum Kohlhof der Bergbahn vorzogen. Dies gab Anlass für Überlegungen, durch entsprechende Massnahmen die Attraktivität und Wirtschaftlichkeit der Bergbahn zu erhöhen. Daher errichtete die Strassenbahngesellschaft zwischen 1969 und 1971 ein Parkhaus mit Hotel, Imbissstube und kleinen Läden über der Talstation Kornmarkt, um mehr Besucher des Schlosses und des Stadtwaldes zu bewegen, dort zu parken und die Bergbahn zu benutzen. Der Bau dieses Parkhauses erforderte für die Bergbahn zeitweilig ein Ersatzverkehr mit Omnibussen (3.11.1969 – 26.3./15.4.1970). Darüber hinaus entstand auf dem Königstuhl ein Märchenparadies (am 30.3.1972 eröffnet) zur Erschliessung des Erholungsgebietes und zusätzlichen Belebung des Bergbahn-Verkehrs. Seit 1975 wird das Märchenparadies von einem Pächter betrieben.

Der Turmaufzug

Ein beliebtes Fahrziel auf den Königstuhl war von jeher der Aussichtsturm (568 m ü. d. M.). Zur Hebung des Fremdenverkehrs auf beiden Bergbahnen wurde am 11.4.1911 auf diesem Aussichtsturm ein elektrisch betriebener Personenaufzug in Betrieb genommen. Er war für eine Beförderung von 9 Personen einschliesslich Führer eingerichtet. Die Antriebsstation befand sich im Walde in einem Blockhaus östlich des Aussichtsturmes und bestand hauptsächlich aus einem Elektromotor von 19 PS, dem Anlasser und dem Windwerk, von dem die Last- und Gewichtsseile durch einen unterirdisch gemauerten Kanal zu dem Fahrstuhl führten. Für die obere Station hatte der Turm einen erkerförmigen Aufbau erhalten. Die Inbetriebnahme des Aufzuges erfolgte von einer Kabine aus, wobei der Strom von 550 Volt Spannung, wie für die Bergbahn, aus dem Strassenbahnnetz entnommen wurde. Der Aufzug selbst wurde von der Firma Mohr & Federhaff in Mannheim in Verbindung mit den Siemens-Schuckert-Werken ausgeführt. Von der Plattform des Aussichtsturmes erschloss sich ein herrlicher Ausblick auf die Umgebung Heidelbergs, die Rheinebene und über die Höhen des Odenwaldes.

1959 entstand unweit des alten Aussichtsturmes ein Fernsehturm. Innerhalb dieses neuen Turmes wurde ein für 10 Personen zugelassener Turmaufzug der Firma Mohr & Federhaff eingebaut und am 5.11.1960 in Betrieb genommen. Der alte Aussichtsturm dagegen wurde abgebrochen. Während der alte Aufzug eine Geschwindigkeit von 0,8 m pro Sekunde hatte, fährt der neue Aufzug mit 1,25 m pro Sekunde.

Im Zuge einer Straffung und Konsolidierung des Leistungsprogrammes der HSB wurde der Turmaufzug am 1.8.1975 an die Stadt abgegeben, die ihn an Dritte verpachtete.

Projekt Heiligenbergbahn

Der Gedanke, den Heiligenberg durch eine Bergbahn zu erschliessen tauchte erstmals im Jahre 1909 auf. Den Anlass hierzu gab das grosse Interesse der Stadt- und Strassenbahnverwaltung, den stetig wachsenden Fremdenverkehr nach Möglichkeit festzuhalten, den die Königstuhlbahn an Sonntagen und schönen Nachmittagen wie auch im Winter beim Schneesport nicht mehr zu bewältigen vermochte. Infolgedessen lag es nahe, die touristisch fast noch ganz unerschlossenen herrlichen Höhenzüge und Waldstrecken des Heiligenberges durch eine ähnliche Bergbahn, wie die an der Schlossseite, zugänglich zu machen.

Hauptsächlich standen zwei Projekte zur Diskussion. Eines davon sah eine «Verkehrsbahn» von Neuenheim zum Aussichtsturm vor. Von dem zweiten Projekt, das durch die Strassenbahndirektion favorisiert wurde, gab es zwei Varianten. Beide hatten den Ausgangspunkt bei der Alten Brücke, und sahen entweder den vorderen Gipfel des Heiligenberges (380 m) oder den Hauptgipfel (445 m) als Endpunkt vor.

Um 1912 waren Planungen für einen Schrägaufzug von der Gabelsbergerstrasse zur Mönchberghütte in Bearbeitung. Dieser Schrägaufzug sollte Strassenbahnwagen auf einer Tribüne hochbefördern, die dann ab Mönchberghütte mit Eigenantrieb Höhenrundfahrten auf dem Gebiet des Heiligenberges (Schleife um den Berg nach dem Zollstock, und Schleife nach der unteren Seite zurück zum Aussichtsturm) durchführen sollten. Die Vorarbeiten zu diesem Projekt waren bereits abgeschlossen und auch das Gelände war erworben, als der Erste Weltkrieg ausbrach und das Projekt zum Scheitern brachte.

Erhebliche technische Fortschritte im Bau von Seilbahnen und ihrer Einrichtung an vielen Fremdenverkehrsorten gaben 1954 Anlass, das Projekt Heiligenbergbahn neu zu prüfen. Hierbei standen vier Trassenführungen zur Erörterung:

Trasse A: Karl-Theodor-Brücke (Alte Brücke, Nähe Schlangenweg) – Nähe Stefanskloster
Trasse B: Mönchbergsteige – Bismarcksäule (Winkelstation) – Nähe Stefanskloster
Trasse C: Grundstück Neuenheimer Landstrasse Nr. 18 – Nähe Stefanskloster
Trasse D: Hainsbachweg (beim Spielplatz) – Plateau beim Gasthaus «Zur Waldschänke»

Zwischen 1961 und 1966 wurden weitere Verhandlungen geführt. Schliesslich beschloss am 4.3.1965 der Städtische Beirat des Fremdenverkehrs den Bau der Seilschwebebahn auf den Heiligenberg. Aber ausser einer grundsätzlichen Befürwortung dieser Planung kam es bisher zu keiner definitiven Entscheidung, welche Trasse diese Seilbahn benutzen solle.

Der Omnibus

Die zunehmende Besiedlung des Stadtteils Schlierbach und der jenseits des Neckarufers gelegenen Gemeinde Ziegelhausen liess schon frühzeitig einen Omnibusbetrieb in Heidelberg entstehen. Zunächst hatten die dortigen Einwohner um eine Strassenbahnverbindung mit Heidelberg nachgesucht. Diesem Ersuchen konnte aber nicht entsprochen werden, weil die Direktion der Badischen Staatsbahn die Kreuzung der Strassenbahn mit den Staatsbahngleisen nicht mehr gestattete, diese aber bei zwei Niveaukreuzungen der Staatsbahn mit der Schlierbacher Landstrasse notwendig gewesen wäre.

Aus gleichem Grund musste auch — wie schon berichtet — vorerst von der Ausführung des Strassenbahnprojektes Heidelberg–Kirchheim Abstand genommen werden.

Daher beschloss man, einen Versuch mit Omnibussen durchzuführen. Von der Autowagenfabrik, Firma Gebrüder Stoewer in Stettin, beschaffte man zunächst drei geschlossene Wagen, die mit einem Vierzylinder-Motor von 24/28 PS ausgerüstet waren und 18 Sitz- und 14 Stehplätze hatten. Die äussere Farbgebung war in Weiss mit blauen Seitenfeldern gehalten.

Die Anlieferung erfolgte Anfang **Oktober 1905**, so dass, nachdem die Schofföre eingefahren waren, der Betrieb auf der Linie Karlstor–Schlierbach am 29.10.1905 eröffnet werden konnte.

Am 14.12.1905 fand auch die Eröffnung der Linie Hauptbahnhof–Bahnhofstrasse–Römerstrasse–Kirchheim mit einem Wagen statt. Sie erwies sich jedoch infolge des konkurrierenden Lokalzugverkehrs als unrentabel und wurde daher am **15.7.1906** wieder eingestellt.

Besonderer Beliebtheit erfreuten sich dagegen die beiden ebenfalls von der Firma Stoewer beschafften offenen Omnibusse, mit denen in den Sommermonaten Ausflugsfahrten durchgeführt wurden.

1906 rüstete man drei Omnibusse zu Lastwagen um und setzte sie beim Bau der Bergbahn Molkenkur–Königstuhl zu Materialtransporten ein. Aus diesem Grund konnten eine in Aussicht genommene neue Verbindung Heidelberg–Schwetzingen und die Rundfahrten ins Nekkartal nicht ausgeführt werden.

Am **15.3.1910** musste die Linie Karlstor–Schlierbach eingestellt werden, weil der Bau der elektrischen Strassenbahn ein Befahren der von den Omnibussen benutzten Landstrasse nicht mehr zuliess.

Danach existierte jahrelang kein Omnibusbetrieb mehr. Erst ab **17.12.1928** verkehrten wieder Omnibusse, und zwar auf einer Ringlinie Weststadt–Neuenheim. Hierfür waren zunächst drei Fahrzeuge angeschafft worden. Für eine geplante Ausdehnung des Busbetriebes und die Durchführung von Ausflugsfahrten kamen vier weitere Omnibusse hinzu. Die Ringlinie musste aber wegen Unrentabilität zum **24.1.1929** auf den beiden Teilabschnitten Kaiserstrasse–Güterbahnhof und Werderplatz–Schlachthof–Güterbahnhof wieder eingestellt werden. Ein am 7.7.1930 eingerichteter Schnellverkehr Hauptbahnhof–Wiesloch, der als Vorläufer für einen solchen auf der Schiene gedacht war, konnte sich nicht halten und musste daher am 6.9. des selben Jahres wieder aufgegeben werden. Die Linie Weststadt–Neuenheim erfuhr am **17.11.1930** eine Kürzung auf die Relation Franz-Knauff-Strasse–Bimarckplatz und wurde zum **1.10.1931** ganz eingestellt.

Fortan beschränkte sich der Omnibusbetrieb nur noch auf den Gelegenheitsverkehr. Neben Vereins- und Ausflugsfahrten fanden auch Auslandsfahrten statt.

Ab **25.7.1936** fuhren auch an Sonn- und Feiertagen Omnibusse vom Bismarckplatz zum Tiergarten.

1938 wurde der Autobusbetrieb durch Aufnahme der Geschäfte eines Autobus-Reise-Betriebes ausgedehnt. Vom gleichen Zeitpunkt an führte die Omnibusabteilung selbständig Gesellschaftsreisen durch.

Mit Kriegsausbruch wurden die Autobusse von der Militärbehörde beschlagnahmt. Deshalb war der Betrieb auf der Tiergartenlinie am 21.8.1939 eingestellt worden.

Am **1.1.1940** erfolgte die Übernahme der Firma «Heidelberger Rundfahrt- und Autobus-Verkehrsgesellschaft mbH.» (HERAG). Diese Gesellschaft bestand bis 1957.

Nach Kriegsende fanden die noch vorhandenen Autobusse bei Betriebsstörungen und zur Entlastung des Strassenbahnbetriebes im Spitzenverkehr ihr Einsatzgebiet.

Seit Sprengung der Hindenburg-Brücke war die Chirurgische Klinik verkehrsmässig abgeschnitten. Infolge Reifenmangels und der Schwierigkeit mit der Ersatzteilbeschaffung gelang es erst am **21.7.1947**, die Chirurgische Klinik durch Eröffnung einer Omnibuslinie, die werktägig ab Bismarckplatz verkehrte, anzuschliessen.

Die starke Zunahme der Einwohnerzahlen in den Nachkriegsjahren liessen ein immer grösseres Beförderungsbedürfnis entstehen. Noch nicht vom Schienennetz erfasste Stadtgebiete sowie Nachbargemeinden, die ein Verkehrsinteresse zur Kreishauptstadt Heidelberg zeigten, wurden durch neue Buslinien an das Verkehrsnetz angeschlossen. So verlagerte sich das Hauptgewicht des Omnibusbetriebes immer mehr auf den Linienverkehr, obwohl in den fünfziger und sechziger Jahren ein verstärktes Geschäft mit Miet- und Programmfahrten der «Blauen Busse» im In- und Ausland betrieben wurde. Heute befindet sich diese Sparte fast ausschliesslich in der Hand des privaten Omnibusgewerbes. Ab **1962** übernahm der Omnibus auch Aufgaben einstiger Schienenstrecken. Neubaugebiete wurden seit dieser Zeit nur noch durch Omnibusse erschlossen. Daneben werden, wenn heute auch nur noch in geringem Umfang, Werks- und Schülerverkehre und Mietwagenverkehre durchgeführt. Stadtrundfahrten hingegen sind eine ständige gute Einrichtung geblieben.

1983 wurden im Omnibus-Linienverkehr bei 3 777 115 Wagenkilometer 11,3 Mio. Personen befördert. Zum Vergleich waren es im Jahre 1955 nur 2 Mio. Beförderungsfälle. Im gleichen Zeitraum wuchs die Linienlänge von 85 km auf 154,7 km.

Die wichtigsten Veränderungen des Omnibusbetriebes von **1948 bis 1984** sind nachstehend in chronologischer Reihenfolge aufgeführt:

15.08.48	Neu: Bismarckplatz–Tiergarten an Sonn- und Feiertagen
08.09.48	Neu: Heidelberg–Walldorf
17.10.48	Neu: Bismarckplatz–Speyerer Hof
05.12.48	Einstellung der Linie zum Tiergarten
14.02.49	Neu: Heiligkreuzsteinach–Kleingemünd
23.01.50	Pfaffengrund–Kirchheim probeweise eingerichtet
20.02.50	Einstellung dieser Linie wegen nicht ausreichender Frequenz
07.04.50	Wiederaufnahme des Verkehrs an Sonn- und Feiertagen zum Tiergarten; ab 30.8.50 auch mittwochs nachmittags
10.06.50	Verlängerung der Linie Heiligkreuzsteinach bis Neckargemünd nach Fertigstellung der Strassenbrücke
20.09.51	Neu: Bismarckstrasse–Königstuhl über Ehrenfriedhof, Speyerer Hof, Kohlhof. Dafür Wegfall der Linie Bismarckplatz–Speyerer Hof
18.05.52	Verlängerung der Linie Heiligkreuzsteinach bis Eiterbach
18.06.52	Kürzung der Linie Bismarckplatz–Königstuhl auf Bismarckplatz–Kohlhof
03.12.52	Neu: Humboldtstrasse–Lutherstrasse
25.04.53	Einstellung dieser Linie wegen Unrentabilität
23.05.53	Einstellung des Verkehrs zur Chirurgischen Klinik (Strassenbahn fährt wieder über Ernst-Walz-Brücke zur Chirurgischen Klinik)
11.06.53	Neu: Hauptbahnhof–Schloss–Wolfsbrunnen. Kürzung der Linie Bismarckplatz–Kohlhof auf Hauptbahnhof–Kohlhof
19.07.53	Einstellung der Linie Bismarckplatz–Tiergarten
26.07.53	Neu: Lutherstrasse (Kussmaulstrasse)–Tiergarten–Schwimmbad
29.11.53	Verlängerung der Linie Heiligkreuzsteinach–Neckargemünd bis Heidelberg, Bismarckplatz
29.03.54	Neu: Bismarckplatz–Hegenichhof (entstehende amerikanische Wohnsiedlung).
01.05.54	Neu: Bismarckplatz–«Neuer» Messplatz am Czernyring/Speyerer Strasse (Betrieb nur bei Messen und besonderen Anlässen)
31.05.54	Einstellung der Linie zum Wolfsbrunnen wegen Unrentabilität
01.08.54	Neu: Walldorf–Wiesloch/Walldorf-Bahnhof (Ex-Strassenbahn)
01.09.54	Neu: Hauptbahnhof–Schwabenheimer Hof
22.11.54	Wiedereröffnung der Linie zum Wolfsbrunnen

08.05.55		Sämtliche Buslinien fahren über neuen Hauptbahnhof (ausser Linie Kussmaulstrasse–Schwimmbad; nach Heiligkreuzsteinach erst ab 22.5.55) Pendelverkehr: alter Hauptbahnhof–neuer Hauptbahnhof
25.06.55		Einstellung der Linie zum Schwabenheimer Hof
5.12.55		Neu: Kirchheim–Pfaffengrund
19.12.55		Neu: Zubringerlinie Steinhofweg–Eppelheimer Strasse (ab 16.1.56 bis Bismarckplatz verlängert)
24.01.56		Verlängerung der Linie Kirchheim–Pfaffengrund bis Wieblingen
19.04.56		Verlängerung der Linie Hegenichhof durch die amerikanische Wohnsiedlung
30.06.56		Einstellung der Linie alter Bahnhof–Hauptbahnhof nach Eröffnung der Strassenbahn in der Neuen Strasse (= Kurfürsten-Anlage). Schnellverkehr Heidelberg–Wiesloch zur Entlastung der Strassenbahnlinie 8 im Spitzenverkehr
03.03.58		Neu: Leimen–St. Ilgen–Sandhausen Neu: Linie zur Thingstätte auf den Heiligenberg (Verkehr nur in den Sommermonaten)
01.07.59		Verlegung der bisher am alten Bahnhofsvorplatz befindlichen An- und Abfahrtsstelle zur Landhausstrasse
26.10.59		Versuchsweise Einrichtung der Linien Mühlingstrasse–Bunsengymnasium–Schwimmbad und Bunsengymnasium–Heiligenbergstrasse. Einstellung der Linie Steinhofweg–Bismarckstrasse. Dafür Zubringerverkehr Steinhofweg–Marktstrasse–Stotz-Kontakt–Kranichweg–Steinhofweg Führung der Linie zum Hegenichhof über Stadtteil Kirchheim
23.11.59		Einstellung der Linien Mühlingstrasse–Schwimmbad und Bunsengymnasium–Heiligenbergstrasse wegen zu geringen Zuspruchs
03.10.60		Weiterführung der Linie Walldorf-Stadt–Wiesloch/Walldorf-Bahnhof nach Wiesloch-Stadt
17.07.61		Einstellung des Schnellverkehrs Heidelberg–Wiesloch

Im November 1961 erhielten sämtliche im Linienverkehr eingesetzten Omnibusse Liniennummern, um den Fahrgästen den Überblick zu erleichtern. Die einzelnen Linien erhielten folgende Nummern:

Nr. 21	Hauptbahnhof–Speyerer Hof–Kohlhof
Nr. 22	Hauptbahnhof–Schloss–Wolfsbrunnen
Nr. 23	Landhausstrasse–Thingstätte (nur während der Sommermonate)
Nr. 24	Landhausstrasse–Hegenichhof
Nr. 25	Kussmaulstrasse–Schwimmbad
Nr. 26	Stotz-Kontakt–Steinhofweg
Nr. 27	Kirchheim–Pfaffengrund–Wieblingen
Nr. 36	Walldorf–Wiesloch
Nr. 37	Leimen–Sandhausen
Nr. 41	Landhausstrasse–Walldorf
Nr. 42	Hauptbahnhof–Heiligkreuzsteinach

27.05.62	35	Neu: Karlstor–Schlierbach–Neckargemünd (Ex-Strassenbahn Linie 4/5), in Neckargemünd Weiterführung vom Hanfmarkt über Stadttor zur Eichendorffstr.
	42	Übergabe des Verkehrs nach Heiligkreuzsteinach an die Deutsche Bundesbahn
02.11.62	28	Neu: Rohrbach–Kühler Grund (Boxberg)
18.01.65	34	Neu: Karlstor–Ziegelhausen, Neckarweg
19.12.65	28	Verlängerung zum Fernheizwerk und zum Haselnussweg
20.02.66	35	Einführung des Einmannbetriebes
03.04.66	34/35	Einstellung der Strassenbahnlinie 4, dafür Erweiterung der Linie 35 bis Wieblingen. Linie 34 bis Heidelberg, Römerstrasse verlängert
01.05.67	34	Einstellung zwischen Karlstor und Römerstrasse

Datum	Linie	Beschreibung
03.09.67	34	Verkehr nur noch in der Hauptverkehrszeit und nur an Werktagen
	29	Neu: Parkhaus–Steigerweg–Boxberg
17.11.69	27	Erweiterung bis Wieblingen, Edinger Strasse in Höhe Käfertaler Strasse
11.01.70	25	Streckenänderung wegen Schliessung der Tiergartenstrasse. Ab Chemisches Institut über Geologisches Institut–Studentenwohnheim zum Zoo
11.05.70	30	Neu: Rohrbach-Markt–Hasenleiser
30.08.70	28	Betriebseinstellung und Ersatz durch neu geordnete Linie 29
	29	Neue Fahrtroute: Heidelberg-Parkhaus–Rohrbach Süd–Emmertsgrund–Boxberg. Die bisherige Strecke über Steigerweg–Ehrenfriedhof wurde aufgehoben.
07.09.70	37	Zusatzverkehr: St. Ilgen–Nussloch
01.02.71	33	Neu: Rundfahrt durch Eppelheim: Eppelheim-Süd–Eppelheim-Nord
18.07.71	36	Verkehr wird von der SWEG übernommen
01.08.71	33	Im Einverständnis mit der Gemeinde Eppelheim wird diese Linie wegen zu geringer Inanspruchnahme wieder eingestellt
01.09.71	22/23	
	24	Entfallen.
	37	Wird auf zwei Schülerfahrten zwischen Sandhausen und Leimen reduziert. Die Strecke nach Nussloch entfällt.
10.10.71	42	Neu: Parkhaus-Sandhausen (nur Hauptverkehrszeit). In Kirchheim fahren die Busse über Breslauer Strasse und Pleikartsförsterstrasse
01.10.72	40	Neu: Bismarckplatz–Hauptbahnhof–Kirchheim, Rathaus–Hasenleiser–Rohrbach-Markt bzw. Kirchheim-Friedhof–Rohrbach-Markt (teilweise Ersatz für Strassenlinie 6)
	30	Entfällt
15.01.73	26	Verkehr nur mehr im Uhrzeigersinn: Stotz–Marktstrasse–Steinhofweg–Kranichweg–Stotz
02.05.73	37	Änderung der Linienführung. Neue Strecke in St. Ilgen über Tinqueux-Allee, Weidweg, Hirtenwiesenweg, Nussloch Strasse
17.06.73	8	Neu: Leimen–Wiesloch (Ex-Strassenbahnlinie 8) mit Führung bis Stadtbahnhof Wiesloch
01.09.73	42	Verlängerung von Sandhausen nach St. Ilgen
06.01.74	20	Neu: Eppelheim-Rathaus–Schwetzingen (Ex-Strassenbahnlinie 11)
	30	Linie 8 erhält die Nr. 30
01.06.74	31	Neu: Kirchheim–Rohrbach/Famila-Center–Boxberg
01.12.74	20	Endstelle in Eppelheim wird zur neuen Strassenbahnendstelle an der Schwetzinger Strasse verlegt.
	25	Änderung der Fahrtroute ab Bunsengymnasium über Berliner Strasse–Jahnstrasse–Kirschnerstrasse–Hofmeisterweg zum Zoo und Schwimmbad. Die Fahrt zum Bundesleistungs-Zentrum entfällt. Im Abendverkehr und an Sonn- und Feiertagen endet die Linie an der Jahnstrasse.
	29	Anfangs- und Endpunkt der Linie ist vom Parkhaus zum Bismarckplatz verlegt. Im Boxberg entfällt die Nordschleife Ginsterweg–Berghalde–Forstquelle. Die Busse verbleiben auf dem Boxbergring.
	41	Die Fahrten von Walldorf über Bruchhäuser Hof werden über die Haltestelle Sandhausen-Nord geführt. Ab dort fahren die Busse über folgende Strassen: Eichendorffstrasse–«Im Brasseler» und weiter wie bisher.
29.09.75	31	Neue Fahrtroute: Rohrbach-Markt–Rohrbach-Süd–Boxberg–Emmertsgrund. Die Fahrten über Kirchheim entfallen.
04.07.76	10	Neu: Hauptbahnhof–Universitätsplatz
	11	Neu: Schwimmbad–Universitätsplatz
	25	Einstellung der Linie wegen zu geringem Fahrgastaufkommen auf dem Abschnitt Chirurgische Klinik–Kussmaulstrasse. Die Bedienung des Schwimmbades übernimmt die neue Linie 11.
	34	Linie wird bis Wieblingen verlängert und damit zur Bedienung der Altstadt herangezogen. Verkehr in Richtung Ziegelhausen auf der Südtangente, in Richtung Wieblingen über Nordtangente.

Datum	Linie	Änderung
29.08.76	10/11	Änderung der Streckenführung: Ab Römerkreis fahren die Omnibusse beider Linien über Römerstrasse–Bergheimer Strasse zum Bismarckplatz
	21	Omnibusse halten vor dem Parkhaus Bahnhofstrasse
14.03.77	31	Einführung einer Zwischenfahrt vom Emmertsgrund zum Haselnussweg (Iduna-Zentrum)
02.05.77	36	Neu: Leimen/Ausweiche-St. Ilgen/Probster Wald
22.08.77	34	Streckenführung durch die Mönchgasse
25.09.77	33	Neu: Ziegelhausen-Kirche–Freizeitzentrum «Köpfel»
26.09.77	35	Verlängerung der Linie zum Reha-Zentrum Neckargemünd
12.04.78	40	Änderung der Linienführung: Direkter Anschluss der Freiburger Strasse an die B 3, Ortenauer Strasse und Kolbenzeil werden nicht mehr befahren
28.04.78	41	Änderung der Streckenführung: Linie endet am Sportzentrum in Sandhausen.
	43	Neu: Leimen–Walldorf über Sandhausen mit Stichfahrten zum Bruchhäuser Hof.
	30	Nussloch wird nur noch jede zweite Fahrt angefahren. Umfahren der Gemeinde Nussloch über die Neue B 3
02.05.78	30/37	
	41/43	Einschränkungsmassnahmen zurückgenommen (Nussloch und Walldorf beteiligen sich an den gemeinwirtschaftlichen Lasten)
20.06.78	20	Wegen Neugestaltung des Schlossplatzes in Schwetzingen Wendefahrt über Karlsruher Strasse–Bismarckstrasse–Friedrichstrasse
28.08.78	40/41	
	42	Neue Verkehrsführung im Bereich Karl-Benz-Strasse/Hebelstrasse/Czernyring. Karl-Benz-Strasse wird Einbahnstrasse in Richtung Kirchheim. Rückfahrt über Hebelstrasse–Czernyring
25.09.78	40	Änderung der Linienführung im Bereich Ortenauer Strasse–Kolbenzeil in Richtung Kirchheim
17.11.78	11	Verlängerung zum Sportzentrum Nord
01.01.79	33	Änderung der Linienführung: Bismarckplatz–Neuenheimer Landstrasse–Neckarhalle–Ziegelhausen/Ebertplatz (= Neckarschule)–Peterstaler Strasse–Rainweg–Freizeitzentrum «Köpfel».
	34	Verlängerung der Strecke bis Ziegelhausen/Heidebuckelweg und Führung über Heidelberg Hauptbahnhof. Gemeinschaftsverkehr mit der Bundespost
17.06.79	34/35	Verlegung der Endstelle in Wieblingen von der Käfertaler Strasse an die B 37 in Höhe der Einfahrt der Müllverbrennungsanlage
30.11.79	32	Neu: Rohrbach-Süd–Boxberg (wie Linie 29) kleine Schleife Emmertsgrund–Rohrbach-Süd. Verkehr abends und an Sonn- und Feiertagen vormittags.
	29	Stellt den Verkehr abends und an Sonn- und Feiertagen vormittags ein (siehe Linie 32).
	31	Verkehrt nur noch zwischen Gewerbegebiet Rohrbach-Süd und Emmertsgrund
12.01.80	35	Einsatz von Schubgelenkbussen mit Hebebühne für Behinderte mit Rollstuhl — auf jedem zweiten Kurs
03.03.80	31	Schleifenfahrt über Haselnussweg entfällt
10.08.80	31	Änderung der Linienführung: Gewerbegebiet Rohrbach-Süd–Emmertsgrund (ohne Schleifenfahrt über Boxberg/Altenheim)
02.02.81	42	Änderung der Wendefahrt in Sandhausen: Büchertstrasse–Grosse Lachstrasse–Albert-Schweitzer-Strasse–Ziegelhüttenweg–Büchertstrasse
31.05.81	41	Änderung der Fahrtroute in Walldorf: Ab Haltestelle «Schwimmbad Ost» über Rennbahnstrasse–Zimmerstrasse–Evang. Kirche–Kanzelweg zum Sambugaweg und zurück über Rathaus
10.10.82	10	Verkehrt nur noch zwischen Bismarckplatz und Universitätsplatz
07.05.83	20	Schleifenfahrt Friedhofstrasse in Eppelheim entfällt
21.09.83	30/36	Beide Linien enden am Friedhof in Leimen
25.05.84	42	Bereinigung der Linienführung in St. Ilgen und Aufnahme der Bedienung von Kirchheim West.

Der Fährbetrieb

In den letzten Kriegstagen erfolgte kurz vor Einmarsch der Amerikaner die Sprengung sämtlicher Neckarbrücken. Um die auf der nördlichen Neckarseite gelegenen Stadtteile wieder verkehrsmässig mit dem Stadtteil zu verbinden, wurde als Ersatz für die Friedrichsbrücke am **11. April 1945** im Zuge der Lutherstrasse ein Fährbetrieb mit zwei Ruderbooten für jeweils 25 bzw. 30 Personen aufgenommen. Die Erstellung einer Holzbrücke machte am **21. November 1945** den Fährbetrieb wieder entbehrlich.

Für die an der Neuenheimer- und Ziegelhauser Landstrasse wohnenden Personen richtete man unterhalb der Alten Brücke am **4. April 1946** ebenfalls einen Fährbetrieb ein. Es kam zunächst ein Ruderboot für 30 Personen und ab 14. Mai des selben Jahres ein gemietetes Motorboot für 60 Personen zum Einsatz. Nach Wiederaufbau der Alten Brücke wurde der Fährbetrieb am **26. Juli 1947** eingestellt.

Die Strassenbahngesellschaft hatte 1945 nach Sprengung der Neckarbrücken auch eine elektrische Personen- und Wagenfähre in Auftrag gegeben. Diese sollte die vom Fuhrverkehr stark beanspruchte Holzbrücke entlasten und auch bei deren Beschädigung als Ersatz dienen, bis die Beton-Friedrichsbrücke fertiggestellt war. Nach Auslieferung der Fähre und Fertigstellung der Landeköpfe erfolgte zum **8. August 1948** die Betriebsaufnahme. Dennoch blieb die Fähre nur bis zum **21. Oktober 1948** probeweise in Betrieb. Sie wurde nach Hassmersheim abgegeben, wo sie dem Vernehmen nach auch heute noch eingesetzt ist.

Das Reisebüro

1939 wurde mit der Übernahme der Vertretung des «Mitteleuropäischen Reisebüros» (MER) und des «Norddeutschen Lloyd» am ehemaligen Bahnübergang in der Rohrbacher Strasse ein Reisebüro eröffnet. Nach dem Krieg kamen die Büroräume in das Verwaltungsgebäude der Strassenbahn am Bismarckplatz, Bergheimer Strasse Nr. 4. Der zunehmende Reiseverkehr brachte neue Aufgaben und weitere Vertretungen (DER-Reisebüro, Hapag-Lloyd Bremen, JATA, ADAC Triptik-Ausgabestelle). Das Reisebüro betrieb den Verkauf von Eisenbahnfahrkarten, Schiffs- und Flugreisen für das In- und Ausland und vermittelte Gesellschaftsreisen sowie Hotelunterkünfte. Anfang 1971 zog das Reisebüro aus dem zwischenzeitlich aufgegebenen Verwaltungsgebäude in einen hierfür aufgestellten Pavillon am Bismarckplatz um. Mit der Fertigstellung des Woolworth-Neubaus fand der Umzug in die dortigen Räume Anfang 1973 statt.

Am 1.10.1975 erfolgte die Ausgliederung des Reisebüros aus der Gesellschaft. Seitdem wird es als HS-Reisebüro in der Rechtsform einer GmbH weitergeführt.

Betriebshöfe und Werkstätten

Pferdebahnhof

1885 wurde an der Alten Bergheimer Strasse Nr. 7 ein Pferdebahnhof erbaut, der Stallungen für 40 Pferde, Geschirrkammer und Magazin, 2 Wagenremisen mit 1 bzw. 2 Gleissträngen sowie Schmiede, Sattlerei und Holzarbeiter Werkstätten umfasste. Im Laufe 1890 musste die offene Wagenremise zur Unterbringung von vier zu beschaffenden Sommerwagen vergrössert werden.

1892 kam noch ein Seuchenstall und eine Beschlaghalle hinzu. Der Ersparnis wegen wurde der Seuchenstall in einem nicht verwendeten Teil der einen Wagen-Remise errichtet. Der Seuchenstall brauchte aber niemals seinem eigentlichen Zweck zugeführt werden und fand daher lediglich als Magazin und Remise für Fuhrwagen Verwendung.

Nach der 1902 erfolgten Umwandlung der Pferdebahn auf elektrischen Betrieb gab man den Pferdebahnhof auf und verkaufte das Grundstück und die darauf befindlichen Gebäude.

Betriebshof Heidelberg

Für den elektrischen Betrieb hatte die Stadtgemeinde **1901/02** westlich des früheren Schlachthofes eine heute noch bestehende neue Wagenhalle mit Werkstätten errichtet. Diese 35,15 m breite und 47,50 m lange Wagenhalle nimmt 9 Gleise auf, die im vorderen Bereich mit Revisionsgruben versehen sind. Anfänglich waren hier 31 Wagen für den Personenverkehr und diverse Arbeitswagen untergebracht. Ein zehntes Gleis verlief ausserhalb parallel zur Südseite der Wagenhalle als sogenanntes «totes» Abstellgleis.

1915 kam ein neuer Hallenanbau hinzu, dessen nördlicher Teil als Wagenhalle diente, der aber ansonsten hauptsächlich zu Werkstätten ausgebaut worden war. Zu dieser Zeit waren im Betriebshof Heidelberg 58 Wagen für den Personenverkehr sowie eine Anzahl Arbeitswagen beheimatet.

Durch die laufende Ausdehnung des Streckennetzes und der damit verbundenen Vergrösserung des Wagenparks wurden Wagenhalle und Werkstätte immer beengter und man suchte nach Ausweichmöglichkeiten. Ein ausserhalb der Stadt erworbenes Gelände wurde wieder aufgegeben, weil das an den Betriebshof angrenzende Schlachthofgelände angeboten wurde. Wirtschaftliche Schwierigkeiten in der Nachkriegszeit verzögerten jedoch den Bau des neuen Schlachthofes, so dass erst **1957** dieses Gelände erworben werden konnte.

Hierauf entstand **1958/60** eine zusätzliche Wagenhalle und neue Gleisanlagen. Die neue Halle gliedert sich in einen Längstrakt von 136 x 24,5 m und einen Quertrakt von 30 x 25,5 m. 5 der 6 Gleise sind Abstellgleise und verlaufen auf einer Länge von 80 m über Revisionsgruben.

Nach dem erfolgten Umbau der Gebäude auf dem alten Schlachthofgelände wurde der gesamte Omnibusbestand dort untergebracht. Im März 1959 kam durch Umbau eines Schlachthofgebäudes noch eine Reparaturhalle mit Abschmiergrube für Busse hinzu, wodurch die bisherige Omnibuswerkstätte in der Emil-Maier-Strasse aufgegeben werden konnte.

Nach Erstellung einer neuen Weichenstrasse mit 2 Zufahrten über die Carl-Metz-Strasse (früher Schlachthausstrasse) konnte am 24.8.1960 die bisherige Zufahrt über die Bergheimer Strasse aufgegeben werden. Damit entfiel zugleich das gefährliche Rangieren durch Überfahren einer Hauptverkehrsstrasse unmittelbar vor der Autobahn. Die verkehrsbehindernde Umfahrung der Rangiergleise vor dem Betriebshof wurde anschliessend durch deren Entfernung und Verlegung der Durchfahrtsgleise in die Mitte der Bergheimer Strasse beseitigt. Rangierbewegungen wurden damit in das Betriebshofgelände und in die Carl-Metz-Strasse verlegt. Umsetzbewegungen konnten durch den Einbau eines Bereitstellungsgleises in der Carl-Metz-Strasse verringert werden. Auch die Zufahrt der Omnibusse erfolgte über die Carl-Metz-Strasse, wo neben dem Bereitstellungsgleis der Strassenbahn eine besondere Bereitstellungsspur für Omnibusse eingerichtet wurde.

1965 entstand an der Ostseite des Betriebshofes für Strassenbahnen und Busse eine neue Wartungshalle mit automatischer Waschanlage, die eine rationelle Fahrzeugwartung erlaubte.

Durch die **1972** aufgenommene Zusammenarbeit mit der «Zentralwerkstatt für Verkehrsmittel Mannheim GmbH (ZWM)» durch den Erwerb von Gesellschaftsanteilen sollte eine Verringerung der steigenden Betriebskosten erreicht werden. Grössere Reparaturen (z. B. Unfallschäden), Hauptuntersuchungen und Inspektionen an Strassenbahnen sowie Haupt- und Bremssonderuntersuchungen für Omnibusse finden seither auch in der ZWM in Mannheim statt. Die Triebwagen der HSB werden von der OEG hierzu über deren Strecke geschleppt.

Im September **1983** begannen die Arbeiten für eine neue Omnibuswerkstätte, in die teilweise die Südeinfahrt der 1958/59 erbauten Wagenhalle integriert wurde. In der am **18. Mai 1984** eingeweihten Werkstätte wird durch zeitgemässe und an dem Arbeitsablauf orientierte Arbeitsplätze ein wirtschaftlicherer Reparatur- und Wartungsdienst ermöglicht. Einem in der Nacht vom 23. zum 24.8.1984 auf dem Betriebshofgelände ausgebrochenen Grossfeuer fielen neben 4 Grossraumwagen auch ein Teil der Werkstatthalle der Strassenbahn mit der Schreinerei, Sattlerei, Elektronikwerkstatt zum Opfer. Infolge dieses Verlustes ist seither die Reparatur von Strassenbahnwagen ausserordentlich erschwert. Die Werkstatt wird an gleicher Stelle **1985**, neuen Erkenntnissen entsprechend, wieder aufgebaut.

Betriebshof Leimen

1905 wurde der bisher von der «Deutschen Eisenbahngesellschaft in Frankfurt/Main» betriebene Betriebshof der Vorortbahn Heidelberg-Wiesloch angekauft. Dieser Betriebshof verfügte in Leimen neben einem Betriebsgebäude über eine 6gleisige Wagenhalle mit angebauter Werkstätte, Reinigungsgruben und Wirtschaftsräumen. Hier waren seiner Zeit 28 Fahrzeuge für den Personen- und Güterverkehr stationiert. **1949/50** kam noch ein Anbau mit einem Gleis an der Westseite der Wagenhalle hinzu, in dem Arbeitswagen untergebracht waren.

Wegen des Baus einer Umgehungsstrasse musste **1958** ein Teil der Wagenhalle, die die Werkstätte aufnahm, abgebrochen werden. Dafür entstand südlich des Betriebsgeländes neben den 1953 aufgeschlagenen Lagerräumen eine neue Werkstätte mit Gleisanschluss. Die Werkstätte «Gleisbau», die sich bisher in Heidelberg, Bismarckstrasse, befand, kam ebenfalls hierher.

1964 erfolgte die Verlängerung der Hallengleise und die Erstellung einer neuen Weichenstrasse.

Betriebswirtschaftliche Gründe, insbesondere durch die wesentliche Reduzierung des Schienennetzes, führten schliesslich zur Aufgabe des Betriebshofes Leimen am **7.1.75**. Damit verbunden waren die Konzentrationen aller Werkstätten und Läger im Betriebshof Heidelberg sowie die Eingliederung des zuvor dem Betriebshof Leimen zugeordneten Fahrpersonals in den Gesamtfahrbetrieb.

Wagenhalle Wiesloch. Zu den Betriebsanlagen der Vorortbahn Heidelberg–Wiesloch gehörte auch eine kleine zweigleisige Wagenhalle für zwei Motorwagen an der Endstelle in Wiesloch. Diese war auf einem von der dortigen Stadtgemeinde gepachteten Grundstück errichtet worden und diente der Unterbringung von Spätwagen. Die Schliessung der Wagenhalle erfolgte am **31.12.1961**.

Wagenhalle Walldorf. Für die städtische Strassenbahn Walldorf war in Walldorf im Hof des Hotels Astoria anstelle des heutigen Parkplatzes eine 20 m lange zweigleisige Wagenhalle mit Werkstätte errichtet worden. Die Zufahrt erfolgte in einer engen Gleiskurve von nur 12 m Radius von der Bahnhofstrasse aus über die Nusslocher Strasse. Mit Umwandlung des Strassenbahnbetriebes in einen solchen mit Omnibussen 1954 wurde die Wagenhalle aufgegeben und später abgebrochen.

Omnibuswagenhallen

1948/49 entstand auf dem gepachteten Gelände an der Emil-Maier-Strasse der Neubau einer Autobushalle mit Reparaturwerkstätte. Bis dahin waren die Omnibusse in gemieteten Hallen (Fa. Heinrich Fuchs Waggonfabrik AG, Alte Feuerwache, Bezirkstrasse, ehemaliger städtischer Fuhrpark Mannheimer Strasse) beherbergt. Nach Unterbringung der Busse auf dem früheren Schlachthofgelände 1959 wurde die Autobushalle in der Emil-Maier-Strasse verkauft.

Eine weitere Autobushalle für zwei Busse war 1954 in Walldorf auf einem in der Sandhäuser Strasse erworbenen Grundstück erstellt worden. In dieser fanden die Fahrzeuge der Aussenlinie Walldorf/Stadt–Wiesloch/Walldorf Bahnhof Abstellmöglichkeiten. Zum 1.7.1974 wurde die Autobushalle verkauft.

Stromversorgung

Die Stadtgemeinde hatte **1899/1900** ein Elektrizitätswerk an der Alten Bergheimer Strasse errichtet, zu dessen Stromkonsumenten auch heute noch die HSB zählt. Mit Beginn der Elektrifizierung am **16.3.1902** auf der Rohrbacher Strasse wurde der Fahrstrom für die elektrischen Motorwagen zunächst provisorisch aus der Fahrleitung der 1901 eröffneten Vorortbahn Heidelberg–Wiesloch entnommen. Die von der Aktiengesellschaft für Bahn, Bau und Betrieb in Frankfurt/Main (BBB) betriebene Vorortlinie bezog ihre elektrische Energie von den Oberrheinischen Elektrizitätswerken (OEW) aus der Zentrale in Wiesloch. Da die OEW nur hochgespannten Wechselstrom lieferte, musste in der Ortschaft Leimen eine Umformerstation bei der dortigen Wagenhalle errichtet werden. Dieser lieferte Fahrstrom einer Spannung von 650–670 Volt. Ab 1.4.1938 übernahm dann das Badenwerk die Stromversorgung wegen Auflösung der OEW.

Nach vollständiger Umwandlung der Pferdebahn auf elektrischen Betrieb lieferte das städtische E-Werk für die Stadtlinien sowie für die Teilstrecke der Wieslocher Aussenlinie auf städtischem Gebiet bis Rohrbach, Kreuz (= Markscheide) Gleichstrom von 600 Volt. Die Stromentnahme von Dritter Seite war der BBB laut Stromlieferungsvertrag vom 6.12.1898 gestattet.

Nach dem 1. Weltkrieg lieferten die Stadtwerke Heidelberg nur noch Wechselstrom von 20 kV. Insofern sah sich die Strassenbahngesellschaft gezwungen, mehrere Unterwerke mit Gleichrichtern und Transformatoren zu errichten. Ursprünglich kamen Quecksilberdampf-Gleichrichter zur Anwendung, die aber im Laufe der Zeit durch Silizium-Gleichrichter abgelöst wurden. Der fortgesetzte Ausbau des Strassenbahnnetzes ebenso wie die Verwendung stärkerer Bahnmotoren bei jüngeren Wagengenerationen erforderte die Einrichtung zusätzlicher Unterwerke. Durch die ab 1960 beschafften Grossraumwagen musste die Leerlaufspannung auf 720 Volt erhöht werden.

Mit Schliessung des Betriebshofes Leimen am **7.1.1975** wurde die dort befindliche Umformerstation aufgegeben. Der nach Stillegung der Strecke Leimen–Wiesloch **1973** noch verbliebene Restabschnitt auf Leimener Gemarkung wird seither durch ein neu in Betrieb genommenes Unterwerk in Rohrbach Süd versorgt.

Derzeit versorgen 7 Unterwerke (Betriebshof, Mühlingstrasse, Adenauerplatz, Schillerstrasse, Hagenstrasse, Rohrbach Süd, Pfaffengrund) das gesamte HSB-Netz mit 720 Volt Gleichstrom.

Die Bergbahn wird im Anschluss an das städtische Kraftwerk elektrisch betrieben, von dem das Lichtnetz mit 2 x 220 Volt Gleichstrom versorgt wird. Anfänglich wurde der Strom für die Bergbahn aus dem Strassenbahnnetz mit 600 V in dem Speisepunkt am Kornmarkt entnommen und über eine Freileitung bis zum Maschinenhaus am Königstuhl geleitet.

1937 erfolgte die Verlegung eines eigenen Speisepunktes vom E-Werk aus zum Kornmarkt. Dadurch war die Bergbahn nun nicht mehr von der Belastung des Strassenbahnnetzes abhängig.

Mit der Umstellung der unteren Bahn auf Drehstrom von 380 Volt anno **1962** musste für die weiterhin mit 600 Volt Gleichstrom betriebene obere Bahn eine Gleichrichterstation beim Maschinenhaus am Königstuhl erstellt werden. Diese liefert Strom bis zu 190 Ampere.

Für die untere Bahn wurde ein Leonard-Umformersatz eingebaut, der den Gleichstrom für den Bahnbetrieb liefert.

Tarifgestaltung

a) Strassenbahn und Omnibus

In dem zwischen der Stadtgemeinde und dem Unternehmer Feral abgeschlossenen Vertrag über die Errichtung einer Pferdebahn war im § 4 als Fahrpreis ein Einheitspreis von 15 Pfennig festgesetzt worden. Von diesem Fahrpreis hatte aber bei Inbetriebnahme der Pferdebahn die Gesellschaft von Anfang an Abstand genommen, in der Erkenntnis, dass Einheitspreise nur für grosse Städte zu empfehlen sind, zumal wenn, wie bei der Errichtung der Pferdebahn in Heidelberg, die Frequenz noch völlig ungewiss ist und praktische Erfahrungen noch fehlen.

Statt des Einheitspreises kam daher der Teilstreckentarif zur Einführung. Einzelfahrscheine kosteten für Teilstrecken 10 Pfennig und für die ganze Linie 15 Pfennig. Auf der Bergheimer und Rohrbacher Linie gab es auch 5-Pfennig-Teilstrecken. Ausserdem wurden verbilligte Familienkarten, die zur Benutzung der ganzen Strecke berechtigten, ausgegeben. Weitere Ermässigungen stellten die angebotenen Jahres- und Schülerkarten dar.

Auf der Hauptstrassen-Linie wurde das Fahrgeld durch den Schaffner erhoben. Dagegen mussten auf den beiden anderen schaffnerlos betriebenen Linien die Fahrgäste ihr Fahrgeld in einen im Wagen befindlichen Zahlkasten entrichten. Umsteigefahrgäste hatten ihren Fahrschein bzw. ihre Karte dem Kutscher vorzuzeigen.

Nach Umwandlung der Pferdebahn auf elektrischen Betrieb wurden die gestaffelten Fahrpreise weitgehend beibehalten. Neben den bisher ausgegebenen Abonnements gab es nun auch Monatskarten zu ermässigten Preisen.

Die Bergheimer und Rohrbacher Linie wurden seit ihrer Elektrifizierung mit Schaffner bedient.

Grossen Anklang beim Publikum fanden die ab 1.3.1904 anstelle der Familienkarten ausgegebenen Fahrscheinheftchen. Die einzelnen Fahrscheine dieser Heftchen berechtigten zur Fahrt auf beliebig langer Strecke ohne Fahrtunterbrechung. Darüberhinaus galten sie zur Benutzung der Bergbahn, wobei für eine Fahrt Kornmarkt–Schloss bzw. Schloss–Molkenkur 2 Fahrscheine und umgekehrt 1 Fahrschein entwertet werden musste.

Die Erweiterung des Streckennetzes durch die hinzukommende Linie nach Schlierbach erforderte 1911 auch eine Änderung des Tarifs, da die Teilstrecken auf den neuen Linien nicht mit denjenigen auf den alten übereinstimmten und daher ein Übergreifen der Teilstrecken von einer auf die andere Strecke nicht möglich war. Danach bewegten sich die gestaffelten Fahrpreise pro Person und Fahrt zwischen 10 und 30 Pfennig.

Die Fahrpreise für die Vorortbahn Heidelberg–Wiesloch bzw. die Zweiglinie nach Kirchheim bewegten sich bis 1916 zwischen 10 und 40 Pfennig, wobei die einzelne Strecke im Verhältnis zu denen der Stadtlinien bedeutend billiger war, was einer Förderung der Dezentralisation in der Wohnungsweise entsprach. An Abonnements gab es Monatskarten für 1 bzw. 3 Monate. Für die Arbeiter der umliegenden Gemeinden bestanden besondere Arbeiterkarten sowie für die Schüler Schülerkarten. Diese Sondertarife ermöglichten es den Arbeitern und den Eltern der Schüler entfernt von Stadtzentrum oder ganz auf dem Flachland zu wohnen und doch jederzeit schnell und billig in die Stadt zu gelangen.

Die Fahrpreise für den ab 1905 eingerichteten Autobusverkehr mussten mit Rücksicht auf die Konkurrenz der badischen Staatsbahnen sehr niedrig gestellt werden. So betrug der Durchschnittsfahrpreis pro Kilometer bei der Linie Heidelberg–Schlierbach nur 4,5 Pfennig und bei der Linie Heidelberg–Kirchheim sogar nur 3,3 Pfennig.

Der fortgesetzte Ausbau des Strassenbahnnetzes und die damit verbundene Vermehrung der Teilstrecken hatte den Tarif in der Zwischenzeit sehr unübersichtlich werden lassen. Daher entschloss man sich 1914 zu einer Neueinteilung der Liniennetzes. Danach bewegte sich der Fahrpreis, der sich aus der Anzahl der Teilstrecken mit 5 Pfennig vervielfacht, zwischen 10 und 40 Pfennig. Dieser Tarif ermöglichte zugleich auch ohne weiteres die Angliederung neuer Strecken.

Mit Beginn des 1. Weltkrieges gewährte man im Interesse der Landesverteidigung und zur Diensterleichterung für die Einberufenen in den ersten 3 Kriegsmonaten sämtlichen Militärpersonen sowie vielen der für die Kriegshilfe tätigen Personen freie Fahrt. Diese Freifahrten wurden aber später für nicht verwundete Militärpersonen wieder aufgehoben und dafür ein 10-Pfennig-Tarif eingeführt. Mit der am 10.12.1916 durchgeführten Fahrpreiserhöhung sollte den erhöhten finanziellen Belastungen, die der Krieg an das Unternehmen stellte, entgegengewirkt werden. Hier setzte man den Mindestfahrpreis auf 15 Pfennig fest und bei den Ermässigungsheftchen ab 12 bzw. 12,5 Pfennig. Zudem entfielen die Jahres- und Vierteljahreskarten, und die Gültigkeit der Monatskarten wurde beschränkt.

Infolge der nach Kriegsende eingetretenen Verschlechterungen der allgemeinen Wirtschaftslage und die dadurch bedingte Verteuerung aller Betriebsbedürfnisse sah sich die Gesellschaft zu immer häufigeren Fahrpreiserhöhungen gezwungen. Bis 1922 war hierdurch bei der Strassenbahn der Grundfahrpreis für 3 Teilstrecken bereits auf 10 Mark angestiegen. Schliesslich erreichten die Fahrpreise während des Höhepunktes der Inflation sogar «Millionenhöhe.»

Mit der Wiederkehr stabiler Geldverhältnisse wurde der Mindestfahrpreis für 3 Teilstrecken zum 21.1.1924 auf 20 Pfennig und die Ermässigungsheftchen mit 8 Karten auf 1,20 Mark – 1 Karte 15 Pfg. (ab 1.9.1924 nur noch 1.– Mark – 1 Karte 12,5 Pfg.) festgesetzt. Damit lagen die Fahrpreise mit 33 1/3 % bzw. 25 % höher gegenüber der Vorkriegszeit.

Der Tarif für den 1928 eingerichteten Autobusverkehr war der gleiche Teilstreckentarif wie bei der Strassenbahn. Die im Bus gelösten Fahrscheine berechtigten auch zum Umsteigen auf die Strassenbahn und umgekehrt.

Der mit der Weltwirtschaftskrise einsetzende Rückgang in den Betriebseinnahmen und Verkehrsziffern führte ab 1.8.1929 zu einer Tariferhöhung. Danach betrug der Grundfahrpreis für 3 Teilstrecken nun 25 Pfennig. Da aber die Kurzstreckenfahrer nach dieser Erhöhung wegblieben, versuchte man mit einem zum 20.12.1929 eingeführten Fahrpreis von

15 Pfennig für 1- und 2-Zahl-Strecken (1.5.1930 20 Pfennig) die **Kurzstreckenfahrer wieder** zurückzugewinnen.

Eine vom Reichskommissar für Preisüberwachung zum 1.1.1932 veranlasste **Herabsetzung der Fahrpreise bei Fahrtenheftchen um 11%** brachte nicht die erhoffte Verkehrsbelebung. Erst mit Besserung der Wirtschaftslage liessen sich wieder steigende Fahrgastzahlen und Einnahmen erzielen.

Im 2. Weltkrieg gab es für Soldaten bis zum Rang eines Hauptfeldwebels einen **Einheitstarif von 15 Pfennig** (ab 1.12.1944 20 Pfennig). Verwundete und Kriegskranke in Wehrmachtsuniform hatten aufgrund eines Lazarettausweises freie Fahrt. Am 1.12.1944 fielen auf Anordnung des Reichsministeriums die 20- und 25-Pfennig-Fahrscheine weg. Stattdessen wurde der 20-Reichspfennig-Fahrschein als Einheitstarif ohne Umsteigeberechtigung auf den Stadtstrecken eingeführt. Dagegen blieben die gestaffelten Fahrpreise der Umlandstrecken (30 Pfennig bis 80 Pfennig) unverändert.

Die Abfertigung wurde ab 21.12.1944 dadurch vereinfacht, dass die Fahrtausweise nicht mehr wie bisher durch Lochung mit der Zange, sondern durch Streichung mit dem Buntstift entwertet wurden. An die Stelle der Fahrscheinhefte (6 Fahrscheine zu RM 1.—) traten sog. 6er-Karten.

Der Einheitstarif für Stadtstrecken galt bis in die Nachkriegsjahre. Zum 2.12.1948 kam dann ein für alle Fahrausweise gültiger Teilstreckentarif mit einem Grundfahrpreis für 3 Teilstrecken von 20 Pfennig zur Wiedereinführung.

1952 erfolgte die Fahrscheinentwertung wieder durch Lochung mit der Zange. Fahrscheinheftchen wurden auch wieder eingeführt.

Der nach Krieg eingerichtete Autobusverkehr war nicht in den Strassenbahntarif integriert, sondern hatte einen eigenen Tarif und eigene Fahrscheine. Zum 1.8.1958 erfolgte eine Trennung des Omnibusverkehrs im Orts- und Fernlinienverkehr. Von diesem Zeitpunkt ab war im Ortslinienverkehr der Stadt das Umsteigen von Strassenbahn auf den Bus und umgekehrt gestattet. Es gelangten die gleichen Fahrtausweise zur Ausgabe wie bei der Strassenbahn. Demgegenüber behielt der beförderungssteuerpflichtige Fernlinienverkehr seine eigenen Fahrscheine noch bis 1965.

Die mit der Tarifanhebung vom 1.7.1960 eingeführten Einzelfahrscheine für 2 Zahlstrecken ohne Umsteigen (30 Pfennig) sollten den Kurzstreckenfahrern einen Anreiz zur Benützung schaffen, da besonders dieser Personenkreis ausserhalb der Hauptverkehrszeit der Geschäftsbelebung beitrug. Der Kurzstreckentarif bewährte sich aber nicht und kam 1961 wieder in Wegfall. Am 22.2.1965 stellte man zur Beschleunigung der Abfertigung die Wochenkarten vom Knipssystem auf Sichtkarten um. Anstelle der Schüler- und Studentenhefte gab es Monatssichtkarten. Auch kam der Kurzstreckentarif zur Wiedereinführung.

Zur Vereinfachung der Abfertigung wurden ab 1966 die Fahrscheine durch **Stempelaufdruck entwertet.** Zu diesem Zweck mussten auch die Fahrscheine neu gestaltet werden (Wegfall des Streckenbildes).

Ab März 1969 wurden als Ersatz für die Heftfahrscheine **Mehrfahrtenkarten** eingeführt und preisgünstige Touristenkarten für das Gesamtnetz mit 2½ Tagen Gültigkeit angeboten. Letztere wurden durch die ab 15.2.1975 erhältlichen **24-Stunden-Tickets abgelöst.** Seit dem 1.12.1969 gibt es verbilligte Seniorenkarten.

Zum 1.3.1970 wurde zwischen der HSB und der Südwestdeutschen Eisenbahngesellschaft (SWEG) ein Tarifverbund geschaffen, der den Fahrgästen aus Dielheim, Baiertal und Schatthausen die Möglichkeit geben sollte, mit besonderen Fahrscheinen die Verkehrsmittel beider Unternehmen zu nutzen. Dieser Tarifverbund ist aber wegen Bedeutungslosigkeit und auf Wunsch der SWEG zum 31.3.1974 wieder aufgegeben worden.

Die Absicht, den Strassenbahn- und Busverkehr gänzlich ohne Schaffner zu betreiben, machte 1971 eine Änderung des Tarifsystems erforderlich. Daher wurde am 1.9.1971 **der Zonentarif eingeführt** und die Einzelfahrscheine und Mehrfahrtenkarten auf den Einmannbetrieb abgestellt. Zudem wurde der Sichtkartenverkauf forciert, um die Barzahlung auf den Fahrzeugen zu reduzieren. Die Mehrfahrtenkarte, die seither als **Regelfahrtausweis gilt,** löste zugleich den Einzelfahrschein für 2 Zahlstrecken ab. Mehrfahrtenkarten waren zum gleichen Zeitpunkt an zur Beschleunigung des Betriebsablaufes an Vorverkaufsstellen sowie an Fahrkartenautomaten erhältlich. Um den Fahrbetrieb weiter zu rationalisieren und dadurch die Betriebskosten zu senken, wurden ab 4.4.1972 automatische Entwerter in den Grossraumwagen und anschliessend auch in den Omnibussen sukzessive eingeführt. Die Fahrgäste müssen seitdem ihre Einzelfahrscheine bzw. Mehrfahrtenkarten selbst entwerten.

Seit dem 1.2.1974 besteht zwischen HSB und OEG ein Gemeinschaftstarif. Er verschafft den Fahrgästen auf der Strecke des Parallelverkehrs zwischen Wieblingen und Handschuhsheim die Möglichkeit, mit Fahrtausweisen der OEG die Bahnen und Busse der HSB, wie auch umgekehrt mit Fahrtausweisen der HSB die Fahrzeuge der OEG zu benutzen.

Als Neuerungen wurden ab 1.8.1975 Doppelfahrscheine für eine Zone zu 2,50 DM angeboten. Wochen- und Monatskarten erhielten gleiche Grundkarten und unterscheiden sich nur noch durch die Wertmarken. Der Doppelfahrschein kam 1977 allerdings wieder in Wegfall. Zur Erleichterung des Verkaufsgeschäftes der Strab.- und Busfahrer wurden keine Mehrfahrtenkarten mehr auf den Bahnen und Bussen verkauft.

Die künftige Tarifgestaltung wird von einem seit langem geplanten Tarif- und Verkehrsverbund im Verdichtungsraum Rhein-Neckar bestimmt sein. Eine Realisierung des Verkehrs- und Tarifverbundes ist für 1986 vorgesehen.

Fahrpreise auf einen Blick! (Stand 1.4.1985)
(einschl. Umsatzsteuer)

Art des Fahrscheins	Erwachsene/Kinder	Strecken-Hinweise	DM
Mehrfahrtenkarte	für Erwachsene	2 Wertfelder 12 Wertfelder zu entwerten: für 1 Zone = 1 Feld für 2 Zonen = 2 Felder ab 3 Zonen = 3 Felder	3,— 16,—
	für Kinder von 6 bis einschliesslich 11 Jahre	4 Wertfelder zu entwerten für beliebige Fahrtlänge = 1 Feld	2,50
Einzelfahrschein	für Erwachsene	für 1 Zone für 2 Zonen ab 3 Zonen	2,— 3,— 4,—
Einzelfahrschein	für Kinder von 6 bis einschliesslich 11 Jahre	beliebige Fahrtlänge	1,—

b) Bergbahn

Der Tarif der Bergbahn war immer ein Teilstreckentarif. Auf der unteren Bahn kostete es anfänglich vom Kornmarkt bis zum Schloss 35 Pfennig (Abwärtsfahrt 25 Pfennig) und bis zur Molkenkur 70 Pfennig (Abwärtsfahrt 40 Pfennig). Seit dem Hinzukommen der oberen Bahn bestehen 4 Stationen mit 3 Strecken. Der Fahrpreis, der bis zur Inflationszeit unverändert blieb, betrug für eine Fahrt vom Kornmarkt zum Schloss 35 Pfennig (Abwärtsfahrt 35 Pfennig), bis zur Molkenkur 75 Pfennig (Abwärtsfahrt 40 Pfennig) und zum Königstuhl 1,45 Mark (Abwärtsfahrt 85 Pfennig).

Um zur öfteren Benutzung anzuregen, gab es Abonnementkarten zur beliebigen Auf- und Abwärtsfahrt mit 50% Ermässigung für Erwachsene und mit 75% für Kinder von 4–10 Jahren. In manchen Wintermonaten wurden zur Förderung des Wintersports für die Aufwärtsfahrt mit der oberen Bahn sog. Rodelkarten angeboten.

Ab 1924/25 betrug der Fahrpreis bis zum Schloss 50 Pfennig (Hin- und Rückfahrt 80 Pfennig), zur Molkenkur 1 Mark (Hin- und Rückfahrt 1,60 Mark), zum Königstuhl 2 Mark (Hin- und Rückfahrt 3,20). Daneben waren Ermässigungskarten mit 32 Nummern eingeführt (ab 1.10.29 40 Nummern und 120 Nummern; ab 1.1.35 48 Nummern). Für eine Person wurden gelocht:

Strecke Kornmarkt–Molkenkur für die Bergfahrt von Station zu Station 1 Nummer. Strecke Molkenkur–Königstuhl für die Bergfahrt 4 Nummern, für die Talfahrt 2 Nummern. Für Kinder von 6–12 Jahren wurde die Hälfte, mindestens jedoch eine Nummer gelocht.

Die Bergbahn hatte bereits Ende der zwanziger Jahre unter dem zunehmenden Auto- und Omnibusverkehr zu leiden. Mit einer Senkung der Fahrpreise zum 1.10.29 versuchte man wohl, die Bergbahn attraktiver zu machen.

Der nach Eintreten der allgemeinen Wirtschaftsbelebung zum 1.1.35 eingeführte Fahrpreis bestand bis 1947: Eine Fahrt von Station zu Station kostete auf der Strecke Kornmarkt–Molkenkur nur 25 Pfennig und auf der Strecke Molkenkur–Königstuhl nur noch 50 Pfennig.

Auch kamen Ermässigungskarten mit 60 Nummern zur Ausgabe, die aber nur zusammen mit einer Grundkarte Gültigkeit besassen und auf den Namen des Inhabers ausgestellt und mit Lichtbild versehen sein mussten.

Die ab 4.3.57 gültigen Fahrpreise entsprachen annähernd wieder denen vor 1935: Kornmarkt-Schloss bzw. Schloss–Molkenkur je 40 Pfennig und Molkenkur–Königstuhl 70 Pfennig.

In der Folgezeit mussten die Fahrpreise immer wieder durch die steigenden Kosten und durch seit Anfang der Sechzigerjahre eintretenden Beförderungsrückgang angehoben werden. Zum 1.5.63 trat anstelle der bisherigen 60-Nummern-Karte die Monatssichtkarte. Die Mehrfahrtenkarte löste die 48-Nummern-Karte ab.

Die Fahrkartenausgabe erfolgte bei ber Bergbahn an der Hauptkasse der Station Kornmarkt, am Kiosk Schloss sowie an den Stationen Molkenkur und Königstuhl. Die Entwertung der Fahrkarten wird unverändert durch den Wagenführer mittels Lochzange vorgenommen.

FAHRPREISE gültig ab 1.April 1981

1. Einzelfahrkarten und Sammelfahrausweise

	Erwachsene	Kinder von 6–11 Jahren, Gruppen ab 20 Pers.
Einfache Strecke:	DM	DM
Kornmarkt–Molkenkur	2,––	1,30
Molkenkur–Königstuhl	2,––	1,30
Kornmarkt–Königstuhl	4,––	2,40
Hin- und Rückfahrt		
Kornmarkt–Molkenkur	3,50	2,30
Molkenkur–Königstuhl	3,50	2,30
Kornmarkt–Königstuhl	5,50	4,––

2. Mehrfahrtenheft mit 24 Abschnitten zu DM 16,––

	Erwachsene Abschnitte	Anwohner und Kinder Abschnitte
Kornmarkt–Molkenkur	2	1
Molkenkur–Königstuhl	2	1
Königstuhl–Molkenkur	1	1
Molkenkur–Kornmarkt	1	1

Fahrtunterbrechung an jeder Station gestattet.

Anekdoten

von Heinz Grauli

In der Zeit zwischen den beiden Weltkriegen hatte die Strassenbahn einen Betriebsleiter Namens Franke. Es handelte sich dabei um einen etwas untersetzten, resoluten Herrn, der neben Schnauzbart auch einen Spitzbart trug. Einen nicht geringen Anteil seiner täglichen Arbeits- bzw. Dienstzeit verbrachte Herr Franke damit, sich auf die einzelnen Strassenbahnstrecken zu begeben, um die pünktliche Einhaltung des Fahrplanes und eine sichere Fahrweise zu überwachen. Den Strassenbahnfahrern war dies bekannt. In dieser Zeit hatten wir — insbesondere auf den Aussenlinien — einen eingleisigen Betrieb mit jeweiligen Kreuzungsstellen. Sobald Herr Franke auf einem Streckenabschnitt gesichtet wurde, griff sich bei der nächsten Kreuzung der Strassenbahnfahrer kurz an das Kinn, worauf der Fahrer des kreuzenden Zuges sofort wusste, dass Herr Franke unterwegs war. Er verhielt sich dementsprechend noch umsichtiger und vorsichtiger. Dies brachte diesem Herrn Franke auch den Beinamen «Spitzer» ein.

Bei der Einweihung des in Verbindung mit der Inbetriebnahme des neuen Hauptbahnhofes neu gebauten Streckenabschnitts Neuer Bahnhof, Römerkreis, Kurfürsten-Anlage (damals zunächst Neue Strasse genannt, weil ringsherum noch keine Bebauung vorhanden war) Rohrbacher Strasse am 30.6.1956, liess es sich der damalige Vorstand der HSB, Herr Generaldirektor Bergmaier, nicht nehmen, den Einweihungssonderzug selbst zu fahren. Kurz vor dem Ende der Neubaustrecke befand sich in der Fahrleitung ein Streckentrenner, der die Fahrleitungsspannung auf etwa 30 cm Länge unterbricht. Genau an diesem Punkt kam der Eröffnungszug (Triebwagen mit Beiwagen) zum Stehen. Wegen fehlender Stromzufuhr war es Herrn Generaldirektor Bergmaier nicht mehr möglich, den Zug in Bewegung zu setzen, was bedeutete, dass die erlauchte Gesellschaft kurz die Wagen verlassen musste. Durch gemeinsames Anschieben war es möglich, den Zug wieder unter Spannung zu bringen. Somit konnte die restliche Fahrt fortgesetzt werden. Dies trug natürlich zur allgemeinen Erheiterung bei.

Das Verhältnis zwischen den Betriebsteilen Strassenbahn und Omnibus war (offiziell natürlich nicht, aber inoffiziell) immer etwas belastet. Das heisst, die Vertreter der Strassenbahn, die zu früherer Zeit ja die Domäne war, hielten nicht sehr viel von den sog. «Benzinkutschen». So kam es ab und zu vor, dass sich die Mitarbeiter im Busbereich nur durch verschiedene Tricks (z.B. bei eiligen Reparaturen) weiterhelfen konnten. Dies galt besonders für die Zeit nach dem 2. Weltkrieg, wo sowohl Material als auch Werkzeuge äusserst knapp waren. Dank des damaligen pfiffigen und mit einer gesunden Portion Schlauheit ausgestatteten Leiters der Busabteilung war es den Omnibuslern immer wieder möglich, auf die Beine zu kommen.

Vor dem 1. Weltkrieg gab es einen Schaffner, der das «Fünferle» genannt wurde. Dies hatte seinen Grund darin, dass der Schaffner bei nicht abgezähltem Fahrgeld das herauszugebende Wechselgeld in der Regel in Fünfpfennig-Stücken dem Fahrgast in die Hand drückte. So hatte er oft das Glück, z.B. von 4 Fünfpfennig-Stücken = 20 Pfennig 1 Fünferle behalten zu dürfen.

Wie das so üblich ist, gab es in früherer Zeit und z.T. heute noch Mitarbeiter, die nur unter ihrem Beinamen (auch Utznamen) bekannt waren bzw. sind. So z.B. den Heidtegiggel, den Scharri, den Husarenfischer, den Schwartenmagen, den Igge (Berliner), Pulver, Fresser, Seehaas, Heigo, Hölzel, Risser, Halligalli, Stiechem, Säftel, Bierschnütel, Fünferle, Spitzer, Kucheblech, Stumpe, Bambele usw.

Liste der Abkürzungen

Arb-Tw/Bw	Arbeits-Triebwagen/Beiwagen (Dienstwagen)
BBC	Brown, Boveri & Cie., Mannheim
Bj.	Baujahr
Bw	Beiwagen
DEG	Deutsche Eisenbahn-Gesellschaft, Frankfurt/M.
DSM	Deutsches Strassenbahn-Museum, Wehmingen b. Hannover
Düwag	Düsseldorfer Waggonfabrik AG.
ER-Gl-Tw	Einrichtungs-Gelenktriebwagen
ESHW	Elektr. Strassenbahn Heidelberg-Wiesloch
E-Wagen	Einsatz-(Verstärkungs-)wagen
Fuchs	Waggonfabrik Fuchs AG., Heidelberg
grStf	grosses, einteiliges Stirnfenster
Hellmas	gebaut von Fa. Hellmas, Hamburg
HSB	Heidelberger Strassen- und Bergbahn AG.
HVZ	Hauptverkehrszeit
IHS	Interessengemeinschaft Historischer Schienenverkehr
KSW	Kriegsstrassenbahnwagen
KV	Kriegsverlust
l	Längssitze
lw	leihweise
MA	Mannheim (städt. Strassenbahn)
OEG	Oberrheinische Eisenbahn-Gesellschaft AG., Mannheim
Pfb	Pferdebahn
Plg	Plattformen geschlossen
q	Quersitze
Rang-Tw	Rangier-Triebwagen
S&H	Siemens & Halske
SL	Strassenbahnlinie
SMS	Strassenbahn-Museum Stuttgart eV
SWEG	Südwestdt. Eisenbahn-Gesellschaft
Tw	Triebwagen
Ub	Umbau
Uz	Umbezeichnung (Umnumerierung)
ZR-Gl-Tw	Zweirichtungs-Gelenktriebwagen
+	ausrangiert/verschrottet
2 x, 4 x ...	zweiachsig, vierachsig ...
II, III ...	Zweit-, Drittbesetzung der Nummer ...
?	Unklarheiten, unbekannt.

Wagenparkstatistik   Omnibusse
Stand: 09.03.1984

Von den Omnibussen der Heidelberger Strassen- und Bergbahnen AG (HSB) liegen vor 1953 keine Aufzeichnungen vor.
Mit Sicherheit waren bis dahin die Wagen 1–15 (I. Bes.) vorhanden.
Diese wurden ausgemustert.
Ausserdem waren einige Omnibusanhänger im Einsatz.
Auch über diese Fahrzeuge fehlen die Angaben. (a = ausgemustert)

Beschaffungsjahr: 1953
12 II a (05.67)

Beschaffungsjahr: 1954   **Daimler O 6600 H**
1 II a (02.68)
11 II a (10.67)
16   a (10.67)
17   a (10.67)

Beschaffungsjahr: 1955   **Daimler O 321 H**
18   a (02.68)
19   02.68 umgenummert in 51   siehe dort
20   02.68 umgenummert in 52   siehe dort
21   a (10.67)

Beschaffungsjahr: 1956   **Daimler O 321 H**
2 II   Fahrschule, a (07.77)
9 II   02.68 umgenummert in 50   siehe dort
23   a (08.69)

Beschaffungsjahr: 1958   **Daimler O 321 HL**
24   a (08.72)
25   a (08.72)
26   a (10.71)

Beschaffungsjahr: 1959   **Daimler O 317**
8 II a (10.71)

Beschaffungsjahr: 1962   **Kässbohrer S 6**
27   a (01.76)

                                                   Daimler O 317
28   a (07.75)
29   a (07.74)
30   a (03.75)

                                                   Daimler O 322
31   a (03.77)

                                                   Daimler O 321 HL
32   a (08.77)

                                                   Daimler O 317
                                                   (1½-Decker)
33   05.70 umgenummert in 133   siehe dort
34   05.70 umgenummert in 134   siehe dort
35   05.70 umgenummert in 135   siehe dort
36   05.70 umgenummert in 136   siehe dort
37   05.70 umgenummert in 137   siehe dort

Beschaffungsjahr: 1963   **Daimler O 317**
3 II a (06.77)
4 II a (30.7.79)
5 II a (08.77)
6 II a (07.75)

Beschaffungsjahr: 1964   **Daimler O 317 K**
10 II a (08.77)
13 II a (08.77)

Beschaffungsjahr: 1965 7 II a (08.77) 15 II a (03.78)	**Daimler O 317 K**
22 a (12.72)	**VW 24**
	Daimler O 317 (1½-Decker)
38 05.70 umgenummert in 138 siehe dort	**Daimler O 302**
43 a (07.77)	
Beschaffungsjahr: 1966	**Daimler O 317** (1½-Decker)
39 05.70 umgenummert in 139 siehe dort 40 05.70 umgenummert in 140 siehe dort 41 05.70 umgenummert in 141 siehe dort	
	Daimler O 317
42 a (24.1.80)	**Daimler O 317 K**
14 II a (03.78) 44 a (08.77) 45 a (30.7.79)	
Beschaffungsjahr: 1967 12 III a (30.7.79)	**Daimler O 302**
11 III a (30.7.79) 16 II a (30.7.79) 17 II a (30.7.79) 21 II a (30.8.79) 46 a (03.78) 47 a (30.7.79)	**Daimler O 317 K**
Beschaffungsjahr: 1968/1955–1956 50 a (08.68) 51 a (08.68) 52 a (08.69)	**Daimler O 321 H**
Beschaffungsjahr: 1968 1 III a (31.8.83) 9 III a (30.7.79) 20 II a (03.78) 48 a (18.1.79) 49 a (30.7.79)	**Daimler O 302**
18 II a (17.2.81) 19 II a (15.1.80)	**Daimler O 317 K**
Beschaffungsjahr: 1969 50 II	**Daimler O 302**
51 II 05.70 umgenummert in 131 siehe dort 52 II 05.70 umgenummert in 132 siehe dort	**Daimler O 317** (1½-Decker)
	Daimler O 305
23 II a (17.2.81) 53 a (08.77) 54 a (17.2.81) 55 a (24.2.81)	
Beschaffungsjahr: 1970/1962 f	**Daimler O 317** (1½-Decker)
131 a (1.10.81) 137 a (12.71) 132 a (8.11.79) 138 a (03.78) 133 a (10.71) 139 a (03.78) 134 a (09.72) 140 a (03.78) 135 a (02.73) 141 a (06.77) 136 a (11.71)	

Beschaffungsjahr: 1970 **Daimler O 302**
51 III a (24.1.80)
52 III a (9.3.84)

Daimler O 305
56   a (12.2.81)
57   a (24.2.81)
58   a (12.2.81)

Daimler O 317
(1½-Decker)
142   a (10.7.81)
143   a (27.3.81)

Beschaffungsjahr: 1971 **Daimler O 305**
33 II a (13.2.81)
34 II a (13.2.81)
35 II a (13.2.81)
36 II a (13.2.81)
37 II a (24.2.81)
38 II a (24.2.81)

Daimler O 317
(1½-Decker)
133 II a (31.8.82)
136 II a (26.6.81)

Beschaffungsjahr: 1972 **Daimler O 302**
24 II
25 II
26 II a (9.3.84)

Daimler O 305
39 II a (24.2.81)
40 II
41 II

Daimler O 317
(1½-Decker)
137 II a (30.3.83)

Daimler O 317
(Gelenkzug)
171
172

Beschaffungsjahr: 1973 **Daimler O 302**
22 II

Daimler O 317
(1½-Decker)
134 II a (30.6.82)
135 II a (31.8.83)

Daimler O 317
(Gelenkzug)
173
174

Beschaffungsjahr: 1974 **Daimler O 307**
8 III

Daimler O 317
(Gelenkzug)
175
176

Beschaffungsjahr: 1975 **Daimler O 305**
6 III   30 II
28 II   59
29 II   60

Daimler O 317
(Gelenkzug)
177
178

Beschaffungsjahr: 1976 **Daimler O 317**
(Gelenkzug)
179
180
181

Beschaffungsjahr: 1977 **Daimler O 305**
2 III   32 II
3 III   43 II
5 III   44 II
7 III +28.2.79 (Brand) 53 II
10 III   61
13 III   62
27 II   63
31 II   64

Beschaffungsjahr: 1978 **Daimler O 305**
(Gelenkzug)
182   184
183   185

Beschaffungsjahr: 1979 **Daimler O 305**
4 III   15 III
7 IV   16 III
9 IV   17 III
11 IV   20 III
12 IV   45 II
14 III

Beschaffungsjahr: 1980 **Daimler O 305**
21 III

Beschaffungsjahr: 1981 **Daimler O 305**
18 III   42 II
19 III   46 II
23 II   47 II
33 III   48 II
34 III   49 II
35 III   55 II
36 III   56 II
37 III   57 II
38 III   58 II
39 III

186 *)   189
187   a (20.3.81)   190 *)
188

Daimler SH 16
(Gelenkzug)
*) mit Stufenlift

Beschaffungsjahr: 1982 **Daimler SH 16**
(Gelenkzug)
*) mit Stufenlift
191   193 *)
192 *)

Beschaffungsjahr: 1983 **Daimler O 303**
1 IV

Daimler SH 16
(Gelenkzug)
*) mit Stufenlift
194 *)   195 *)

Beschaffungsjahr: 1984 **Daimler SH 16**
(Gelenkzug)
*) mit Stufenlift
196 *)

Daimler O 305 G
(Gelenkzug)
197   198

Heidelberger Straßen- und Bergbahn Aktiengesellschaft

Fahrplan der Straßenbahn

Fahrplan ohne Gewähr

Gültig ab 25. Juni 1960

Linie		Frühverkehr	Normalverkehr (Zeitangaben in Minuten zu beliebiger Stunde)	Spätverkehr
1 Karlstor – Bunsengymnasium und umgekehrt	Karlstor . . . . Bismarckplatz . . . . Bunsengymnasium	. . . 619 629 639 649 659 . . . 628 638 648 658 708 . . . 635 645 655 705 715	09 19 29 39 49 59 18 28 38 48 58 08 25 35 45 55 05 15	2009 2019 2029 2049 2109 2129 2149 2209 usw. 2329 2018 2028 2038 2058 2118 2138 2158 2218 alle 20 Minuten 2338 2025 2035 2045 2105 2125 2145 2205 2225 bis: 2345
2 und **2K** Karlstor – Bismarckplatz – über die Kurfürstenanlage **Hauptbahnhof** über die Bergheimer Straße **Bismarckplatz – Handschuhsheim** und umgekehrt	Bunsengymnasium . . . . . Bismarckplatz . . . . Karlstor	609 619 629 639 649 . . . 618 628 638 648 652 702 712 . . . 636 646 656 . . . 643 653 703 . . . 652 702 712	06 16 26 36 46 56 13 23 33 43 53 03 22 32 42 52 02 12	2006 2016 2026 2046 2106 2126 usw. 2306 2326 2013 zum 2033 2053 2113 2133 alle 20 Min. 2313 fahren zum 2022 Betr. 2040 2100 2120 2140 bis: 2320 Betr.-Bhf.
2K	Karlstor . . . . Bismarckplatz . . . . Hauptbahnhof . . . . Bismarckplatz . . . . Handschuhsheim	. . . . . . 513 523 . . . . 522 532 . . . . 528 538 . . . . 535 545 555 . . . . . . 543 553 603	03 13 23 33 43 53 12 22 32 42 52 02 18 28 38 48 58 08 25 35 45 55 05 15 33 43 53 03 13 23	2303 2313 2323 2338 2345 2355 2312 2322 2332 2347 2354 004 2318 2328 2338 2353 2400 010 2325 2335 2345 2400 fahren zum 2333 2343 2353 8.Bf. 008 Betriebsbahnhof
2	Karlstor . . . . Bismarckplatz . . . . Hauptbahnhof . . . . Bismarckplatz . . . . Handschuhsheim	. . . . 505 515 525 455 505 515 525 535 545 503 513 523 533 543 553 457 507 513 523 533 543 553 503 513 526 536 546 556	05 15 25 35 45 55 13 23 33 43 53 03 20 30 40 50 00 10 26 36 46 56 06 16 33 43 53 03 13 23	2305 2315 2325 2335 2345 2355 010 2313 2323 2333 2343 2353 003 018 2320 2330 2340 fahren zum Betriebs- 2326 2336 2346 bahnhof Heidelberg 2333 2345 2355
2K	Handschuhsheim . . . . . Bismarckplatz . . . . Hauptbahnhof . . . . Bismarckplatz . . . . Karlstor	. . . 505 515 525 535 545 555 512 522 535 545 555 605 615 . . . 540 550 . . . 548 558 . . . 555 605	05 15 25 35 45 55 12 22 32 42 52 02 20 30 40 50 00 10 28 38 48 58 08 18 35 45 55 05 15 25	2305 2315 2325 2335 2345 2355 2313 2323 2333 2343 2353 003 018 2326 2336 2346 fahren zum Betriebs- bahnhof Heidelberg
3 Handschuhsheim – Bergfriedhof und umgekehrt	Handschuhsheim . . . . . Bismarckplatz . . . . Bergfriedhof	. . . . 540 550 . . . . 548 558 . . . . 555 605	00 10 20 30 40 50 08 18 28 38 48 58 15 25 35 45 55 05	2100 2110 2120 2130 2140 2150 2200 2108 2118 2128 2138 2148 2158 2208 2115 2125 2135 fahren über Hbf. zum Betriebsbahnhof
	Bergfriedhof . . . . Bismarckplatz . . . . Handschuhsheim	. . . . 603 530 540 550 600 610 538 548 558 608 618	03 13 23 33 43 53 10 20 30 40 50 00 18 28 38 48 58 08	2103 2113 2123 2133 2143 2110 2120 2130 2140 2150 2118 2128 2138 2148 2158
4 Wieblingen – Hdbg. – Schlierbach	Wieblingen . . . . Heidelb., Betriebsbahnhof Bismarckplatz . . . . Karlstor . . . . Schlierbach/Ziegelhsn. . .	. . . 515 535 555 . . . 520 525 545 605 . . . 525 535 545 605 610 . . . 534 539 559 619 . . . 543 548 608 628	05 15 25 35 45 55 10 20 30 40 50 00 15 25 35 45 55 05 19 29 39 49 59 09 28 38 48 58 08 18	2005 2015 2035 usw. 2255 2315 2335 2351 2010 2020 2045 alle 2305 2325 2345 001 2015 2030 2050 20 2310 — — — 2039 2059 Min. 2319 — — — 2048 2108 bis: 2328 — — —
12 Wieblingen – Heidelberg	Wieblingen . . . . Karlstor . . . . Bismarckplatz . . . . Heidelb., Betriebsbahnh. .	. . . 548 *nur werktags* 558 . . . 607 616 . . . 606 626 . . . 611 *zum* 621 631 . . . 621 Hbt. 621 631 641	18 28 L12 38 48 L12 58 27 36 L12 47 56 L12 07 41 46 06 16 51 01 11 31 41 L12 L12	1918 1938 1958 2318 2338 2348 1927 1947 2007 2327 2347 2357 1936 1956 2016 2336 2356 006 1941 1951 2001 2021 2341 001 011 1951 2001 2031 2351 — 021
5 Heidelberg, Hauptbahnhof – Schlierbach – Neckargemünd und umgekehrt	Hauptbahnhof . . . . . . Bismarckplatz . . . . Karlstor . . . . Schlierbach/Ziegelh. . . . Orthopädische Klinik . . Neckargemünd	434 514 519 534 554 440 520 525 540 600 449 529 534 549 609 458 538 543 558 618 507 542 *nur werktags* 602 622 511 551 611 631	14 34 54 20 40 00 29 49 09 38 58 18 42 02 22 51 11 31	2314 2354 Nur 112 2320 000 Samstag 121 2329 009 (Sondertarif!) 130 2338 018 134 2342 022 143 2351 031
	Neckargemünd . . . . . . Orthopädische Klinik . . Schlierbach/Ziegelh. . . . Karlstor . . . . Bismarckplatz . . . . Hauptbahnhof	501 521 541 551 601 511 531 551 601 611 524 544 607 617 537 *nur werktags* 622 546 626 553 633	15 35 55 24 44 04 28 48 08 37 57 17 46 06 26 53 13 33	2315 2335 2355 Nur 143 2324 2344 004 Samstag 152 2328 2348 008 (Sondertarif!) 156 2337 2357 017 053 205 2346 006 026 102 214 2353 fahren zum Betriebsbahnhof Heidelberg

Linie 6: Heidelberg - Rohrbach - Kirchheim und umgekehrt

Haltestelle	Frühverkehr	Normalverkehr (Zeitangaben in Minuten zu beliebiger Stunde)	Spätverkehr
Heidelb., Seegarten	— — 515 525 545 555	05 15 25 35 45 55	2305 2315 — —
Heidelb., Bergfriedhof	— — 518 528 538 548 558	08 18 28 38 48 58	2308 2318 008
Rohrbach, Markt	501 511 525 535 545 555 605	15 25 35 45 55 05	2315 2325 015
Höllenstein	504 518 528 538 548 558 608	18 28 38 48 58 08	2318 2328 018
Kirchheim	508 522 532 542 552 602 612	22 32 42 52 02 12	2322 2332 022
Kirchheim	— — 514 524 534 544 554	04 14 24 34 44 54	2304 2314 2324 2338 024
Höllenstein	— — 518 528 538 548 558	08 18 28 38 48 58	2308 2318 2328 2342 028
Rohrbach, Markt	501 511 521 531 541 551 601	11 21 31 41 51 01	2301 2311 2321 2331 2345 031
Heidelb., Bergfriedhof	508 518 528 538 548 558 608	18 28 38 48 58 08	2308 2318 2328 2338 2352 noch Leimen
Heidelb., Seegarten	511 521 531 541 551 601 611	21 31 41 51 01 11	2311 fahren noch Leimen 2355 Leimen

Linie 7 und 8: Heidelberg - Rohrbach - Leimen - Nußloch - Wiesloch und umgekehrt

Haltestelle	Frühverkehr	Normalverkehr	Spätverkehr
Heidelb., Seegarten	— — 500 520 540 550	00 20 40 00 20	2050 2100 2120 2140 2200 2220 2240 2300 2320 2340 036
Heidelb., Bergfriedhof	— — 503 523 543 553	03 23 43 03 23	2053 2103 2123 2143 2203 2223 2243 2303 2323 2343 039
Rohrbach, Markt	510 530 540 550 600	10 30 50 10 30	2105 2110 2135 2150 2210 2230 2250 2310 2335 2350 046
Leimen, Ausweiche	— — — 508 518 538 558 608	18 28 38 48 58 18 38	2108 2118 2158 2218 2238 2258 2318 2358 051 054
Zementwerk	424 438 458 518 538 558 608	28 38 28 38	2118 2158 2218 2238 2258 2318 2358 032
Nußloch, Rathaus	433 447 507 527 547 607 —	27 47 07 47	2127 2147 2207 2227 2247 — 2327 — 007 103
Wiesloch, Endstelle	441 455 515 535 555 615 —	35 55 15 55	2135 2155 2215 2235 2255 — 2335 — 015 111
Wiesloch, Endstelle	— — 441 501 — — —	21 41 01 41	2021 2041 2101 2121 2141 2201 2221 2241 2301 2321 015
Nußloch, Rathaus	— — 449 509 — — —	29 49 09 49	2029 2049 2109 2129 2149 2209 2229 2249 2309 2349 023
Leimen, Ausweiche	430 453 458 503 508 518 528	48 08 48 08	2058 2118 2138 2158 2218 2238 2258 2318 2358 032
Zementwerk	433 456 501 506 511 521 —	41 01 21 41 01	2031 2041 2101 2121 2141 2201 2221 2241 2301 2321 001
Rohrbach, Markt	438 — — 508 513 516 523 533	03 23 43 03 23	2036 2046 2106 2126 2146 2206 2226 2246 2306 2326 006 —
Heidelb., Bergfriedhof	445 508 513 518 523 533 —	13 33 53 13 33	2043 2053 2113 2133 2153 2213 2233 2253 2313 2333 —
Heidelb., Seegarten	448 511 516 521 526 536 —	16 36 56 16 36	2046 2056 2116 2136 2156 2216 2236 2256 2316 2336 016 —

Linie 9: Bunsengymnasium - Hauptbahnhof - Rohrbach und umgekehrt

Haltestelle	Frühverkehr	Normalverkehr	Spätverkehr
Bunsengymnasium	— — 506 516 526 536 — 550	06 16 26 36 46 56	2306 2316 2326 2336
Hauptbahnhof	— — 511 521 531 541 — 556	11 21 31 41 51 01	fahren zum Betriebs-
Bergfriedhof	— — — 601 —	— 06 26 46	bahnhof Heidelberg
Rohrbach, Markt	— — 517 527 547 607 —	17 27 47 07 27	2311 — —
Rohrbach, Burnhofweg	518 528 538 548 558 608 —	18 28 38 48 58 08	2318 — —
Rohrbach, Burnhofweg	— — 518 528 538 548 558 608	08 18 28 38 48 58	2308 2318 — —
Rohrbach, Markt	— — 519 529 539 549 559 —	09 19 29 39 49 59	2309 2319 — —
Bergfriedhof	— — 525 540 555 605	15 25 45 55	2315 2325 —
Hauptbahnhof	— — 520 540 550 600 610	10 20 40 50 00	2320 2330 —
Bunsengymnasium	— — 526 546 556 606 616	16 26 46 56 06 16	2326 2336 —

Linie 10 und 11: Heidelberg - Pfaffengrund - Eppelheim - Plankstadt - Schwetzingen und umgekehrt

Haltestelle	Frühverkehr	Normalverkehr	Spätverkehr
Heidelb., Bismarckstr.	— — — 615 —	15 35 55 15 35 55	2125 2135 2145 2150 2155 2215 2255 2315 2335 001 007
Heidelb., Betriebsbahnhof	450 500 520 550 610 620	20 40 00 20 40 00	2130 2140 2150 2157 2200 2207 2220 2240 2300 2320 2340 006 012
Pfaffengrund	457 507 527 557 607 617 627	27 47 07 17 27 47	2137 2147 2157 2207 2227 2247 2307 2327 2347 — 019
Eppelheim	502 512 532 552 602 612 622 632	32 52 12 22 32 52	2142 2152 2202 2212 2232 2252 2312 2332 2352 — 024
Plankstadt, Rathaus	510 520 540 600 620 — 640	40 00 20 30 40 00	— 2200 2220 2300 2320 000 — 032
Schwetzingen	517 527 547 607 — 627 647	47 07 27 37 47 07	— 2207 2227 2307 2327 007 — 039
Schwetzingen	— — 517 537 — 557 —	17 37 57 17 37 57	2117 2137 2157 2217 2237 2257 2317 2327 009 040
Plankstadt, Rathaus	— 524 544 — 604 —	24 44 04 24 44 04	2124 2144 2202 2224 2244 2304 2324 2334 016 047
Eppelheim	512 532 552 607 617 — 622	32 52 12 32 52 12	2132 2152 2207 2217 2232 2252 2312 2332 2342 019 055
Pfaffengrund	517 537 557 607 617 — 627	37 57 17 37 57 17	2137 2157 2217 2237 2257 2317 2337 2347 024 100
Heidelb., Betriebsbahnhof	524 544 614 624 634 — —	44 04 24 44 04 24	2144 2154 2214 2234 2244 2254 2304 2324 2344 029 036
Heidelb., Bismarckplatz	529 549 619 629 639 — —	49 09 29 49 09 29	2149 — 2209 — 2249 2309 2329 2349 — 036 107

Fahrpläne für Omnibuslinien der Heidelberger Straßen- und Bergbahn Aktiengesellschaft sind in der Verwaltung, Bergheimer Straße 4, erhältlich

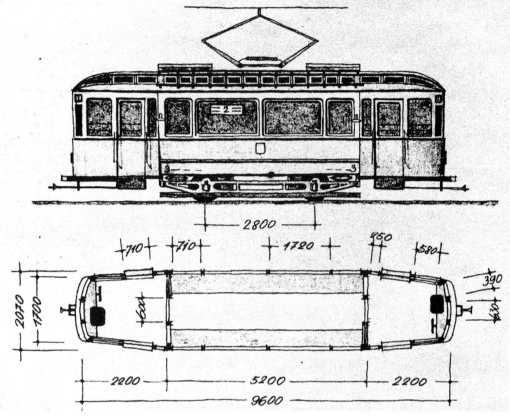

1 Typenzeichnung der **Tw 1–3,** Bj. 1901, 20 Sitz- und 24 Stehplätze, Gewicht 10,8 t.
(Zeichnung H. Kirchner)

2 Zur Aufnahme des elektrischen Betriebes auf der Friedhofslinie wurden drei Triebwagen von der Mannheimer Strassenbahn angekauft. Im Bild **Tw 1** an der Endstelle Handschuhsheim beim Grahampark noch in der ursprünglich weissgelben Lackierung. (Foto M. Reidel vor 1929)

3 **Tw 1** im Betriebshof Heidelberg im Zustand nach dem Umbau um 1948/49 mit einteiliger «Vollsicht»-Frontscheibe und vier gleich grossen Seitenfenstern.   (Foto F. Roth, 6. 10. 1960)
4 **Tw 3** erhielt im Gegensatz zu Tw 1 und 2 schmale Stege in den Frontseiten.
(Foto F. Roth, 22. 11. 1958)

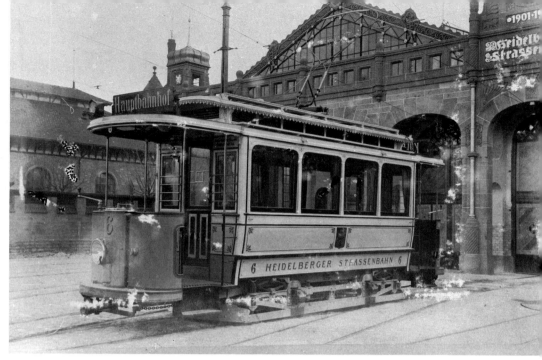

5 Ansicht des von der Firma Fuchs gelieferten **Tw 6** aus der Serie 4–21. Noch im Ursprungszustand mit offenen Plattformen, vor der Wagenhalle in Heidelberg.
(Siemens Museum München, 1902)

6 Typenzeichnung der **Tw 4–21,** Bj. 1902/03, 18 Sitz- und 24 Stehplätze, Gewicht 10,5 t.
(Zeichnung H. Kirchner)

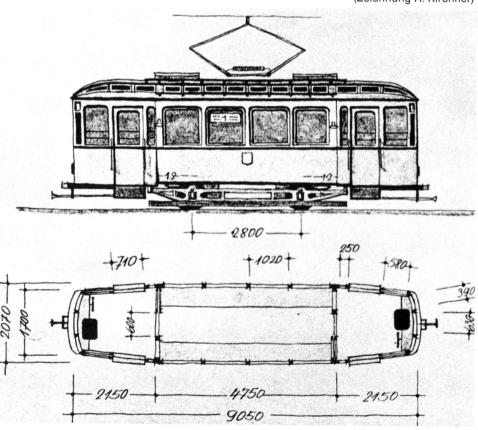

7 Tw 5 im Zustand ab 1925 am Bahnhof Karlstor. Zu beachten: die bis Ende der 1930er Jahre üblichen Seitenschilder am Laufsteg des Wagendaches. (Sammlung H. Braun)

8 Tw 17 erhielt beim Umbau 1953 grosse, durchbrochene Stirnscheiben. Die geplante Modernisierung weiterer «Stadtwagen» unterblieb. (Foto R. Basten, 3. 6. 1973)

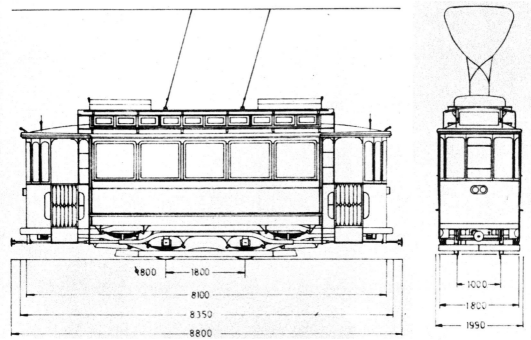

9 Typenzeichnung der **Tw 22–30** im Ursprungszustand, Bj. 1901, 20 Sitz- und 14 Stehplätze.
(Zeichnung G. König)

10 Ursprungszustand des **Tw 2** der Vorortbahn nach Wiesloch vor der dortigen Wagenhalle. Wir beachten die doppelten Lyrabügel. (Stadtarchiv Wiesloch)

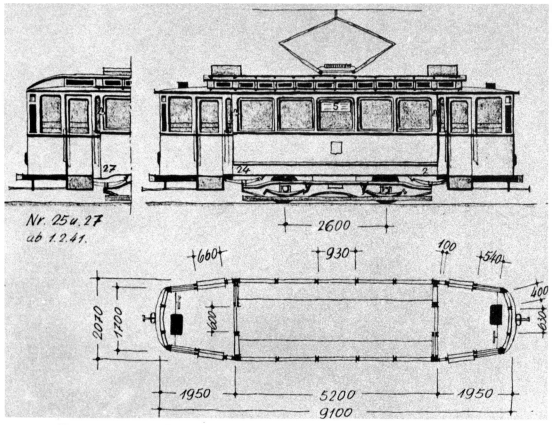

11 Typenzeichnung der **Tw 22–30** im Zustand ab Mitte der 1920er Jahre, Gewicht 13,2 t.
(Zeichnung H. Kirchner)

12 Mitte der 20er Jahre erhielten die Wieslocher Wagen geschlossene Einstiege: **Tw 24** auf Linie 7 bei der Bahnüberführung in der Rohrbacher-Strasse (Foto H. Röth, 17. 4. 1957)

13 **Tw 25** am 8. 3. 1941 nach dem Umbau mit Schleppdach, glattverblechten Seitenwänden und geänderter Frontscheibe. (Foto HSB)

14 Ansicht des **Tw 27** beim Betriebshof Heidelberg. Dieser Wagen erhielt, wie auch Tw 25 und später 30, 1941 eine in etwa der 50er-Serie ähnelnde Frontscheibe sowie glattverblechte Seitenwände. (Foto H. Röth, 11. 5. 1966)

15 Infolge erhöhten Bedarfs an Motorwagen nach dem 1. Weltkrieg entstanden aus den grossen Anhängewagen 61–64 die Tw 31–34. Im Bild der 1921 aus Bw 61 erbaute **Tw 33**.
(Repro P. Böhm)

16 Typenzeichnung der **Tw 31–34,** Bj. 1920/21, Umbau 1942 (ex Bw 61–64, Bj. 1911), 24 Sitz- und 20 Stehplätze.
(Zeichnung H. Kirchner)

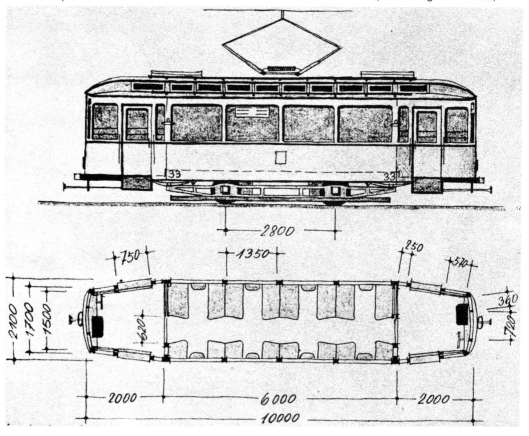

17 Wagenzug der Linie 2 mit **Tw 32** und **Bw 106** am Bismarckplatz.
(Foto D. Waltking, 5. 7. 1953)

18 **Tw 34** auf Linie 6 an der Endstelle in der Bahnhofstrasse.   (Foto H. Röth, 29. 8. 1959)

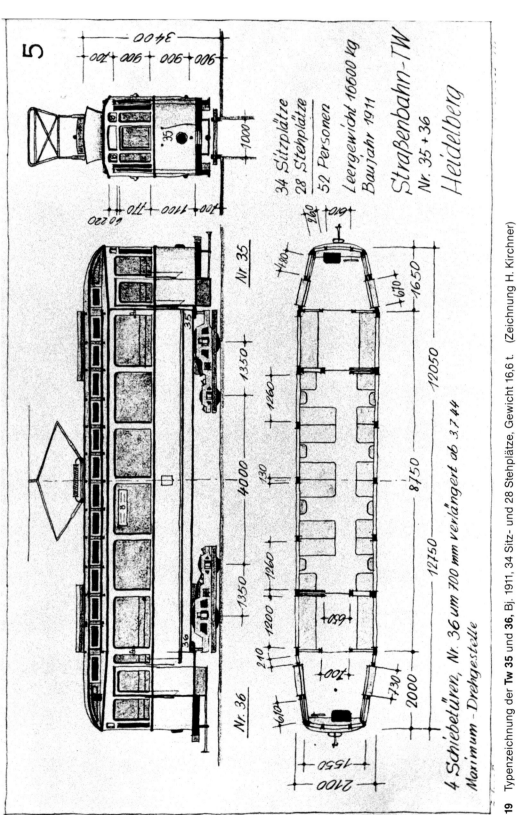

19 Typenzeichnung der **Tw 35** und **36**, Bj. 1911, 34 Sitz- und 28 Stehplätze, Gewicht 16,6 t. (Zeichnung H. Kirchner)

20 Zur Erhöhung der Betriebsreserve kamen 1911 erstmals zwei Vierachser in den Wagenbestand: Werkfoto von **Tw 90** (später Tw 35). (Sammlung R. Basten)

21 **Tw 35** am Betriebshof Heidelberg in seinem späteren Zustand mit Linien- und Zielschildern an den Frontseiten sowie Scherenbügel. (Foto H. Röth, 11. 3. 1956)

22 Der ursprünglich gleichartige **Tw 36** wurde ab 3. 7. 1944 an den Plattformen umgebaut und dabei um 700 mm verlängert. Dieses Foto zeigt den Tw im Betriebshof Leimen.
(Foto H. Röth, 16. 4. 1966)

23 Nach einem Unfall im Jahre 1956 erhielt **Tw 36** auf der einen Stirnseite eine ungeteilte Scheibe.
(Foto H. Röth, 16. 4. 1966)

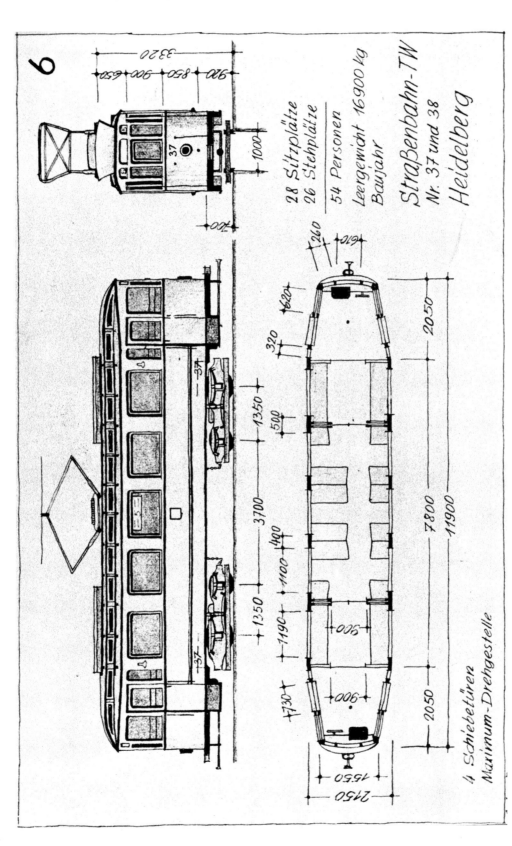

24 Typenzeichnung der **Tw 37** und **38**, Bj. 1913, 28 Sitz- und 26 Stehplätze, Gewicht 16,9 t. (Zeichnung H. Kirchner)

25 Ab 1913 beschaffte man Vierachser mit etwas kürzeren Wagenkästen. Im Bild **Tw 37** auf SL 7 beim Verlassen des Seegartens in Richtung Leimen. Dieser Wagen hatte 1950 ungeteilte Frontscheiben erhalten. (Foto H. Röth, 11. 5. 1966)

26 Tw 38 dagegen behielt seine geteilten Frontscheiben: der **Tw** an der Endstelle in der Bahnhofstrasse. (Foto H. Röth, 29. 8. 1959)

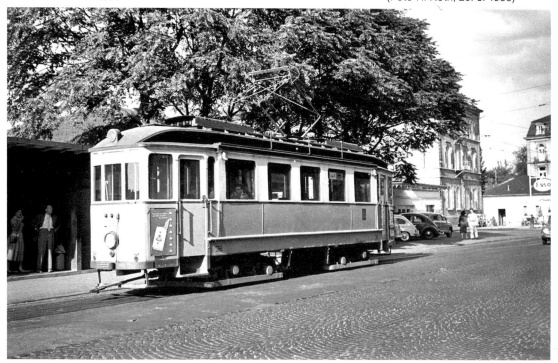

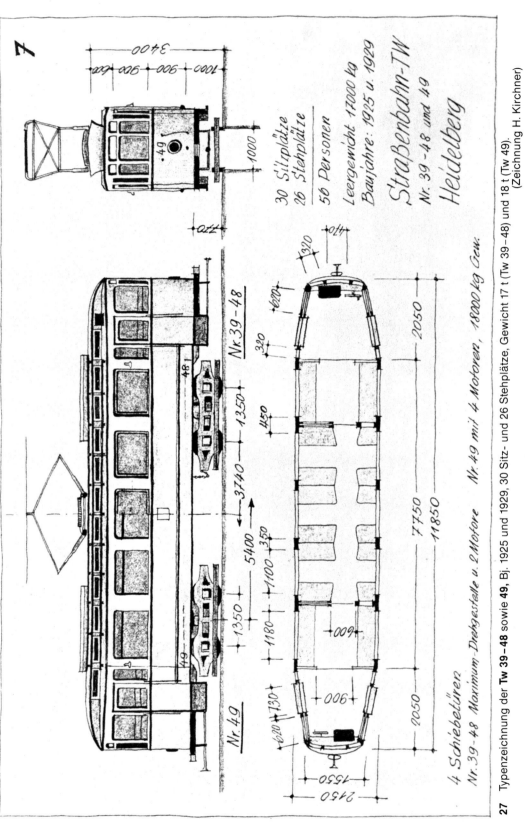

27 Typenzeichnung der **Tw 39–48** sowie **49**, Bj. 1925 und 1929, 30 Sitz- und 26 Stehplätze, Gewicht 17 t (Tw 39–48) und 18 t (Tw 49). (Zeichnung H. Kirchner)

28 **Tw 45** mit Bw 152 beim Schlossplatz in Schwetzingen. Der Tw war 1925 unter der Nr. 100 in München auf der Verkehrsausstellung zu sehen. (Foto HSB, 1958)

29 **Tw 48** mit**Bw 166** auf SL 7 an der Ausweiche Leimen. Dieser Wagen erhielt, wie einige andere Wagen aus der Serie 39–48 ungeteilte Frontscheiben. (Foto R. Basten, 2. 8. 1971)

30 1929 wurde **Tw 49** mit vier Motoren geliefert. Das Foto zeigt den Wagen auf dem Abstellgleis in der Karl-Metz-Strasse. (Foto H. Röth, 22. 3. 1959)

31 Nach einem Unfall erhielt **Tw 49** einseitig eine ungeteilte Frontscheibe: **Tw 49** auf Linie 9 bei der Bahnunterführung in der Rohrbacher-Strasse. (Foto H. Röth, 27. 4. 1957)

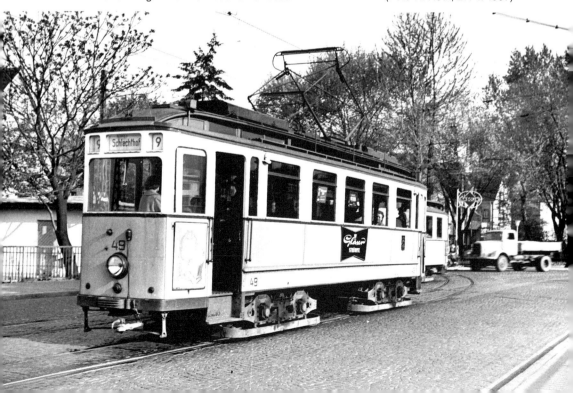

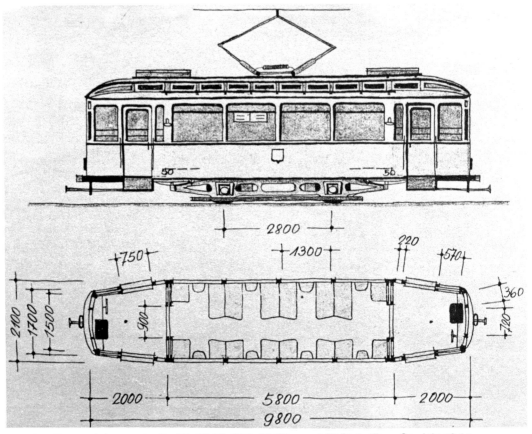

32 Typenzeichnung der **Tw 50–57,** Bj. 1929, 22 Sitz- und 20 Stehplätze, Gewicht 13,5 t.
(Zeichnung H. Kirchner)

33 Zur Erneuerung des Rollmaterials auf den Stadtlinien wurden 1929 acht Zweiachser (Nr. 50–57) geliefert. Im Bild **Tw 50** mit **Bw 160** auf SL 6 an der Markscheide.
(Foto H. Röth, 24. 5. 1966)

34 **Tw 54** als Reservewagen auf Linie 9 am Römerkreis. Wir beachten die Werbeflächen.
(Foto H. Röth, 11. 5. 1966)

35 **Tw 57** abgestellt im Betriebshof Leimen.
(Foto R. Basten, 2. 6. 1973)

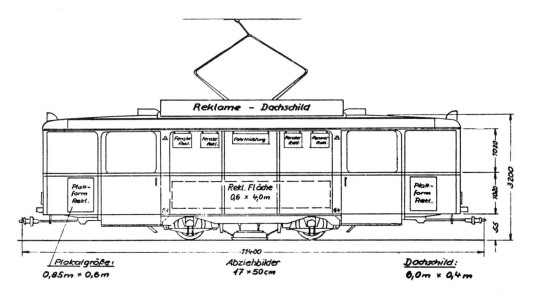

36 Typenzeichnung der **KSW-Tw 58–64 Reklamefelder,** Bj. 1949, 16 Sitz- und 62 Stehplätze, Gewicht 10,3 t. (Zeichnung HSB)

37 Im Frühjahr 1949 wurden sieben KSW-Tw in Dienst gestellt. Sie waren als erste Wagen der HSB mit Fahrersitzen ausgestattet. Im Bild **Tw 59** auf SL 10 an der Haltestelle «Stotz-Kontakt». (Foto R. Basten, 16. 2. 1973)

38 Der **Tw 60** vor der Wagenhalle in Heidelberg. Die KSW-Tw mit geraden Nummern wurden inzwischen modernisiert, von aussen zu erkennen an den geänderten Scheinwerfern.
(Foto R. Basten, 8. 6. 1972)

39 **Tw 62** auf Linie 3 an der Endstelle Bergfriedhof (Franz-Knauff-Strasse). Foto HSB, 1958)

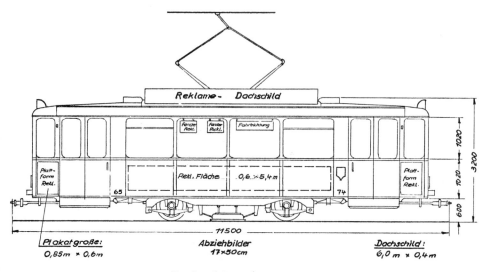

40 Typenzeichnung für Werbeflächen der **Aufbau-Tw 65–74,** Bj. 1952, 22 Sitz- und 56 Stehplätze, Gewicht 12 t.   (Zeichnung HSB)

41 1952 gelangten 10 Aufbau-Triebwagen (Nr. 65–74) in den Wagenbestand. Bei diesen Fahrzeugen handelte es sich jedoch um reine Neubauten, die innerbetrieblich als ESW bezeichnet wurden. Werkfoto von **Tw 69.**   (Waggon-Fabrik Fuchs, 1952)

42 **Tw 67** auf SL 1 beim Rathaus.   (Foto HSB, ca. 1954)
43 **Tw 74** auf Linie 9 am Hauptbahnhof.   (Foto R. Basten, 2. 6. 1973)

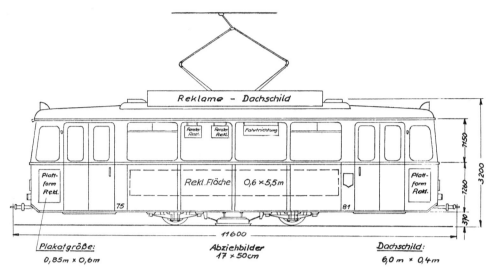

44 Typenzeichnung für Werbeflächen der **Tw 75–81** (sog. «Verbandstyp»), Bj. 1955/56, 22 Sitz- und 56 Stehplätze, Gewicht 12,4 t. (Zeichnung HSB)
45 Als letzte Neubauten der Firma Fuchs erschienen 1955/56 die sog. «Verbandswagen». Die ersten beiden gelieferten Wagen Nr. 75 und 76 waren zum Unterschied der Wagen Nr. 77–81 mit einer dunkelgrün lackierten Wagenschürze versehen. Im Bild **Tw 75**. (Werkfoto Fuchs, 1955)

46   **Tw 76** mit Bw auf Linie 8 in Leimen, Sportplatz.   (Foto HSB, 1956)
47   **Tw 80** vor der Wagenhalle in Heidelberg. Dieser Wagen blieb als einziger seiner Serie für Sonderfahrten erhalten.   (Foto HSB, 1959)

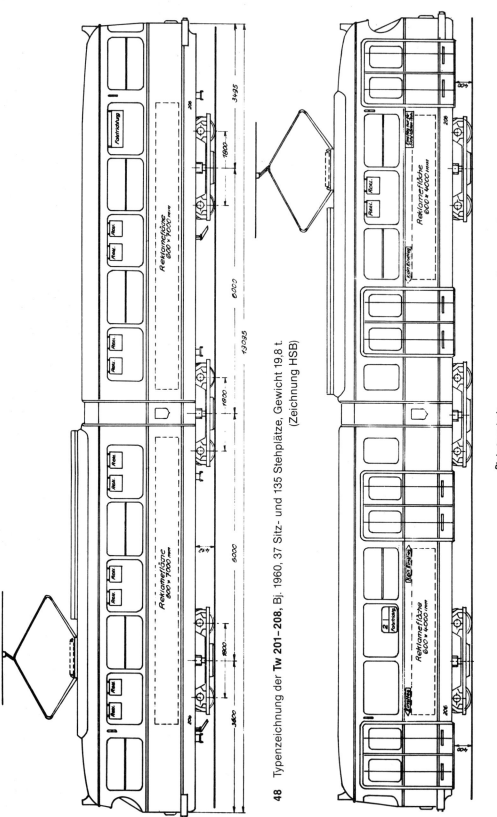

48 Typenzeichnung der **Tw 201–208**, Bj: 1960, 37 Sitz- und 135 Stehplätze, Gewicht 19,8 t. (Zeichnung HSB)

49 1960 beschaffte man infolge der Personalkosten-Situation 8 Grossraumwagen (Nr. 201–208). Werkbild mit **Tw 201**. (Foto DUWAG, 1960)

50 Tw 202 auf Sonderfahrt im Pfaffengrund. (Foto HSB, 1960)

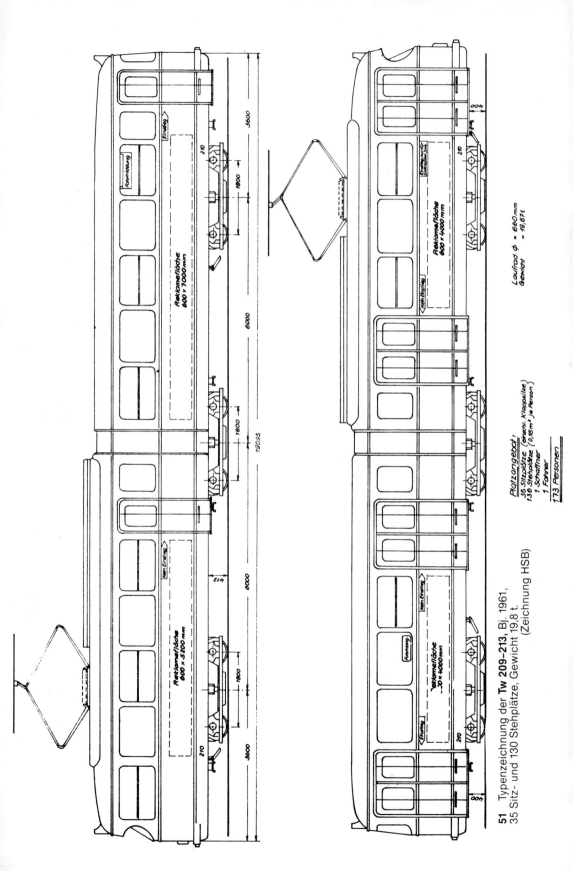

51 Typenzeichnung der **Tw 209–213**, Bj. 1961, 35 Sitz- und 130 Stehplätze, Gewicht 19,8 t. (Zeichnung HSB)

52 **Tw 213** auf SL 11 am Bismarckplatz. Die 1961 gelieferte Wagenserie 209–213 war für den Einsatz auf der Vorortlinie 11 mit je zwei einfachen Linkstüren versehen.
(Foto D. Waltking, 17. 9. 1962)

53 Heckansicht des **Tw 210** im Betriebshof Heidelberg. (Foto R. Basten, 3. 6. 1973)

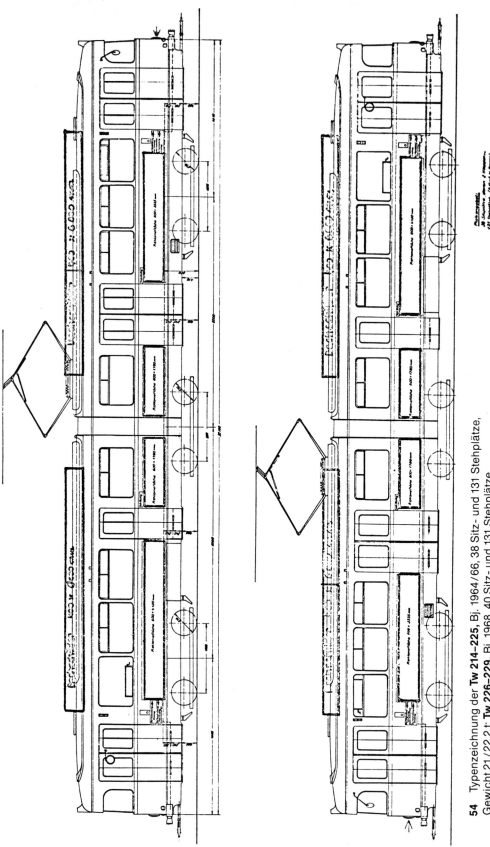

54 Typenzeichnung der **Tw 214–225**, Bj. 1964/66, 38 Sitz- und 131 Stehplätze, Gewicht 21/22,2 t; **Tw 226–229**, Bj. 1968, 40 Sitz- und 131 Stehplätze, Gewicht 22,2 t; **Tw 230–244**, Bj. 1973, 42 Sitz- und 131 Stehplätze, Gewicht 22,2 t. (Zeichnung HSB)

55 Infolge von Schwierigkeiten mit der Schaffung (z.B. Grunderwerb) von Wendeschleifen ging man ab 1964 wieder zum Zweirichtungswagen über. Das Foto zeigt **Tw 214** als Linie 8 beschildert im Betriebshof Leimen. (Foto HSB, 1964)

56 **Tw 223** auf Linie 2 an der Endstelle Karlstor. (Foto R. Basten, 7. 6. 1974)

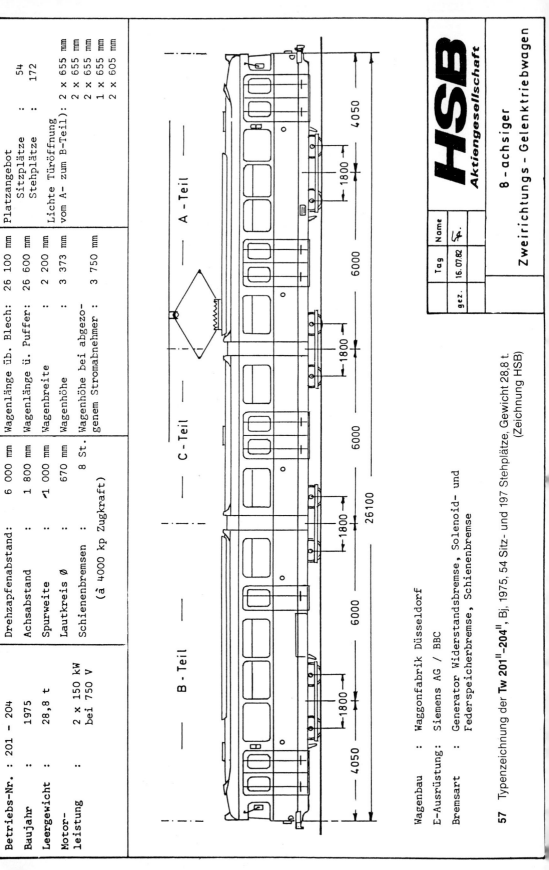

Betriebs-Nr.	:	201 - 204	Drehzapfenabstand:	6 000 mm	Wagenlänge üb. Blech:	26 100 mm	Platzangebot		
Baujahr	:	1975	Achsabstand	:	1 800 mm	Wagenlänge ü. Puffer:	26 600 mm	Sitzplätze	:	54
Leergewicht	:	28,8 t	Spurweite	:	1 000 mm	Wagenbreite	:	2 200 mm	Stehplätze	:	172
Motor-leistung	:	2 x 150 kW bei 750 V	Lautkreis Ø	:	670 mm	Wagenhöhe	:	3 373 mm	Lichte Türöffnung vom A- zum B-Teil):	2 x 655 mm 2 x 655 mm 2 x 655 mm 1 x 655 mm 2 x 605 mm
			Schienenbremsen	:	8 St. (à 4000 kp Zugkraft)	Wagenhöhe bei abgezogenem Stromabnehmer :	3 750 mm		

Wagenbau : Waggonfabrik Düsseldorf
E-Ausrüstung : Siemens AG / BBC
Bremsart : Generator Widerstandsbremse, Solenoid- und Federspeicherbremse, Schienenbremse

57 Typenzeichnung der **Tw 201"–204"**, Bj. 1975, 54 Sitz- und 197 Stehplätze, Gewicht 28,8 t. (Zeichnung HSB)

Andere Bücher unseres Verlages:

Archiv Nr. 18 (ISBN 3 85649 018 3)

Hundert Jahre Frankfurter Strassenbahnen
Tramways of Frankfurt
Von Horst Michelke und Claude Jeanmaire

Diese Studie zeichnet ein Bild von der Entwicklung aller schienengebundenen Nahverkehrsmittel in und um Frankfurt am Main. Seit die erste Pferdebahn am 19. Mai 1872 durch Frankfurts Strassen fuhr und diese Traktionsart 1899 von der «Elektrischen» abgelöst wurde, sind über hundert Jahre vergangen. Kein noch so ausführlicher Text könnte die technische Entwicklung des Rollmaterials so excellent aufzeigen wie dieser Bildband.
Für technisch Interessierte sind viele Typen- und Streckenzeichnungen wiedergegeben.

Buch gebunden, 15,5 x 23,5 cm,
220 Seiten mit 346 Abbildungen

Strassenbahnen in Osteuropa I und Strassenbahn-Betriebe in Osteuropa II

Von Hans Lehnhart und Claude Jeanmaire

Diese zwei einmaligen Bücher beinhalten eine Darstellung der in den westlichen Ländern, bedingt durch die politische Lage, weniger bekannten Strassenbahnbetriebe. Zum einen eine Zusammenfassung mit Daten und Streckenplänen, zum anderen eine Erfassung des Rollmaterials.

Grundlagen waren spärliche offizielle Unterlagen, vor allem aber Beobachtungen von Freunden der Strassenbahn.

Der erste Teil beinhaltet die Bahnen der **Deutschen Demokratischen Republik** und diejenigen der **Volksrepublik Polen**.

Auf 208 Seiten sind 295 Fotos und Streckenpläne vorhanden.

Das zweite Buch berichtet über die Strassenbahn-Betriebe folgender Länder: **europäisches Russland, Bulgarien, Rumänien, die Tschechoslowakei und Ungarn sowie Jugoslawien**.

Gebunden mit 226 Seiten und 350 Abbildungen, Fotos und Karten.
(Full english texts)

ISBN 3 85649 025 6
ISBN 3 85649 032 9

Verlag Eisenbahn
Gut Vorhard
CH-5234 Villigen/Schweiz/Switzerland

Archiv Nr. 53
Robert Basten, Claude Jeanmaire
Heidelberger Strassenbahnen
Tramways of Heidelberg (Germany)

Verlag Eisenbahn

Archiv Nr. 53

Robert Basten und Claude Jeanmaire

Heidelberger Strassenbahnen
Tramways of Heidelberg (Germany)

Eine Dokumentation über die
Heidelberger Strassen- und Bergbahn AG

Verlag Eisenbahn

Archiv Nr. 53   (ISBN 3 85649 053 1)
**Heidelberger Strassenbahnen
Tramways of Heidelberg (Germany)
100 Jahre Strassenbahnen Heidelberg, eine Dokumentation über die Heidelberger Strassen- und Bergbahn AG**
Robert Basten und Claude Jeanmaire

Heidelberg erhielt durch seine Bedeutung als Fremdenverkehrsstadt schon frühzeitig ein Nahverkehrsmittel. Erstmals am 13. Mai 1885 rollten Pferdebahnwagen durch die Strassen Alt Heidelbergs. Aus dem bescheidenen Pferdebahnbetrieb entwickelte sich im Laufe der Jahrzehnte ein Verkehrsnetz mit elektrischen Strassenbahnen, Bergbahnen und Omnibussen, das auch die nähere Umgebung erschliesst. Zeitweilig existierte auch ein Güterbetrieb.
Die Dokumentation beschreibt die wechselvolle Geschichte der verschiedenen Betriebsarten der Heidelberger Strassen- und Bergbahn AG (HSB) unter Berücksichtigung der 1945 übernommenen städtischen Strassenbahn Walldorf, den vielfältigen Wagenpark sowie die Geschichte sämtlicher Linien. Anekdoten von HSB-Pensionären schildern Begebenheiten aus dem lebendigen Betriebsalltag.
Mit zahlreichen, zum Teil historischen und bislang noch unveröffentlichten Fotos, zeigt der Bildteil die abwechslungsreichen Stadt- und Aussenstrecken der Strassenbahnen im Wandel der Jahrzehnte, eine Darstellung der Schienenfahrzeuge, Bergbahnen und Omnibusse sowie der Betriebshöfe und Werkstätten. Netz- und Weichenpläne, Fahrscheine, Fahrpläne und Wagenskizzen ergänzen die Illustration.
Das gebundene Buch mit zirka 220 Seiten, 300 Fotos und Abbildungen ist eine sehr interessante Dokumentation.

Archiv Nr. 26   (ISBN 3 85649 026 4)
**Stuttgarter Strassenbahnen
Tramwaylines of Stuttgart
Eine Dokumentation über die Strassenbahnlinien von 1868 bis 1975**
Gottfried Bauer, Ulrich Theurer und Claude Jeanmaire

Dieser Band bildet für unsere Schriftenreihe eine wertvolle Ergänzung der bisherigen Ausgaben über Strassenbahnen. Die seltenen, bisher meist unveröffentlichten Fotos und Dokumente bieten einen lückenlosen Überblick über die Strassenbahnlinien, die seit 1868 zum Wohle der Einwohner kreuz und quer durch die baden-württembergische Metropole führten.
Dieses Buch beinhaltet auf 208 Seiten 265 Abbildungen und Fotos, die alle Strassenbahnfreunde wie auch die Stadthistoriker begeistern werden.
Die Fülle der Informationen wird dazu führen, dass dieser Band wie auch die weiteren Werke, die in dieser Art über Stuttgart lieferbar sind, immer wieder aus der Bibliothek entnommen werden, um in schönen «Strassenbahnfahrten» das Stuttgart von einst zu durchstreifen.

**Verlag Eisenbahn
Gut Vorhard
CH-5234 Villigen AG Schweiz**

58 Die 1975 gelieferten vier achtachsigen Gelenkwagen Nr. **201**^{II}**–204**^{II}, in dieser Aufnahme vor der Wagenhalle in Heidelberg, werden ausschliesslich auf der starkbelasteten Linie 3 eingesetzt. (Foto HSB, 1975)

59 Tw 204 auf Linie 3 am Eichendorffplatz in Rohrbach. Alle Achtachser wurden in Signalrot mit Sparkassenreklame geliefert. (Foto H. Michael, 14. 5. 1977)

60 1911 lieferte die Firma Hellmas den Motorsprengwagen **89**. Mit diesem Spezialfahrzeug wurde Wasser auf die unbefestigten Strassen gesprengt, um eine Minderung der Staubentwicklung zu bewirken. (Foto HSB, 1928)

61 1920 kam Motorsprengwagen **88** hinzu, im Bild vor der Wagenhalle in Heidelberg. (Foto HSB 1928)

62 Zum Absaugen des Schmutzes aus den Rillschienen beschaffte man 1928 den Schienen-Reinigungswagen **100**. Die Aufnahme zeigt das Fahrzeug im Einsatz beim Hauptbahnhof.
(Foto HSB, Juni 1958)

63 1929 entstand in eigener Werkstatt für die Gleispflege Schleifwagen **97**. Das Foto entstand im Betriebshof Leimen.
(Foto R. Basten, 8. 6. 1972)

64 Streckenwagen **28** (ex Wieslocher Vorortbahn) diente zur Beförderung der Gleisbaumannschaft sowie von Arbeitsloren. Anfang 1960 erhielt er die Nr. 98. (Foto HSB, 1958)

65 Schneepflugwagen **190** im Betriebshof Leimen. Im Hintergrund der Salzwagen **195.** (Foto R. Basten, 2. 6. 1973)

66 1902/03 wurden die zehn Sommerwagen der Pferdebahn für den elektrischen Betrieb zu Anhängewagen umgerüstet: **Bw 35** auf der Karlstorlinie in den ersten Betriebsjahren am Marktplatz. (Foto Repro P. Boehm)

67 Typenzeichnung der **Bw 101–110,** Umbau aus Sommerwagen der Pferdebahn 1902/03, 26 Sitz- und 16 Stehplätze, Gewicht 4,7 t. (Zeichnung H. Kirchner)

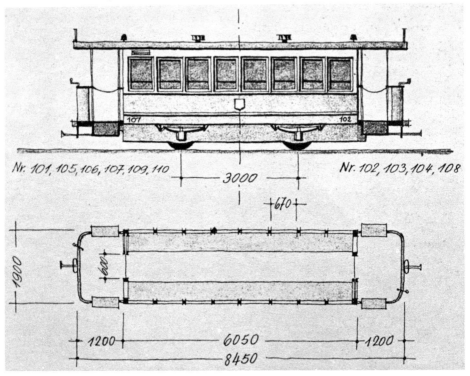

68 Bw 102 erhielt bei einer Modernisierung nach 1947 glatte Seitenwände. Zudem verschwanden Holzeinfassungen der Fenster sowie die Rammleiste. (Foto H. Röth, 25. 3. 1957)

69 Als einziger ehem. Pferdebahnwagen überlebte Bw 102 und wurde 1960 als Museumswagen Nr. 6 in den Zustand von 1910 zurückversetzt. 1976 gelangte der Wagen an das DGEG-Museum in Viernheim. Die Aufnahme zeigt den **Bw 6** mit **Tw 15** anlässlich einer Sonderfahrt bei der VDVA-Tagung 1972. (Foto R. Basten, 8. 6. 1972)

70 Bw 103 und Tw 16 auf Linie 10 in der Bergheimer Strasse beim Betriebshof.
(Foto H. Röth, 25. 3. 1957)

71 Nach einem Unfall erhielt Bw 109 einen neuen Wagenkasten mit fünf Seitenfenstern.
(Foto Sammlung R. Basten, Oktober 1954)

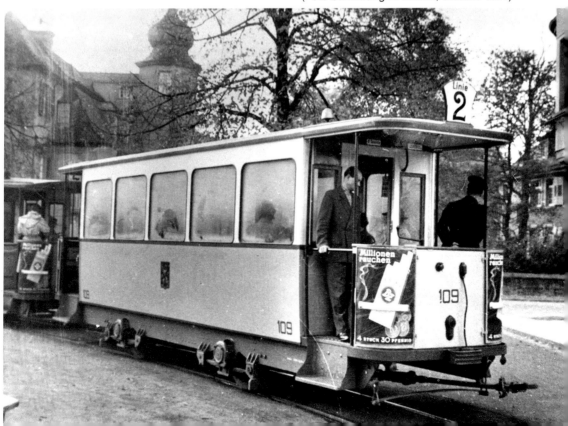

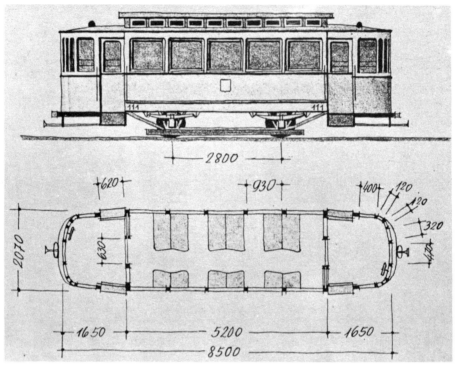

72 Typenzeichnung der **Bw 111–119,** Bj. 1901, 20 Sitz- und 24 Stehplätze, Gewicht 5,4 t. Bw 111, 117–119 erhielten nach Umbau 1930 18 Quersitze. (Zeichnung H. Kirchner)

73 Nach Übernahme der Wieslocher Vorortbahn gelangten neun Beiwagen in den Wagenbestand der HSB. Die einzige, dem Verfasser bekannte Aufnahme dieser Wagenserie zeigt **Bw 111** (und Mannheimer **Tw 134**) während des kriegsbedingten Einsatzes 1943 in Mannheim.
(Sammlung H. Braun)

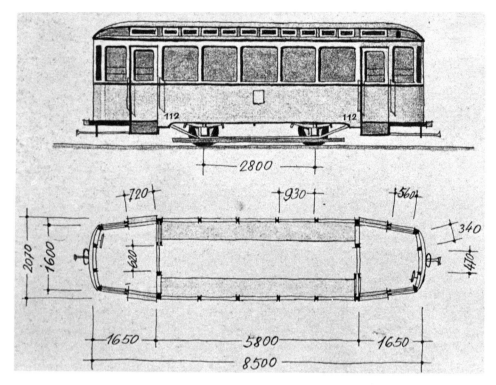

74 Typenzeichnung des **Bw 112,** Bj. 1930 (1901), 20 Sitz- und 24 Stehplätze, Gewicht 5,8 t.
(Zeichnung H. Kirchner)

75 Bw 112 erhielt bei Erneuerungsarbeiten 1930 geänderte Frontseiten, glatte Seitenwände und ein Schleppdach. (Foto H. Röth, 9. 12. 1956)

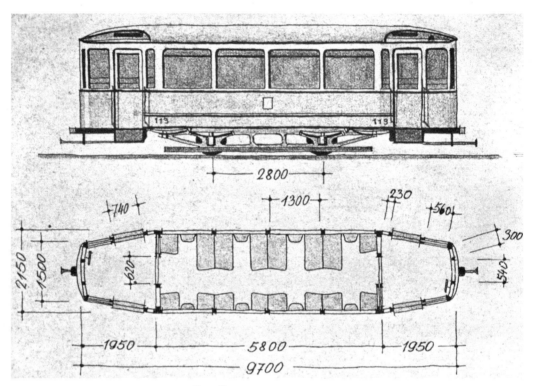

76 Typenzeichnung der **Bw 113^{II}–117^{II}**, Bj. 1944, 20 Sitz- und 28 Stehplätze, Gewicht 8 t.
(Zeichnung H. Kirchner)

77 Im Kriegsjahr 1944 beschaffte man als Ersatz für die ausgemusterten bzw. abgegebenen Wieslocher Wagen vier Beiwagen der Serie 113^{II}–117^{II}. Seitenansicht **Bw 117** im Betriebshof HD.
(Foto F. Roth, 6. 10. 1966)

78 Von den 1903/04 beschafften kleinen Anhängewagen der Serie 120–126 (ex 31–34 und 45–47) ist nur diese Aufnahme bekannt, auf der zwei Wagen im Ursprungszustand mit offenen Plattformen zu sehen sind. **Bw 47** und **Bw 31** in der Wagenhalle in HD.   (Foto HSB, 1907)

79   Typenzeichnung der **Bw 120–126,** Bj. 1903/04, 16 Sitz- und 24 Stehplätze, Gewicht 6,2 t.
(Zeichnung H. Kirchner)

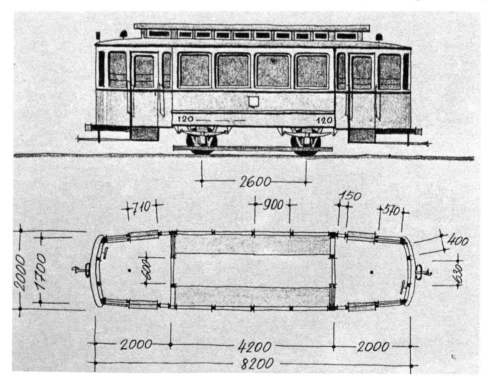

80 **Bw 121** im Zustand mit geschlossenen Plattformen an der Endstelle «Friedhof».
(Foto H. Röth, 6. 2. 1960)

81 **Bw 126** auf Linie 11 beim Betriebshof HD.
(Foto H. Röth, 26. 7. 1959)

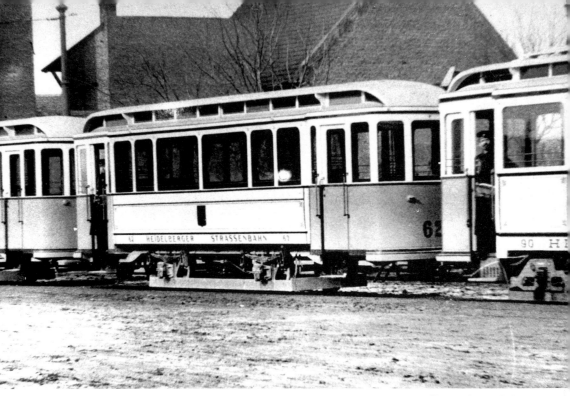

82 Der **Bw 62** entstammt aus der Serie der sog. «grossen Anhängewagen», die 1911 bzw. 1913 beschafft wurden. Dieser Bw wurde — sowie drei weitere — 1921 zu einem Tw mit Nr. 34 umgebaut, um den erhöhten Triebwagenbedarf abzudecken. (Foto Siemens Archiv, München)

83 Typenzeichnung der **Bw 127–134**, Bj. 1913, Umbau 1928, 24 Sitz- und 20 Stehplätze, Gewicht 7,8 t. (Zeichnung H. Kirchner)

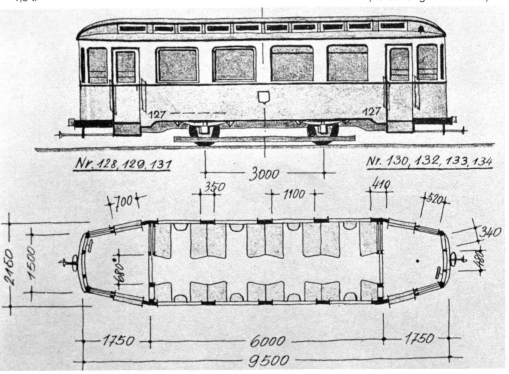

84 Die verbliebenen «grossen Anhängewagen» erhielten wie der hier abgebildete **Tw 129** Ende der zwanziger Jahre vier gleich grosse Seitenfenster. (Foto H. Röth, 15. 6. 1962)

85 **Bw 132** erhielt 1952 einen neuen Wagenkasten und einen verstärkten Fahrgestellrahmen. (Foto H. Röth, 17. 8. 1958)

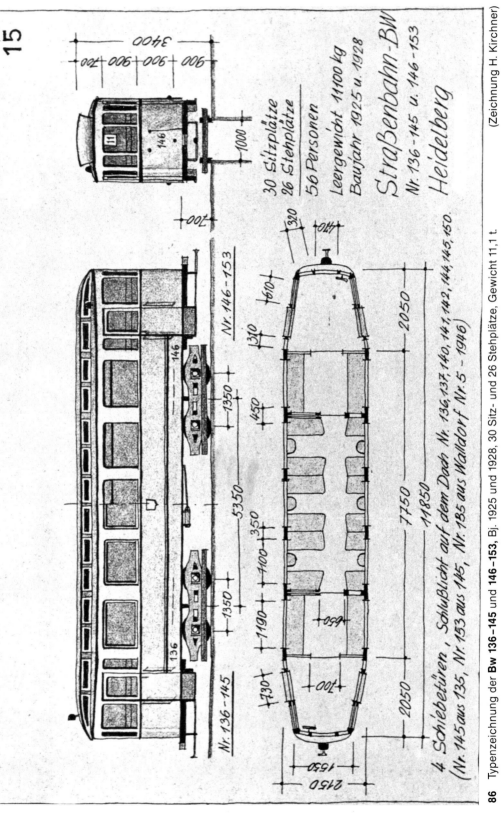

86 Typenzeichnung der **Bw 136–145** und **146–153**, Bj. 1925 und 1928, 30 Sitz- und 26 Stehplätze, Gewicht 11,1 t. (Zeichnung H. Kirchner)

87 1925 und 1928 wurden vierachsige Beiwagen (Nr. 136–153) passend zu den Triebwagen gebaut. Das Foto zeigt **Bw 142** beim Betriebshof HD. (Foto H. Röth, 26. 3. 1966)

88 **Bw 146** auf Linie 4 am Bismarckplatz. Im Gegensatz zu den Wagen 136–145 verfügten die Wagen 146–153 über Metallrahmenfenster mit Klappfenstern. (Sammlung R. Basten, um 1957)

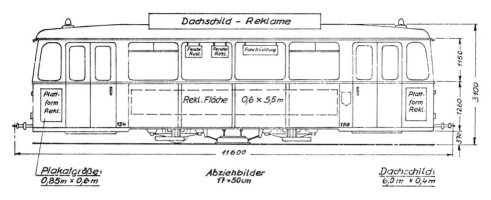

89 Typenzeichnung der «Verbands»-**Bw 154–168,** Bj. 1955/56, 22 Sitz- und 70 Stehplätze, 7,2 t.
(Zeichnung HSB)
89a Verbandszug mit **Tw 77** und den **Bw 164** und **166** auf SL 8 beim südlichen Ortsausgang von Leimen.
(Foto H. Röth, 9.9.1971)

90 1955/56 wurden letztmalig Beiwagen vom Verbandstyp beschafft. Werkfoto von **Bw 155**.
(Fuchs Waggon, HD)

91 **Bw 161** auf Linie 8 an der Endstelle in Wiesloch. (Foto R. Basten, 17. 2. 1973)

92 Der **Pferdebahnhof** im Jahre 1896 mit Dienstpersonal vor der zweigleisigen Wagenhalle.
(Foto HSB)

93 Ein geschlossener **Pferdebahnwagen** an der Ausweiche beim Ludwigsplatz. Von der Theaterstrasse aus bis hierher wurde 1897 zur Überwindung der Steigung ein Vorspanndienst mit einem zweiten Pferd eingerichtet.
(Foto HSB, 1896)

94 Wagen **13** an der Ausweiche am Kornmarkt. (Foto HSB, 1896)
95 Diese Postkarte (abgestempelt 1901) zeigt einen Sommerwagen am Kornmarkt, Blickrichtung Neckar. (Foto Repro H. Röth)

96 Pferdebahnwagen unter dem Karlstor in Richtung Hauptbahnhof. (Foto E. v. König)

97 Bei Umwandlung der Pferdebahn auf elektrischen Betrieb wurden die alten Gleise durch neue mit stärkerem Profil ausgewechselt. Das Foto zeigt den Ausbau des Pferdebahngleises in der Hauptstrasse zwischen Ludwigsplatz und Heiliggeistkirche. Die Hauptstrasse wurde dabei umgepflügt. (Foto HSB, 1902)

98 Der alte Bahnhof mit **Tw 10** und **17**. Im Hintergrund ein abgestellter, offener Beiwagen der Vorortbahn nach Wiesloch. (Siemens-Museum, München 1902)

99 Der alte Bahnhof in der Zeit vor dem Ersten Weltkrieg. Links im Bild die Abfahrtsstelle der Wieslocher Bahn, rechts die der Stadtlinien. (Foto E. v. König)

100 Ansicht des alten Bahnhofvorplatzes im Jahre 1928 mit dem ehemaligen Gebäude der Main-Neckar-Bahn. Links ein Wagenzug der Vorortlinie 8, rechts zwei Wagenzüge der Linie 2 zum Karlstor. Im Vordergrund ein sogenannter Friedhofswagen (Tw 12) der Linie 3. (Foto HSB)

101 Der Vorplatz des alten Bahnhofs ebenfalls 1928 mit Blick auf den alten badischen Teil. Am Gleisende stehen **Tw 6** und **Bw 70**. (Foto HSB)

102 Der **Bahnhofsvorplatz** um 1947/48 mit einem Vierwagenzug auf SL 8 und einem Rangier- bzw. Standwagen zum Einsatz als Tw für den nächsten Zug der Linie 6 oder 8. (Foto L. Haug)

103 Um das verkehrsbehindernde und beengte Rangieren auf dem Bahnhofsvorplatz zu vermeiden, entfernte man 1949 die alte Gleisanlage und errichtete stattdessen eine Gleisschleife. (Foto HSB, 1955)

104 Der Bahnhofsvorplatz in den 50er Jahren mit Blick auf die inzwischen abgerissenen Gebäude der Hauptpost und des Hotels «Reichspost». Rechts unten im Bild ist das Verbindungsgleis über den Rohrbacher Übergang zu sehen. (Foto Sammlung R. Basten)

105 Der Bismarckplatz mit **Tw 4, 10** und **12.** Im Hintergrund das Hotel Bayrischer Hof. Links im Bild ist noch der Botanische Garten zu sehen, an dessen Stelle später Arkaden erstanden. Rechts auf der gegenüberliegenden Strassenseite das Gleis der Nebenbahn nach Mannheim und Weinheim. (Siemens Museum 1902)

106 Diese Aufnahme entstand um 1920 anlässlich eines Festzuges. Im Vordergrund ein Wagenzug der SL 2 zum Karlstor, dahinter zwei Solotriebwagen auf SL 1 zum Schlachthof bzw. nach Handschuhsheim. (Foto P. Rossbach-Emden)

107 Der Bismarckplatz mit der 1924 errichteten Haltestellen-Insel. Inzwischen ist der Botanische Garten den Arkaden-Gebäuden gewichen. (Foto HSB, 1928)

108 Der Bismarckplatz noch vor dem Umbau der Gleisanlage im Jahre 1929, in Richtung Hauptstrasse gesehen. Der Darmstädter Hof, links im Bild, wurde 1980 durch einen Neubau ersetzt. (Foto E. v. König)

109–111 Der Bismarckplatz während des Gleisumbaues 1929. Oben: **Tw 57** mit einem Bw der Serie 101–110 beim Einbiegen in die Rohrbacher-Strasse. Mitte: Gleisbauarbeiten an der Einmündung zur Bergheimer- bzw. Rohrbacher-Strasse. Unten: Die neuen Gleisanlagen in der nördlichen Sophienstrasse. (Sammlung H. Grauli)

112 Der **Bismarckplatz** mit Hotel Bayrischer Hof in den 30er Jahren. Diese Ansichtskarte (Poststempel 1936) zeigt den gerade im Einsatz befindlichen Schienen-Reinigungswagen **100.**
(Foto M. Herzberg)

113 Ansicht des Bismarckplatzes mit dem Darmstädter Hof etwa zur gleichen Zeit. Links im Bild ein OEG-Zug an der Abfahrtstelle in Richtung Weinheim. (Sammlung R. Basten)

114–115 Verkehrssituationen am Bismarckplatz, Ecke Hauptstrasse, am späten Nachmittag im Jahre 1953.
(Stadtarchiv Heidelberg)

116 Probefahrt mit Grossraumwagen **255** der Bogestra auf der Linie 2/2K. Aufgrund des grossen Erfolges wurden bei der Düwag acht gleichartige Fahrzeuge beschafft.
(Foto HSB, Oktober 1958)

117 Abbruch der alten Arkaden-Gebäude und der Villa Busch 1960 am Bismarckplatz. Davor ein Wagenzug der Linie 2K zum Karlstor.
(Foto HSB)

118 Die Haltestelle am Bismarckplatz 1960. An Stelle der alten Arkaden ist das Kaufhaus Horten am Entstehen. (Foto HSB, 1960)

119 Haltestelle Bismarckplatz mit **Tw 231** auf SL 2 und **Tw 219** auf SL 1. Die alte Mittelinsel wurde bei Gleiserneuerung abgetragen. (Foto R. Basten, 8. 6. 1974).

120 Im Oktober 1983 verkehrte probeweise der Stadtbahnwagen **1118** der Essener-Verkehrs AG (EVAG) auf SL 3. Inzwischen sind acht solcher Fahrzeuge bei der Düwag in Auftrag gegeben worden, die auf der stark frequentierten SL 3 zum Einsatz gelangen sollen.
(Foto H. Röth, 1. 10. 1983)

121 Der Bismarckplatz nach Umgestaltung der Gleisanlagen im Jahre 1978, mit **Tw 202** auf SL3. Strassenbahn und OEG verfügen seitdem über eine gemeinsame Haltestellen-Anlage. Die frühere Strassenbahn-Haltestelle rechts im Bild dient nunmehr den meisten Omnibus-Linien als Abfahrtsstelle.
(Foto R. Basten, 24. 1. 1985)

122 Die Abfahrtstelle der Vorortlinien 10, 11 und 12 in der Bismarckstrasse. Im Vordergrund **Tw 44** und **Bw 153** auf SL 11, dahinter ein KSW auf SL 10. Rechts ein Halbzug der OEG-Linie nach Mannheim. (Foto F. Roth, 22. 11. 1958)

123 Ein weiteres Foto von der Abfahrt Bismarckstrasse zeigt **Tw 37** auf SL 12 und OEG-Ganzzug. (Foto R. Todt, Mai 1962)

124 **Tw 81** auf SL 1 am Eingang der Hauptstrasse. Zur Zeit der Aufnahme war dieser Strassenzug bis zum Kornmarkt vom durchgehenden Autoverkehr befreit. (Foto R. Basten, 21. 7. 1973)

125 Die Hauptstrasse in vorweihnachtlicher Abendstimmung mit **Tw 220** auf SL 5 zum Karlstor, November 1971. (Archiv HSB)

126 Die Steigung zwischen Uni-Platz und Theater-Strasse mit **Tw 18** im Jahre 1903.
(Stadtarchiv Heidelberg)

127 Die gleiche Stelle fast unverändert in März 1967 mit **Tw 41** auf Einsatzlinie Seegarten (Post)–Karlstor.
(Foto R. Todt, März 1967)

128 Tw 58 auf SL 1 am Uni-Platz in Richtung Karlstor fahrend. (Foto R. Basten, 21. 7. 1973)

129 Der Marktplatz bei der Heiliggeist-Kirche. An Werktagen musste auf der Hauptstrasse wegen des Be- und Entladeverkehrs ein eingleisiger Betrieb bis 1945 durchgeführt werden. Die Ansichtskarte (Poststempel 1903) zeigt **Tw 5** beim Befahren des südlichen Gleises in Richtung Hauptbahnhof. (Stadtwerke Heidelberg)

130 Der Marktplatz mit Blick auf das Rathaus Anfang dieses Jahrhunderts. Ein Wagenzug der Karlstor-Linie — bestehend aus Tw der Serie 1–21 und ehem. Sommerwagen **35** der ehemaligen Pferdebahn — fährt in Richtung Karlstor. (Sammlung R. Basten)

131 Der Marktplatz 1973, gleicher Standort, mit **Tw 217** auf SL 5. Nach dem grossen Brand im Jahre 1908 erfuhr das Rathaus nach Abriss der Seitengebäude seine heutige Gestalt.
(Foto R. Basten, 4. 6. 1973)

132 Blick auf die Hauptstrasse, im Schatten des Schlosses, mit Grossraumwagen der SL 5.
(Archiv HSB 1966)

133 Der Karlsplatz mit **Tw 54** und Bw auf SL 5, in Richtung Bismarckplatz.
(Foto R. Todt, Mai 1962)

134 Sehr eng für den Verkehr wird es zwischen Karlsplatz und Friesenberg. **Tw 232** auf SL 5 beim historischen Studenten-Lokal «zum Sepp'l». Ein Müllwagen muss auf den Bürgersteig ausweichen, um die Strassenbahn vorbeizulassen.   (Foto R. Basten, 1. 6. 1973)

135 Der eingleisige Abschnitt beim Friesenberg mit **Tw 43** auf SL 4 nach Wieblingen
(Foto H. Röth, 1. 4. 1966)

136 Noch eine Aufnahme am Friesenberg mit Blick auf das Karlstor: **Tw 230** auf SL 5.
(Foto R. Basten, 1. 6. 1973)

137 **Tw 10** unmittelbar vor der eingleisigen Durchfahrt unter dem Karlstor im Jahre 1902.
(Siemens Museum München)

138 Tw 4 lässt gerade das Karlstor hinter sich und fährt in die Endweiche beim Bhf. Karlstor ein.
(Siemens Museum München, 1902)

139 Im 1. Weltkrieg wurden wegen Einberufungen zum Militär erstmals Schaffnerinnen eingesetzt. Hier die erste Schaffnerin Frau Obermeir bei ihrem Diensteinsatz auf SL 2.
(Sammlung R. Basten)

140 1938 erfolgte der Bau einer Gleisschleife um das Karlstor. **Tw 4** auf Linie 1 zur Zeit der Gleisverlegungsarbeiten. (Foto HSB)

141 Die Karlstorschleife 1962 mit **Tw 207** auf SL 5, **Tw 36** auf SL 4 und **Tw 73** auf SL 1. Im Vordergrund das DB-Anschlussgleis zur Herrenmühle. (Sammlung R. Basten, 4. 10. 1962)

142 1968 musste die Gleisschleife zugunsten eines Strassenumbaues aufgegeben und durch eine Wendeanlage mit Stumpfgleis ersetzt werden. Die Aufnahme zeigt die Wendeanlage mit **Tw 47** auf SL 5. Im Hintergrund **Tw 65** auf SL 1. (Foto R. Basten, 8. 6. 1972)

143 **Tw 36** auf SL 10 fährt aus der Bergheimer-Strasse kommend in den Bismarckplatz ein. (Foto F. Roth, 22. 11. 1958)

144 Die Bergheimer Strasse zwischen Bismarckplatz und Hospitalstrasse vor ihrer Verbreiterung mit **Tw 20** und zwei Bw auf SL 2 in Richtung Handschuhsheim. (Stadtarchiv Heidelberg, 1953)

145 Die gleiche Stelle nach dem Umbau des Strassenzuges (Bergheimer Strasse) im Jahre 1954 mit zwei kreuzenden Wagen der Linien 10 **(Tw 40)** und 11 **(Tw 49** mit Bw). Anschliessend wurden die Gleise in Strassenmitte verlegt. (Stadtarchiv Heidelberg)

146 Die Haltestelle Hallenbad mit **Tw 231** auf SL 5. Im Hintergrund Linie 10 mit Tw 221, die nur kurzfristig mit Grossraumwagen bestückt war. (Foto R. Basten, 1. 6. 1973)

147 Tw 12 in der Ausweiche an der Ecke Bergheimer-/Römerstrasse im Jahre 1902. Man beachte das separat geführte Gleis der SEG (OEG)-Nebenbahn. (Siemens Museum München)

148 Die Bergheimer Strasse westlich der Römerstrasse mit **Tw 73** auf SL 1 Richtung Bunsen-Gymnasium. (Foto R. Basten, 1. 6. 1973)

149 Die Bergheimer Strasse an der Kreuzung Mittermaierstrasse, vor Umbau 1954. Der Gleisbogen zur Chirurgischen Klinik ist seit Kriegsende noch nicht wiederhergestellt worden.
(Stadtarchiv Heidelberg)

150 Zum Vergleich ein Bild aus dem Jahre 1973. **Tw 74** auf SL 9 biegt Richtung Bunsen-Gymnasium ab. Im Hintergrund **Tw 232** auf SL 5 Richtung Hbf. (Foto R. Basten, 1. 6. 1973)

151 Die Situation beim alten Messplatz beim Schlachthaus 1928. Der Messplatz war bis 1929 Umsteige-Punkt zwischen der Stadtlinie 1 nach Handschuhsheim und den Aussenlinien 10 Eppelheim, 11 Schwetzingen und 12 Wieblingen. Rechts die eingleisige Strecke der OEG.
(Foto HSB, 1928)

152 Die Bergheimer Strasse mit der früheren Einfahrt zum Betriebshof im Jahre 1952. Das Gleis an der Insel wurde auch als Endstelle der SL 2 benutzt. (Stadtarchiv Heidelberg)

153 Typischer Vierachszug auf SL 11 (Tw 48 mit Bw 140 und Bw 142) beim Betriebshof.
(Foto F. Roth, 28. 5. 1961)

154 Tw 42 auf SL 6 in der nördlichen Sophienstrasse fährt Richtung Handschuhsheim-Nord.
(Foto H. Röth, 22. 3. 1964)

155 Die Sophienstrasse in der Gegenrichtung mit Grossraumwagen **228** auf SL 6. Links im Vordergrund die Gleise der OEG. (Foto R. Basten, 21. 7. 1973)

156 Die «Neue Brücke» (spätere Friedrichsbrücke) mit Blick auf den Stadtteil Neuenheim nach ihrer Verbreiterung im Jahre 1906. (Foto E. v. König)

157 Nach Sprengung der Friedrichsbrücke 1945 wurde eine Behelfsbrücke errichtet. Danach konnte ab 1. 11. 1945 die Linie 2 wieder durchgehend vom Schlachthof nach Handschuhsheim betrieben werden. (Stadtarchiv Heidelberg um 1946)

158 Gelenk-Tw 201 auf der 1949/50 neu errichteten Friedrichsbrücke (heute Theodor-Heuss-Brücke) mit Blick nach Neuenheim. (Foto H. Röth, 6. 4. 1963)

159 Tw 1 im Ursprungszustand mit offenen Plattformen in der Brückenstrasse in Neuenheim im Jahre 1907. Links das Gleis der OEG-Linie nach Weinheim.
(Foto E. v. König)

160 Die Brückenstrasse um 1953 mit Dreiwagenzug auf SL 2 und Nachfolge-Wagen Tw 16 in Fahrtrichtung Handschuhsheim.
(Stadtarchiv Heidelberg)

161 Die Handschuhsheimer Landstrasse mit **Tw 58** und Bw 157 auf SL 3.
(Foto H. Röth, 24. 6. 1963)

162 Die Haltestelle Kussmaulstrasse in Neuenheim mit Grossraumwagen **207** auf SL 2 zum Hbf.
(Foto H. Röth, 6. 4. 1963)

163 Zwischen 1904 und 1912 verkehrte die Handschuhsheimer Linie zum Gasthaus «Grüner Hof». Im Bild **Tw 8** in der Ausweiche am Rosenbergweg. (Repro H. Wolter)

164 Ein Tw beim Einfahren in die Ausweiche am Rosenbergweg. Die Endstelle befand sich zirka 200 m weiter nördlich. (Repro H. Wolter)

165 **Tw 206** auf SL 2 bei der Einmündung in die Steubenstrasse. Rechts der Gleisabzweig der Strecke nach Handschuhsheim-Nord. (Foto E. Müller, 30. 8. 1971)

166 Die Endstelle Handschuhsheim beim Grahampark im Jahre 1926. Aufgrund fehlender Umsetzmöglichkeiten musste hier bis zum Bau einer Gleisschleife um die Tiefburg im Jahre 1946 mittels Standwagen umgesetzt werden. Im Bild **Tw 32** mit Beiwagen auf SL 1 und Standwagen im Hintergrund. (Sammlung R. Basten)

167 **Tw 57** und **Bw 108** und **Bw 102** auf SL 2 in der Gleisschleife um die Tiefburg im Jahre 1950. Der Betrieb der SL 2 mit zwei offenen Beiwagen war typisch für die Nachkriegszeit bis zum Sommer 1955. (Foto D. Waltking, 12. 4. 1955)

168 Seit 1963 wird im Gemeinschaftsbetrieb mit der OEG die Strecke nach Handschuhsheim-Nord betrieben. Im Bild **Tw 221** auf SL 6 OEG Bhf. (Hans-Thoma-Platz) in Richtung Stadtmitte fahrend. Rechts das im Abbau befindliche Abstellgleis der Güterwagen der OEG.
(Foto R. Basten, 9. 6. 1972)

169 Die Endstelle Handschuhsheim mit **Tw 222** auf SL 3. Links im Bild die Gleise der OEG nach Weinheim.
(Foto R. Basten, 7. 6. 1974)

170 Die Endstelle Chirurgische Klinik mit **Tw 5** und Bw auf SL 2 im Jahre 1941. Von hier aus verlief das Gleis als Provisorium für die Dauer des Krieges noch weiter bis direkt vor das Klinik-Gebäude, um den Transport der Verwundeten zu erleichtern. (Foto HSB)

171 Mit Einweihung der Ernst-Walz-Brücke am 23. 5. 1953 verkehrten wieder Strassenbahnwagen zur Chirurgischen Klinik. **Tw 71** auf SL 1a bei der Eröffnungsfahrt an der südlichen Brückenauffahrt mit der Albertuskirche im Hintergrund. (Foto HSB)

172 **Tw 73** auf SL 1 auf der Ernst-Walz-Brücke in Fahrtrichtung Karlstor.
(Foto R. Basten, 1. 6. 1973)

173 Die Endstelle Chirurgische Klinik wurde 1955 beim Bau der Berliner-Strasse von südlich der Jahnstrasse bis nördlich der Jahnstrasse verlegt. Im Bild die Endstelle 1958 mit **Tw 60** auf SL 1 Karlstor und einem Tw der Linie 9 in noch weitgehendst unbebauter Umgebung. (Foto HSB)

174 1959 erfolgte die Verlängerung der Strecke auf eigenem Bahnkörper zum Bunsen-Gymnasium: **Tw 233** auf SL 1 und **Tw 65** auf SL 4. Eine weitere Verlängerung bis Handschuhsheim (Hans-Thoma-Platz) ist noch in den 80er Jahren vorgesehen. (Foto R. Basten, 8. 6. 1974)

175 Um die Störungen im Fahrbetrieb der Südlinien durch die Überquerung der Reichsbahn beim Rohrbacher Bahnübergang zu vermeiden, wurde die Endstelle der Linien 6 und 8 am 28. 8 1948 in die Bahnhofstrasse verlegt: Abfahrbereiter **Tw 52** mit **Bw 161** und **Bw 168** auf SL 8 nach dem Umsetzen in Richtung Römerkreis gesehen. (Foto H. Röth, 6. 2. 1960)

176 Das alte Bahngelände beim ehemaligen Römer-Übergang mit einem Wagenzug in der Bahnhofstrasse beim Einbiegen in die Römerstrasse. (Stadtarchiv Heidelberg 1956)

177 In der Römerstrasse sind die Gleise in Strassenrandlage verlegt. **Tw 219** auf SL 6 fährt gerade in Richtung Römerkreis. (Foto R. Basten, 6. 9. 1972)

178 **Tw 66** auf SL 9 in der Schillerstrasse, in Richtung Römerkreis. (Foto R. Basten, 1. 6. 1973)

179 **Tw 50** mit **Bw 161** auf SL 3 beim Abbiegen von der Schillerstrasse zur Endstelle «Bergfriedhof» in der Franz-Knauff-Strasse. (Foto H. Röth, 2. 2. 1963)

180 Die Endstelle Bergfriedhof mit **Bw 121** und **Tw 74** auf SL 3. (Foto H. Röth, 6. 2. 1960)

181 Tw **47** auf SL 5 wird an der Haltestelle Betriebshof durch Grossraumwagen **214** ausgewechselt. (Foto R. Basten, 8. 6. 1972)

182 Die Karl-Metz-Strasse mit Tw **53** und Bw auf SL 5. Hinter der Strassenkreuzung links befindet sich die Südeinfahrt zum Betriebshof. (Foto R. Todt, 30. 4. 1960)

183 Eröffnungsfahrt auf der Neubaustrecke durch die Neue Strasse (= Kurfürstenanlage) am 30.6.1956. Der Eröffnungszug wurde von dem damaligen Generaldirektor Bergmaier selbst gelenkt. (Foto HSB)

184 Ansicht des damals neuen Hauptbahnhofes im Jahre 1956. (Archiv HSB)

185 Die Haltestelle Hauptbahnhof in Gegenrichtung gesehen mit Blick auf Königstuhl mit **Tw 201** auf SL 2 Handschuhsheim. (Foto H. Röth, 11. 5. 1966)

186 Die Kurfürsten-Anlage zwischen Hbf. und Römerkreis **Tw 221** auf SL1 in Fahrtrichtung Hbf. (Foto H. Röth, 14. 5. 1980)

187 Der in Neugestaltung befindliche **Römerkreis** am ehem. Bahnübergang mit den Gleisanschlüssen zur Römerstrasse in den ersten Betriebstagen der neuen Strecke. (Foto HSB, 1956)

188 Der Römerkreis mit **Tw 1** mit Bw 134 auf SL 2 zum Hbf. Wegen der alljährlichen Kirchweih in Handschuhsheim mussten in dieser Zeit auf Linie 2 Altwagen anstelle von Einrichtungswagen eingesetzt werden, da die Tiefburgschleife nicht befahrbar war. (Foto H. Röth, 16. 6. 1960)

189 Der Römerkreis in Richtung Hbf. gesehen mit einem Grossraumwagen **(Tw 230)** der Linie 5. (Foto R. Basten, 2. 6. 1973)

190 Ein in die Haltestelle Römerkreis Ost einfahrender Zug der Linie 2K, bestehend aus **Tw 70** und **Bw 166**. Die Kurfürsten-Anlage (im Hintergrund) ist noch völlig unbebaut.
(Foto H. Röth, 23. 3. 1958)

191 In den 60er Jahren entstanden in der Kurfürsten-Anlage Geschäftshäuser und Verwaltungsbauten. An der Haltestelle Römerkreis Ost steht abfahrbereit **Tw 202**[II] auf Linie 3 Handschuhsheim.
(Foto H. Röth, 7. 6. 1976)

192 Blick vom alten Bahngelände in Richtung Seegarten. Die Strassenbahn verkehrt noch in völlig unbebauter Umgebung. Links der ehemalige Bahnhofsvorplatz. Im Vordergrund die spätere Haltestelle Parkhaus (Bezirkssparkasse). (Foto HSB, 1956)

193 Die gleiche Stelle 10 Jahre später mit einem Wagenzug der Linie 6, bestehend aus **Tw 68** und **Bw 167**. (Foto H. Röth, 11. 5. 1966)

194 Die Haltestelle Adenauer-Platz (Früher Seegarten/Post) mit Einsatzwagen **47** zum Pfaffengrund. Ab 1966 war dieser Platz Endstelle für die Linien 10 Pfaffengrund und 11 Schwetzingen.
(Foto R. Basten, 2. 8. 1971)

195 Die Endstelle Seegarten/Post in Gegenrichtung betrachtet mit **Tw 218** und **Bw 163.** Bei Mangel an Einrichtungswagen für Linie 11 kamen aushilfsweise Zweirichtungswagen zum Einsatz.
(Foto R. Basten, 2. 6. 1973)

196 1960 entstand am Seegarten ein grosszügig angelegter Strassenbahn-Verkehrsknotenpunkt, der aber inzwischen wieder aufgegeben wurde. Im Bild **Tw 46** auf Linie 7 an der Ausstiegsstelle der Seegartenschleife. (Foto R. Basten, 1. 6. 1973)

197 Die Abfahrtstelle der Linien 7 Leimen und 8 Wiesloch am Seegarten mit Wartehalle und Verkaufs-Pavillons. **Tw 225** und **Bw 154** auf Linie 8. (Foto R. Basten, 1. 6. 1973)

198 Der Rohrbacher Bahnübergang 1940 zur Zeit der Erneuerung der Gleiskreuzung Reichsbahn/Strassenbahn. Im Hintergrund **Tw 53** auf Linie 6. (Foto HSB)

199 Rohrbacher Übergang im Jahre 1953 mit **Tw 28**. Zur Sicherung wurden beidseitig des Bahnübergangs Flügelsignale aufgestellt. (Foto Wolff)

200 Grossraumwagen 217 auf Linie 8 vor dem Abbiegen aus der Rohrbacher Strasse in die Seegartenschleife. An dieser Stelle befand sich früher der Rohrbacher Übergang. (Foto R. Basten, 6.5.1973)

201 Die obere Rohrbacher Strasse mit einem «reinrassigen» Verbands-Dreiwagenzug (**Tw 81** und **Bw 159** und **Bw 167**) auf Linie 8 an der Ecke Zähringer-Strasse. (Foto H. Röth, 31. 5. 1972)

202 Die Rohrbacher Strasse oberhalb des Bergfriedhofs mit **Tw 219** und **Bw 159** der Linie 8 unmittelbar vor der Überführung der Odenwaldbahn. Links der Gleisabzweig zur Schillerstrasse. (Foto R. Basten, 1. 6. 1973)

203 Die Rohrbacher Strasse am Bergfriedhof mit **Tw 51** und **Bw 139** und **Bw 143** auf Linie 8, unterwegs in Richtung Wiesloch. (Foto H. Röth, 30. 9. 1956)

204 Die Rohrbacher Strasse beim Bethanien-Krankenhaus mit Dreiwagenzug auf Linie 6, bestehend aus **Tw 32** mit **Bw 129** und **Bw 131**. Wegen des Pfingstverkehrs wurde nachmittags diese Linie durch einen zweiten Beiwagen verstärkt. (Foto H. Röth, 20. 5. 1956)

205 **Tw 216** und **Bw 163** auf SL 8 an der Markscheide im Jahre 1966. Linie 8 verkehrte als erste Linie seit dem 1. 1. 1966 mit schaffnerlosen Grossraumwagen. (Foto H. Röth, 24. 5. 1966)

206 Die Rohrbacher Strasse vor 1940 mit einem Wagenzug der Linie 7 **(Tw 51** und **Bw)**.
(Stadtarchiv Heidelberg)

207 Zweigleisiger Ausbau der Rohrbacher Strasse 1949. Es wird hier bereits das neue Gleis in Strassenmitte befahren. (Stadtarchiv Heidelberg)

208 Der Rohrbacher Markt vor dem Umbau 1950 mit **Tw 24** und **2 Bw** auf der Linie 6 in Fahrtrichtung Kirchheim. Das im Vordergrund gerade geführte Gleis verläuft nach Wiesloch.
(Stadtarchiv Heidelberg)

209 Der Rohrbacher Markt nach dem zweigleisigen Ausbau 1951. (Stadtarchiv Heidelberg)

210 Weitere Aufnahme vom Rohrbacher Markt mit **Tw 48** und **Bw 166** auf SL7.
(Foto R. Basten, 2. 8. 1971)

211 Zweigleisiger Ausbau der Strecke Rohrbach–Leimen im Jahre 1959 in Höhe der Grenzweiche. Der Gleislagerplatz (rechts im Bild) verschwand mit dem Ausbau der Strecke. (Foto HSB)

212 Blick von der Boxbergauffahrt im Jahre 1973 mit **Tw 81** sowie **Bw 161**. Im Hintergrund links ist inzwischen das Neubau-Gebiet Hasenleiser entstanden. (Foto R. Basten, 17. 2. 1973)

213   Die Ortseinfahrt Leimen mit **Tw 215** auf Linie 8. Ab hier wird die Strecke eingleisig. Im Hintergrund rechts das Heidelberger Zementwerk.   (Foto R. Todt, März 1967)
214   Zwei sich kreuzende Wagenzüge an der ehemaligen Ausweiche Leimen/Apotheke.
(Foto HSB, 1958)

215 Die Wagenhalle Leimen mit **Tw 29** in der Zeit zwischen 1913 und 1925. Man beachte die ursprünglich verwendeten grossen runden Linienschilder. (Sammlung H. Röth)

216 1961 wurde die Ausweiche Leimen (Endstelle der Linie 7) aus verkehrstechnischen Gründen von der Hauptstrasse in die Bahnhofstrasse (heute Römerstrasse) in Höhe der Wagenhalle verlegt. **Tw 51** und **Bw 141** in der Ausweiche Leimen. (Foto E. Müller, 24. 6. 1971)

217 Ausweiche Leimen mit Blick auf die Wagenhalle. Davor **Tw 224** auf SL 3 in Richtung Heidelberg. Anstelle der 1975 aufgegebenen Wagenhalle befindet sich heute ein Wohn- und Geschäftskomplex. (Foto R. Basten, 7. 6. 1974)

218 Die Bahnhofstrasse in Leimen mit dem noch in Seitenlage trassierten Einzelgleis. **Tw 52** und **Bw 137** auf SL 8 in Richtung Heidelberg. (Foto E. J. Bouwman, 16. 7. 1958)

219 Seit dem 17. 6. 1973 muss ab Leimen von der Bahn zur Weiterfahrt noch in den Bus umgestiegen werden. **Tw 222** auf SL 3 an der Endstelle in Leimen, Moltkestrasse, mit Anschluss-Bus KOM 172 auf Linie 30 nach Wiesloch. (Foto R. Basten, 7. 6. 1974)

220 Zwischen Leimen/Fischweiher und Nussloch/Kreuz hatte die Strassenbahn Steigungen bis 6,6% zu überwinden. Grossraumwagen **215** auf der Steigung nach Nussloch.
(Foto R. Basten, 16. 6. 1973)

221 Tw 223 an der Haltestelle Nussloch, Kirche.
(Foto R. Basten, 16. 6. 1973)

222 Die Haltestelle Nussloch/Rathaus um 1913/14 mit **Tw 28.** (Archiv H. Schmidt)
223 Der gleiche Standort im Jahre 1973 am Tag vor Stillegung der Linie 8. **Tw 223** verlässt gerade die Haltestelle in Richtung Wiesloch. (Foto R. Basten, 16. 6. 1973)

224 Die Ausweiche Nussloch-Friedhof mit Zugbegegnung. (Tw 214, Bw 166 und Tw 75). (Foto R. Basten, 4. 8. 1970)

225 Tw 223 beim Steinbruch in Nussloch mit Hängebahn des Leimener Zementwerkes im Hintergrund. (Foto R. Basten, 16. 6. 1973)

226 Der Streckenabschnitt zwischen Nussloch und Wiesloch bei der ehemaligen Ausweiche Wiesloch, Bergwerk mit Grossraumwagen **220**. (Foto H. Röth, 25. 3. 1973)

227 Das letzte Streckenstück zur Endstelle in Wiesloch war sehr steigungsreich. **Tw 79** und **Bw 164** in Fahrtrichtung Heidelberg. (Foto R. Basten, 31. 3. 1973)

228 Dieser Ausschnitt aus einer alten Ansichtskarte zeigt den geschmückten Wagen **Nr. 1** der Vorortsbahn HD-Wiesloch zur Eröffnungsfeier am 23. 7. 1901 vor der Wagenhalle in Wiesloch.
(Stadtarchiv Wiesloch)

229 Die Haltestelle der Strassenbahn vor 1925. (Stadtarchiv Wiesloch)

230 1930 wurde die Endstelle zum Stadtpark zurückverlegt. Im Bild **Tw 220** am letzten Betriebstag der Linie 8. (Foto R. Basten, 16. 6. 1973)

231 In Rohrbach am Markt zweigte früher von der Vorortlinie nach Wiesloch die Strecke nach Kirchheim ab. **Tw 33** und **Bw 127** in Rohrbach-Markt. (Foto D. Waltking, 7. 4. 1957)

232 Die Heinrich-Fuchs-Strasse mit einem nach Kirchheim fahrenden Wagenzug der Linie 6, bestehend aus **Tw 67** und **Bw 166**. (Foto H. Röth, 24. 5. 1966)

233 Die Ausweiche Höllenstein an der ehemaligen Waggonfabrik Fuchs. **Tw 50** und **Bw 160** verlässt gerade die Ausweiche in Richtung Kirchheim. (Foto H. Röth, 24. 5. 1966)

234 Tw 227 auf der Eisenbahn-Überführung in Kirchheim. (Foto H. Röth, 18. 6. 1972)

235 **Tw 223** auf der westlichen Brückenrampe in Richtung Kirchheim fahrend.
(Foto R. Basten, 1. 8. 1971)

236 Diese Aufnahme verdeutlicht die beengten örtlichen Verhältnisse von Kirchheim. **Tw 39** durchfährt die Hagelachstrasse in Richtung Heidelberg. (Foto H. Röth, 6. 4. 1963)

237 **Tw 218** beim Abbiegen aus der Odenwaldstrasse in die Hagellachstrasse. Man gewinnt den Eindruck, als ob die Strassenbahn gleich die rechtseitige Hauswand mitnehmen würde.
(Foto R. Basten, 8. 6. 1972)

238 Die Schwetzinger Strasse in Kirchheim mit **Tw 38**. (Foto H. Röth, 13. 4. 1963)

239 Die frühere Endstelle in Kirchheim vor dem Rathaus im Jahre 1958, mit **Tw 31** und **Bw**.
(Foto HSB)

240 Der Ausbau des Verkehrsknotens «Spinne» (Kirchheim) in den Jahren 1969/70 erforderte eine Rückverlegung der Endstelle um zirka 70 m. **Tw 220** in der bereits zurückverlegten Endweiche.
(Foto R. Basten, 1. 8. 1971)

241 Am Karlstor lag der Ausgangspunkt der **Neckartalbahn.** Das Foto zeigt **Tw 74** mit Bw auf SL 5 sowie **Tw 60** auf Linie 1 in der Karlstorschleife. Im Hintergrund das Gebäude des Bahnhofs Karlstor. (Foto R. Todt, Mai 1962)

242 **Tw 52** und **Bw 141** östlich vom Karlstor auf Linie 5, links der Neckar, rechts die Bundesbahn. (Foto H. Röth, 25. 4. 1962)

243 Der sogenannte «Weisse Übergang» der Odenwaldbahn. Beiderseits des Bahnübergangs waren aus Sicherheitsgründen Signale aufgestellt worden. (Sammlung H. Grauli, um 1932/33)
244 Die Verlegung der Odenwaldbahn ermöglichte 1933 die Beseitigung des «Weissen Übergangs». Im Bild **Tw 46** am «Weissen Übergang» zur Zeit des Umbaus der Schlierbacher Landstrasse. (Sammlung H. Grauli, 1933)

245 Die Schlierbacher Landstrasse zwischen Hausacker-Weg und Stiftsmühle nach 1910, mit der ursprünglich eingleisigen Trassierung der Strassenbahn. (Stadtarchiv Heidelberg)

246 Der gleiche Standort mit der seit 1936 ausgebauten zweigleisigen Strecke. **Tw 54** mit **Bw 142** auf Linie 5 Richtung Neckargemünd. (Foto H. Röth, 26. 5. 1962)

247 Der eingleisige Engpass beim «Schwarzen Schiff» im Jahre 1935 mit **Bw 144** und **Tw 40**.
(Foto HSB)

248 Mit dem Umbau der Schlierbacher Landstrasse 1936/37 erfolgte der Bau einer zweigleisigen Umfahrung des «Schwarzen Schiffes». Das Foto zeigt die im Bau befindliche Umfahrung mit **Tw 44**. Rechts ist noch die alte Gleisanlage zum «Schwarzen Schiff» erkennbar.
(Foto HSB, 1936)

249 Die Schlierbacher Landstrasse von der Neckarbrücke aus betrachtet. Bis hierher war die Strecke seit 1937 zweigleisig betrieben worden. **Tw 54** und **Bw 138** auf Linie 5 beim Einfahren in den eingleisigen Abschnitt nach Neckargemünd. (Foto H. Röth, 10. 9. 1961)

250 Die Ausweiche Schlierbach mit **Tw 56** sowie **Bw 121** und **Bw 123**. Hier war der Endpunkt der Linie 4. (Foto D. Waltking, 4. 6. 1951)

251 Die Ausweiche Schlierbach mit **Tw 67** und **Bw 137** auf Linie 5 hat gerade die Ausweiche Richtung Heidelberg verlassen. **Tw 39** auf Linie 4 steht noch an der Haltestelle.
(Foto H. Röth, 26. 5. 1962)

252 **Tw 48** und **Bw 148** in Schlierbach östlich der Haltestelle «Im Grund» am Neckar.
(Foto H. Röth, 25. 4. 1959)

253 **Tw 53** und **Bw 152** beim Verlassen der Ausweiche Waldgrenze in Richtung Heidelberg.
(Foto H. Röth, 26. 5. 1962)

254 Die Neckartalbahn am Kümmelbacher Hof (hier war früher eine Ausweiche) im Jahre 1939. (Foto HSB)

255 Der Kümmelbacher Hof von den Anhöhen des Heidelberger Stadtwaldes aus betrachtet. Ein Wagenzug der Linie 5 bestehend aus **Tw 47** und **Bw 144** fährt in Richtung Neckargemünd. Im Vordergrund die Odenwaldbahn mit der Dampflokomotive 01 240. (Foto H. Röth, 26. 7. 1959)

256 Tw **54** und **Bw 142** am Ortseingang von Neckargemünd. (Foto H. Röth, 20. 5. 1962)
257 Tw **79** und **Bw 147** am Kaiserhof in Neckargemünd. (Foto H. Röth, 26. 5. 1962)

258 **Tw 52** und **Bw 143** kurz nach Verlassen der Endstelle in Neckargemünd. Zwei Pkws versuchen der Strassenbahn auszuweichen. (Foto R. Todt, April 1962)

259 Die Endstelle Neckargemünd von der Elsenzbrücke aus gesehen mit **Tw 52** und **Bw 143**. (Foto R. Todt, April 1962)

260 Wagenzug der Linie 4 bestehend aus **Tw 40** und **Bw 152** in der Emil-Maier-Strasse.
(Foto H. Röth, 26. 3. 1966)

261 **Tw 64** sowie **Bw 154** biegt aus der Emil-Maier-Strasse in die Vangerowstrasse Richtung Wieblingen ab.
(Foto H. Röth, 28. 8. 1965)

262 Zugkreuzung bei der Gneisenaustrasse: links **Tw 43** mit **Bw 136,** rechts **Tw 44** und **Bw 146.**
(Foto H. Röth, 19. 3. 1966)

263 **Tw 42** und **Bw 150** an der Haltestelle Neckarspitze. Bis 1939 verlief die Strassenbahn von hier ab zum Betriebshof Heidelberg durch die Mannheimer Strasse (rechts im Bild).
(Foto H. Röth, 19. 3. 1966)

264 Die Linie 4 mit **Tw 75** und **Bw 160** bei der OEG-Brücke. (Foto H. Röth, 28. 8. 1965)

265 Partie am Neckar: **Tw 37** an der Haltestelle Lerchenbuckel. Anstelle der links im Bild ersichtlichen Felder stehen heute die modernen Bauten des Berufsförderungswerkes. (Foto R. Todt, April 1964)

266 Am 26. 10. 1959 erhielt der Stadtteil **Wieblingen** durch die Einrichtung der Linie 12 einen 10-Min.-Verkehr. Das Bild entstand an der neu eingelegten Ausweiche bei der Haltestelle Wieblingen-Ost anlässlich der Eröffnungsfahrt. (Foto HSB)

267 Die Ausweiche Wieblingen-Ost mit einem stadteinwärts fahrenden Zug der Linie 4, bestehend aus **Tw 64** und **Bw 154**.
(Foto H. Röth, 28. 8. 1965)

268 Sehr beengt ist es in der Ortsdurchfahrt Wieblingen bei der kath. Kirche. **Tw 42** und **Bw 150** auf Linie 4 von Heidelberg kommend. (Foto H. Röth, 20. 3. 1965)

269 **Tw 42** und **Bw 150** kurz vor dem Erreichen der Endstelle in Wieblingen.
(Foto H. Röth, 20. 3. 1965)

270 Diese Ansichtskarte aus dem Jahre 1929 zeigt oben die Haltestelle Wieblingen-Ost. Mitte: die neu elektrifizierte OEG, Strecke Heidelberg–Mannheim. Unten: die Endstelle Wieblingen mit Tw 49 auf Linie 12.
(Sammlung R. Basten)

271 Die Endstelle Wieblingen mit **Tw 42** und **Bw 150.**
(Foto H. Röth, 20. 3. 1965)

272 Letzte Fahrt der Strassenbahn nach Wieblingen vor Umstellung auf Busbetrieb am 2. 4. 1966. Der mit Abschiedsgirlanden geschmückte **Tw 44** begegnet am Betriebshof Heidelberg einem planmässigen Kurs der Linie 5 **(Tw 208)**. (Foto E. Müller)

273 Abschied von der Strassenbahn in Wieblingen. (Foto HSB, 2. 4. 1966)

274 Vierachszug der Linie 11 beim Einbiegen aus der Czernystrasse in die Bergheimer-Strasse vor 1939. Im Vordergrund die alte Gleisführung nach Wieblingen durch die Wieblinger Landstrasse. (Foto K. Schneckenberger)

275 Die Linie 11 mit **Tw 41** und **Bw 145** auf dem eingleisigen Abschnitt über die Czernybrücke. (Foto H. Röth, 19. 3. 1966)

276 Die Eppelheimer Strasse vor ihrer Verbreiterung im Jahre 1956. (Stadtarchiv Heidelberg)

277 Die Eppelheimer Strasse während des Ausbaues 1958 (noch eingleisig) mit **Tw 40** und **Bw 151** sowie **Bw 113**[II] auf SL 11. (Foto H. Röth, 31. 8. 1958)

278 Die zweigleisig ausgebaute Strecke im Pfaffengrund beim Markt mit **Tw 211** und **Bw 150** auf Linie 11. (Foto H. Röth, 13. 5. 1966)

279 Die Haltestelle Stotz-Kontakt im Pfaffengrund vor dem zweigleisigen Ausbau im Jahre 1957. Im Hintergrund die Ortschaft Eppelheim mit Schienenreinigungswagen **100**.
(Stadtarchiv Heidelberg)

280 Die gleiche Haltestelle zweigleisig ausgebaut und mit einem zusätzlichen Abstellgleis versehen im Jahre 1964: **Tw 65** und **Bw 113**[II]. Wenn auf dem Mittelgleis Einsatzwagen standen, wurden diese auf dem 3. Gleis umfahren. (Foto H. Röth, 21. 5. 1964)

281 Die enge Ortsdurchfahrt von Eppelheim bei der Haltestelle Jakobsgasse mit **Tw 209** und **Bw 162**.
(Foto R. Basten, 16. 2. 1973)

282 Die ehemalige Ausweiche Eppelheim-Rathaus mit **Tw 44,** Linie 11, **Tw 3** als Einsatzwagen und ein weiterer Wagenzug auf Linie 11.
(Foto R. Todt, April 1960)

283 Tw 219 beim Rathaus in Eppelheim mit dem charakteristischen Wasserturm im Hintergrund. (Foto R. Basten, 22. 7. 1973)

284 Seit dem 6. 12. 1974 endet die Strassenbahn in der Schwetzinger Strasse in Eppelheim auf einem ehemaligen Auto-Parkplatz. Von hier aus besteht Anschluss mit dem Bus 20 nach Schwetzingen. Im Bild **Tw 228** und **Tw 234** auf Linie 2 sowie Eineinhalbdecker KOM 134 auf Linie 20. (Foto R. Basten, 2. 4. 1975)

285 1964 entstand beim Pumpwerk ausserhalb der Ortschaft Eppelheim eine neue Ausweiche als Ersatz für diejenige beim Rathaus Eppelheim. Kreuzung zweier Wagenzüge der Linie 11 mit **Bw 157** und **Tw 209** sowie entgegenkommend **Tw 212** und **Bw 155**. (Foto R. Basten, 2. 6. 1973)

286 Im Streckenabschnitt zwischen Eppelheim und Plankstadt führte die Trasse an Feldern vorbei. **Tw 211** und **Bw 160** auf Fahrt in Richtung Schwetzingen. (Foto R. Basten, 21. 7. 1973)

287 Dieses historische Foto entstand am 9. 4. 1927 anlässlich der Eröffnungsfahrt der Linie 11 in Plankstadt beim Rathaus. Im Vordergrund die legendären Plankstädter Gäule.
(Sammlung Pfaff)

288 Als Gegenüberstellung zum obigen Bild eine Aufnahme aus dem Jahre 1973 mit **Tw 213**.
(Foto R. Basten, 31. 5. 1973)

289 Tw 46 mit einem Bw an der Haltestelle Plankstadt, Lessing-Strasse.
(Foto R. Todt, März 1967)

290 Ausweiche Plankstadt mit zwei kreuzenden Zügen, **Tw 213** und **Tw 211** sowie dem neugelieferten **Tw 234** auf Probefahrt. (Foto R. Basten, 31. 5. 1973)

291 **Tw 43** mit Bw zwischen Plankstadt und Schwetzingen. Links im Bild ist die längst abgebaute Bahnstrecke Heidelberg–Schwetzingen sichtbar. (Foto R. Todt, 1967)

292 **Tw 225** von der Eisenbahn-Überführung in Schwetzingen kommend kurz vor der Haltestelle Kurpfalzring. Auch Schwetzingen besitzt einen der für viele Gemeinden in der Rheinebene typischen Wassertürme. (Foto R. Basten, 21. 7. 1973)

293 Der Schlossplatz in Schwetzingen mit **Tw 95** und **Bw 75** im Jahre 1928. (Foto HSB)
294 Grossraumwagen **209** vor dem Schwetzinger Schloss im Jahre 1967. (Foto HSB)

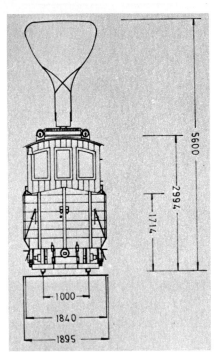
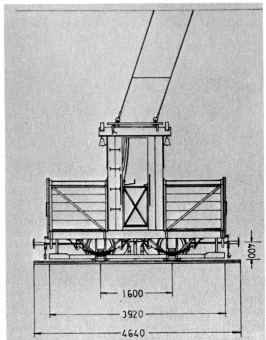

295 Typenzeichnung der Güter-E-Lok Nr. **80+81,** Bj. 1901, 4,8 t Nutzlast, 6,560 t Leergewicht.
(Zeichnung G. König)

296 Für den Steinzugbetrieb wurden zwei el. Lokomotiven beschafft. Zur Erhöhung der Wirtschaftlichkeit des Betriebes waren diese als Nutzlast-Lokomotive mit zwei Ladeflächen angeordnet. Im Bild E-Lok **41.**
(Werkfoto Arthur Koppel)

297 Güterzug beim Entladen im Zementwerk Leimen. Aufnahme zwischen 1901 und 1905.
(Repro H. Braun)
298 Gleiche Entladestelle aus einer Perspektive, die die Gleisanlage deutlich dokumentiert.
(Foto HSB, 1908)
299 **Nächste Seite:** Güterzug in der Ausweiche Leimen, Johannisstrasse vor 1905.
(Repro H. Braun)
300 Begegnung eines Güterzuges mit einem Personenzug der Wieslocher Vorortbahn in der Ausweiche Nussloch-Friedhof. (Foto HSB, 1908)
301 Güterzug mit E-Lok 81 (ex 41) am Gleisdreieck beim Steinbruch in Nussloch.
(Foto HSB, 1908)

302–304 Vorangehende Seite: In beiden Weltkriegen war Heidelberg Lazarettstadt. Die Verwundeten wurden in speziell umgerüsteten offenen Anhängerwagen transportiert. Die Motorwagen erhielten an den Stirnseiten als Kennzeichen ein grosses Rotes Kreuz. Die Bilder zeigen **Tw 17** mit einem der umgerüsteten Anhängewagen. (Fotos: HSB und Stadtarchiv Heidelberg)

305 Arbeits-Tw **100**. Reklame-Tw waren in den fünfziger bis Anfang der sechziger Jahre zu sehen. (Foto HSB, 1952)

306 Tw 18 wurde häufig als Reklame-Tw verwendet. (Foto HSB, 1956)

307 Der Betriebshof Heidelberg im Jahre 1910 mit seinen neuen Gleisen und der Triebwagenparade. (Foto HSB)

308 Die Wagenhalle im Betriebshof Heidelberg im Jahre 1928 mit Fahrleitungsauto, verschiedene Tw (34, 98, 100, 90). (Foto HSB)

309 Innenaufnahme der Wagenhalle mit den **Tw 97, Tw 7, Tw 14, Tw 93, Tw 100** und **Bw 61** (von links nach rechts) (Foto HSB, 1928)

310 Mit dem Ausbau des Betriebshofes Heidelberg in den Jahren 1958/59 erhielt die Wagenhalle eine modernisierte Vorderfront. (Foto R. Basten, 8. 6. 1972)

311 Die sechsgleisige Wagenhalle in **Leimen** mit Wohnhaus im Jahre 1928. Hier waren alle Südlinien stationiert. (Foto HSB)

312 Die Wagenhalle Leimen im Jahre 1973, 1975 aufgegeben und später abgerissen. (Foto R. Basten, 31. 3. 1973)

313/314 Zur Wieslocher Vorortbahn gehörte auch ein zweigleisiger Wagenschuppen an der Endstelle in Wiesloch. Die beiden Aufnahmen zeigen den Zustand der Wagenhalle im Jahre 1958. (Foto HSB)

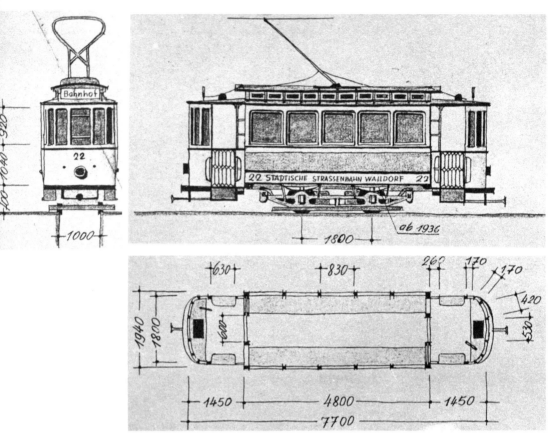

315 Typenzeichnung des **Tw 22** (ex 1), Bj. 1907, 18 Sitz- und 16 Stehplätze, Gewicht 9 t.
(Zeichnung H. Kirchner)

316 1907 wurde der elektrische Betrieb der städtischen Strassenbahn Walldorf mit zwei 2achsigen Triebwagen (1 und 2) aufgenommen. Im Bild **Tw 22** (ex Tw 1) in Walldorf auf der 180°-Kurve vom Schuppen zur Endstelle. (Foto P. Boehm, 12. 5. 1952)

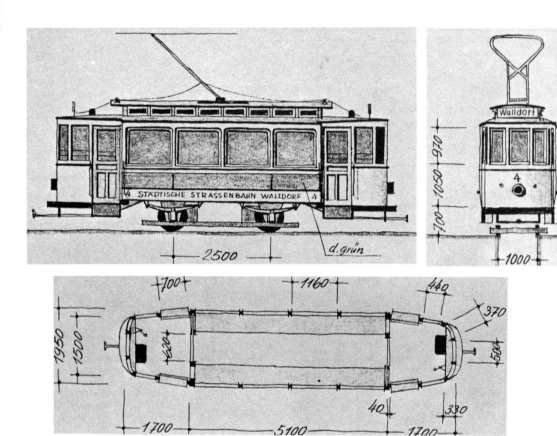

317 Typenzeichnung des **Tw 4,** Bj. 1911, 20 Sitz- und 24 Stehplätze, 9,5 t.
(Zeichnung H. Kirchner)

318 Der fabrikneue **Tw 4** vor der Auslieferung im Werksgelände der MAN.
(Werkaufnahme MAN, 1911)

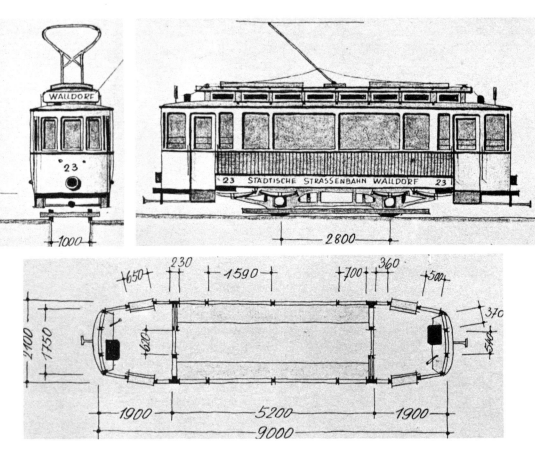

319 Typenzeichnung des **Tw 23** (ex 6), Bj. 1923, 20 Sitz- und 26 Stehplätze, Gewicht 10,5 t.
320 **Tw 23** zur Verschrottung abgestellt im Betriebshof Leimen. (Foto HSB, 1955)

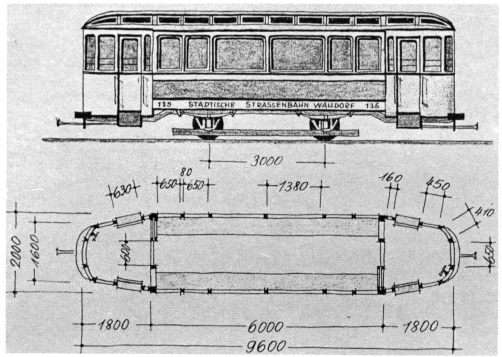

321 Typenzeichnung des **Bw 135** (ex 5), Bj. 1913, 24 Sitz- und 24 Stehplätze, Gewicht 7,8 t.
(Zeichnung H. Kirchner)

322 **Bw 135** (mit **Tw 23**) in Walldorf. (Foto P. Boehm, 12. 5. 1952)

323 Diese Grusskarte aus **Walldorf** (Poststempel 1902) zeigt einen Pferdebahnwagen an der Endstelle. (Sammlung R. Basten)

324 Pferdebahnwagen **2** um 1902 vor dem ehemaligen Hotel Walldorf Astoria. (Stadtarchiv Walldorf)

325 Tw 1^{II} (ex 2) um 1930 am Bahnhof Wiesloch-Walldorf. Auf der Brücke über der Reichsbahn ist **Tw 6** zu sehen.
(Sammlung H. Braun)

326 In den letzten Kriegstagen 1945 wurden durch die versuchte Sprengung der Strassenbrücke die Strassenbahngleise derart in Mitleidenschaft gezogen, dass zunächst die Endstelle zur westlichen Brückenrampe verlegt werden musste. Das Foto zeigt **Tw 22** an der östlichen Brückenrampe, der nach Reparatur der Brücke endgültigen Endstation.
(Foto D. Waltking, 1. 8. 1954)

327 **HSB-Tw 6** zwischen Walldorf und Bahnhof nach 1945. (Stadtarchiv Walldorf)

328 **Tw 23** und **Bw 135** sowie Nachwagen **Tw 6** an der Endstelle in Walldorf. Wegen der fehlenden Endweiche musste beim Mitführen des Bw 135 jeweils ein Nachwagen diesen Bw übernehmen. (Foto P. Boehm, 12. 5. 1952)

329 Die zweigleisige Wagenhalle in Walldorf mit **Bw 135** und **Tw 22**.
(Foto P. Boehm, 12. 5. 1952)
330 Letzte Fahrt der Walldorfer Strassenbahn mit **Tw 6** am 1. 8. 1954. (Foto HSB)

331 Bau der **unteren Bergbahn** im Jahre 1888. (Foto HSB)
332 Die Talstation Kornmarkt der **unteren Bergbahn** vor 1907. (Foto HSB)

333 Talwärts fahrender Wagen in der Ausweiche bei der Station Schloss vor 1907. Deutlich sichtbar das alte Dreischienensystem.
(Foto Sammlung R. Basten)
334 Blick in die Station Schloss 1928, heute völlig neu gestaltet. (Foto HSB)
335 Typenzeichnung der **Bergbahnwagen 1 und 2 (alt)**, Bj. 1890, 40 Sitz- und 10 Stehplätze. (Zeichn. H. Kirchner)
336 Links: Die alte **untere Bahn** bei der Ausfahrt aus der Ausweiche (vor 1960), im Hintergrund Neckar mit Brücke.
(Foto E. v. König)
337 Rechts: Blick von der Bergbahn (Wagen **2**) auf die Heiliggeist-Kirche und Neckar. (Sammlung R. Basten)

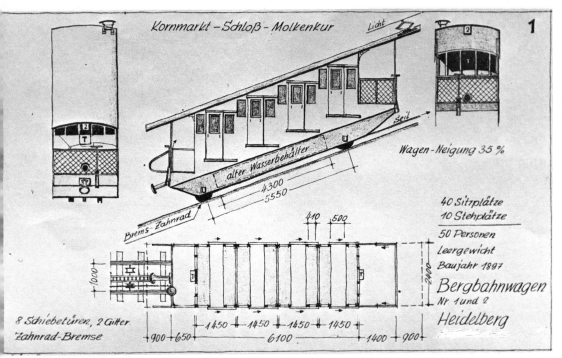

Kornmarkt – Schloß – Molkenkur

Wagen-Neigung 35 %

8 Schiebetüren, 2 Gitter
Zahnrad-Bremse

40 Sitzplätze
10 Stehplätze
50 Personen
Leergewicht
Baujahr 1897

Bergbahnwagen Nr 1 und 2 Heidelberg

338 Letzte Fahrt der alten **unteren Bahn** vor der Stillegung. (Foto HSB, 1961)
339 Abtransport des alten Wagens **2** zum Verschrotten. (Foto HSB, 1961)

340 Begegnung Strasssenbahnlinie 5 mit dem gerade gelieferten Bergbahnwagen 1.
(Foto HSB, 9./10. 4. 1962)
341 Aufsetzen des neuen Bergbahnwagens **1** bei der Station Kornmarkt.   (Foto HSB)

342 Bergbahn 1 unterhalb der Station Molkenkur. (Sammlung R. Basten, 17. 4. 1969)
343 Ansicht mit Bergbahnwagen 2. (Sammlung R. Basten)
344 Typenzeichnung der Bergbahnwagen 3 und 4, Bj. 1907, Umbau 1924, 30 Sitz- und 20 Stehplätze. (Zeichnung H. Kirchner)
345 Brücke bei der Station Molkenkur mit Wagen 4 der oberen Bergbahn und HSB-Autobus. (Foto HSB, 1936)
346 Bergbahn 3 und 4 beim Kreuzen in der Ausweiche. Ab 1924 erhielten die Wagen geschlossene Stirnseiten. (Foto HSB, 1907)

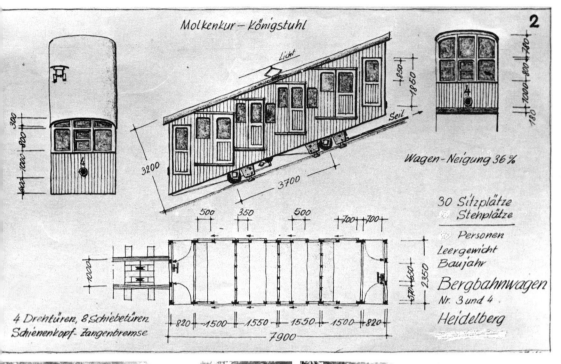

Molkenkur – Königstuhl

Wagen-Neigung 36%

30 Sitzplätze
Stehplätze
Personen
Leergewicht
Baujahr

Bergbahnwagen
Nr. 3 und 4
Heidelberg

4 Drehtüren, 8 Schiebetüren
Schienenkopf-Zangenbremse

347 Bergbahnwagen **3** mit Blick auf die Stadt. (Foto E. v. König)
348 Bergbahnwagen **4** kurz vor Einfahrt in die Station Königstuhl. (Sammlung R. Basten)

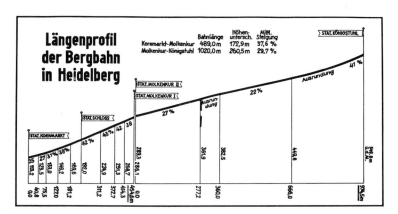

Technische Daten	Kornmarkt - Molkenkur	Molkenkur-Königstuhl
Höhenunterschied Tal-Bergstation	173 m	260,5 m
Gleise, Spurweite	Keilkopfschienen / 1 000 mm	Keilkopfschienen / 1 000 mm
Wagen	2 Stück à 100 Personen	2 Stück à 50 Personen
Fangbremsen der Wagen	4 Zangenbremsen	2 Zangenbremsen
Fahrgeschwindigkeit max.	4 m/sec. = 14,4 km/h	2 m/sec. = 7,2 km/h
Antrieb	Gleichstrom-Nebenschlußmotor max. 210 KW = 285,6 PS	Gleichstrom-Nebenschlußmotor max. 57,3 KW = 78 PS
Steuerung der Bahn	Tonfrequenz-Fernsteuerung	Handsteuerung
Seil	Rundlitzenseil, verzinkt 44,5 mm Ø	Rundlitzenseil, verzinkt 30,3 mm Ø
Treibrad	3,80 m Ø mit Becorid-Futter	3,75 m Ø ohne Futter
Förderleistung	1 100 Pers./Stunde u. Richtung	600 Personen/Stunde u. Richtung
Fahrzeit Tal-Bergstation	5 Minuten	9 Minuten

Automobil Heidelberg-Schlierbach

349 Die erste zwischen Heidelberg und Schlierbach verkehrende Omnibuslinie mit einem Autobus der Fa. Stoewer, Stettin. (Sammlung R. Basten)

350 Für Ausflugsfahrten wurden zwei offene Autobusse beschafft. Im Bild einer der Ausflugswagen um 1905 am Karlstor. (Foto HSB)

351 KOM 3 auf der 1928 eingerichteten Ringlinie Weststadt–Neuenheim. (Foto Schlick)
352 Omnibuszug vor dem Schwimmbad. (Foto HSB, 14. 9. 1953)

353 Mercedes-**KOM 47** auf OL 41 vor dem Hauptbahnhof. (Foto F. Roth, 5. 7. 1969)
354 Zur Umstellung der Strecke Karlstor–Neckargemünd auf Bus 1962 wurden anderhalbstöckige Mercedes-Busse beschafft. Im Bild **KOM 34** auf OL 35 beim Karlstor. (Foto F. Roth, 2. 5. 1964)

355 Mercedes-Schubgelenkbus **197** auf OL 41 Walldorf am Bismarckplatz.
(Foto R. Basten, 24. 1. 1985)

356 Mercedes-**KOM 6**^{III} abgestellt im Betriebshof Heidelberg. (Foto R. Basten, 24. 1. 1985)

358 Fahrer heute. (Foto HSB, 1960)

357 Erster Pferdebahnkutscher. (Stadtarchiv HD)

359 Schaffnerinnen im 1. Weltkrieg. (Sammlung R. Basten)

360 Schaffnerin 1940. (Sammlung R. Basten)

Anhang – Appendice – Appendix

Unsere Veröffentlichungen zum Schienenverkehr hängen in vielfacher Hinsicht nur allzuoft zusammen. Deshalb möchten wir unseren Lesern ein vollständiges Literaturverzeichnis im nachfolgenden letzten Kapitel dieses Buches vortragen. Alle diese Bücher sind im gleichen Verlag erschienen, der bis 1972 in Basel ansässig war.

Inzwischen sind diese Foto- und Textbücher zu wertvollen Nachschlagewerken für abertausende von Lesern und Bahnfreunden in aller Welt geworden. Die grösser werdende Zahl der Veröffentlichungen verlangt noch nach einer übersichtlichen Liste, die es ermöglicht, die Hinweise in den Texten auf andere Archiv-Bände dieser Buchreihe etwas zu vertiefen. Soweit möglich liefert der Verlag in dringenden Fällen auf Anfrage ältere Ausgaben nach.

Archiv Nr. 1 (ISBN 3 85649 001 9)

Elektrische Strassenbahnen Basel 1895 – 1897   First Tramways of Basle

Dieser Sonderdruck aus der Schweizerischen Bauzeitung berichtet in zwei Kapiteln über die ersten drei Bau- und Betriebsjahre der Basler Strassenbahn.
40 Seiten mit 48 Abbildungen, in Schutztasche

Archiv Nr. 2

Geschichte der Basler Strassenbahnen   (Vergriffen, Neuauflage Band 44)

Archiv Nr. 3 (ISBN 3 85649 003 5)

Die Entwicklung der Basler Strassen- und Überlandbahnen
1840 – 1969 Von Claude Jeanmaire   City and Interurban Cars of Basle (Switzerland)

Grundlegende Zusammenfassung und Bericht über die Eisenbahnen, Strassen- und Überlandbahnen in und um Basel:
Die erste Eisenbahnstrecke der Schweiz, Basels Anschluss an die Eisenbahnen von Frankreich, Deutschland und der Schweiz.
Die **Birsigthalbahn,** Geschichte und Fahrzeuge.
Die **Basler Strassenbahn** auf ihren Überlandlinien.
Die **Birseckbahn,** Geschichte und Rollmaterial.
Buch gebunden, 15,5 x 23,5 cm, mit 228 Seiten und 335 Abbildungen

Archiv Nr. 4 (ISBN 3 85649 004 3)   (vergriffen/out of print)

Märklin – Die grossen Spurweiten   Older Railway Models of Märklin
Von Claude Jeanmaire

Erstmalig finden wir in diesem Buch eine komplette Übersicht über die grossen Spurweiten der Märklinschen Spielzeugeisenbahnen aus der Vergangenheit. Es handelt sich um eine Zusammenstellung alter Kataloge der Firma Märklin, Göppingen, in den Spurweiten 0, 1, 2 und 3 aus der Zeit von 1891 bis 1968. Damit ist dem Sammler erstmalig die Möglichkeit gegeben, alte Kataloge zu erwerben und ein Werk zum öfteren Nachschlagen zur Hand zu haben.
Buch gebunden, 15,5 x 23,5 cm, mit 256 Seiten und über 1000 Abbildungen.
Weitere Bücher dieser Art sind unter Archiv Nr. 17, 28 und 29 sowie 100—110 beschrieben.

Archiv Nr. 5 (ISBN 3 85649 005 1)

Die Strassenbahnen von Bern und Thun   Streetcars of Berne and Thoune
Von Claude Jeanmaire

Die Hauptstadt der Schweiz besass einst eine ungewöhnliche Vielfalt an Traktionsarten im öffentlichen Verkehr: druckluftbetriebene Strassenbahnen, Dampftramways und elektrische Bahnen, nicht zu vergessen die Pferde-Omnibusse, später Auto- und Trolleybusse. Als Bildstudie stellt der Autor die Betriebsgesellschaften mit ihren Strecken und Fahrzeugen dem interessierten Leser vor. Die **Städtische Strassenbahn Bern** mit deren Vorgängern sowie die **Rechtsufrige Thunerseebahn,** Steffisburg–Thun–Interlaken (STJ). Eindrückliche Fotos und Pläne aus allen Epochen dokumentieren die erwähnte Vielfalt und fesseln den Betrachter: Strecken- und Stadtaufnahmen im Zusammenhang mit den Bahnen sowie deren Fahrzeuge.
Buch gebunden, 15,5 x 23,5 cm, mit 226 Seiten und 330 Abbildungen

Archiv Nr. 5 a (ISBN 3 85649 005 a 1)

Erinnerungen an die Rechtsufrige Thunerseebahn   The Tramway of Thoune
Von Claude Jeanmaire

Dieses Buch wurde als Sonderdruck von Archiv Nr. 5 hergestellt und beinhaltet die Betriebsgeschichte sowie einen Beschrieb von Strecke und Fahrzeugen der STJ (STI), einer Überlandbahn mit Strassenbahn-Charakter und einer Strecke von ca. 28 km Länge. Die schienengebundenen Fahrzeuge wurden in den fünfziger Jahren durch Trolley- und Autobusse ersetzt. Für diese Publikation konnten wertvolle alte Bilder und Fahrzeugpläne gefunden werden.
Broschur, 15,5 x 23,5 cm, mit 90 halbseitigen Bildern

Archiv Nr. 6   (ISBN 3 85649 006 X)
Berliner Strassenbahnen I
Berlin Tramways, the History since 1865
Von Sigurd Hilkenbach, Wolfgang Kramer und Claude Jeanmaire

Die Geschichte der vielen Berliner Strassenbahn-Gesellschaften ist von ganz besonderem Interesse für den Strassenbahn-Historiker. Nicht nur weil in dieser Stadt die erste elektrische Bahn fuhr oder die wichtigen grossen Versuche der Elektro-Industrie unternommen wurden, sondern auch wegen der Vielfalt der rund 20 Strassenbahn-Gesellschaften, die ein buntgewürfeltes Bild zeigten. Dieses Buch stellt im einzelnen jede dieser Strassen- und Kleinbahnen und deren Geschichte vor, unterstützt durch zahlreiche Bilder, die den besonderen Charakter der Stadt Berlin unterstreichen.
2. Teil: Archiv Nr. 31.   Buch gebunden, 15,5 x 23,5 cm, mit 240 Seiten und 360 Bildern

Archiv Nr. 7   (ISBN 3 85649 007 8)   (vergriffen/out of print)
Die elektrischen und Diesel-Triebfahrzeuge schweiz. Eisenbahnen   Erster Teil
Die Schweizerischen Bundesbahnen
The Swiss Federal Railways
Von Claude Jeanmaire

Dieses Werk beinhaltet eine vollständige Darstellung der elektrischen und Diesel-Triebfahrzeuge der SBB, einschliesslich der schmalspurigen Brüniglinie (Stand 1970).
(Vergriffen, es können lediglich Einzelstücke abgegeben werden.)
Buch gebunden, 20,5 x 27,5 cm, 368 Seiten mit 630 Bildern und Plänen

Archiv Nr. 8   (ISBN 3 85649 008 6)
Komfort auf Schienen
Von Dr. F. Stöckl und C. Jeanmaire

Comfort on Rails: Sleeping, Dining and Saloon Cars on European Railways

Komfort auf Schienen ist ein Thema, das heute, im Zeitalter der alten und doch immer wieder verjüngten Eisenbahn, das Interesse eines jeden erweckt, dem das Eisenbahnreisen wirklich ein Vergnügen bedeutet. Dieses gross angelegte Buch schildert den besonderen Komfort, den man in neuzeitlichen **Schlaf- und Salonwagen, in Trans-Europa-Expresszügen** oder ähnlichen Fahrzeugen zwischen Stockholm und Rom, zwischen London und Madrid, zwischen Paris und Wien findet. Für den Eisenbahn-Amateur bringt das Buch eine nahezu lückenlose Übersicht des europäischen Schienenkomforts der letzten hundert Jahre, ergänzt und vervollständigt durch eine geradezu einmalige ziffern- und datenmässige Aufzeichnung aller europäischen Schlaf-, Speise- und Salonwagen, und zwar einschliesslich der in der Literatur bisher nicht allzusehr bekannten Daten der Länder im östlichen Europa (Stand 1970).
Buch gebunden, 15,5 x 23,5 cm, 420 Seiten mit 620 Bildern und Plänen

Archiv Nr. 9   (ISBN 3 85649 009 4)
Mit Kohle, Dampf und Schaufelrädern
With Coal, Steam and Paddlewheels,
Ships and Railways on and around the Lakes of Thoune and Brienz (Switzerland)
Von Claude Jeanmaire

Unser Werk beginnt mit der Zeit um 1835, als auf Anregung von Besuchern aus aller Welt das erste Dampfschiff seinen Betrieb auf dem Thunersee aufnahm, ein Schiffsbetrieb, der sich auch auf den Brienzersee ausdehnte. Bahn um Bahn entstand, anfänglich nur als Anschluss an die Schiffskurse. Diese Berg- und Talbahnen waren auf die Bedürfnisse der fremden Besucher zugeschnitten und hatten um ihre Existenz zu kämpfen, wenn der Besucherstrom als Folge von Krisen und Kriegen oder auch nur durch ungünstige Witterung ausblieb. Es finden sich darin Beschreibungen über Dampfschiffe und Motorschiffe, Berg- und Talbahnen sowie Strassenbahnen, die Vorläufer der heutigen Berner Alpenbahn-Gesellschaft (BLS).
Buch gebunden, 15,5 x 23,5 cm, mit über 50 Plänen und 300 seltenen Abbildungen

Archiv Nr. 10   (ISBN 3 85649 010 8)
Die Wiener Strassenbahn 1945–1971
Tramways of Vienna (Austria)
Von Claude Jeanmaire und Hans Lehnhart

Hart war nach 1945 der Neubeginn für Bedienstete und Fahrgäste der Wiener Strassenbahnen, denn der Krieg hatte das Netz derart auseinandergerissen, dass der Betrieb eingestellt werden musste. Hier beginnen wir mit einer kompletten Übersicht über die Fahrzeuge, die, wie in fast allen Grossstädten, von den Einheimischen wohl benutzt, aber nicht besonders beachtet werden. Wir werden von der ungewöhnlichen Vielfalt an Fahrzeugen überrascht sein, gab es doch zum Beispiel Wagen, die in New York gekauft wurden, um in Wien betrieben zu werden. Pläne fast aller Wagen, Abbildungen jeden Typs runden das Buch zu einem wichtigen Nachschlagewerk für alle Freunde von Strassenbahnen ab. Der zweite Teil ist unter Nr. 15 beschrieben.
Buch gebunden, 15,5 x 23,5 cm, 208 Seiten, 303 Abbildungen

Archiv Nr. 11   (ISBN 3 85649 011 6)
Die Überlandbahnen von Bern nach Worb
Von C. Jeanmaire und R. Stamm

Interurban Railways between Berne and Worb

Dieses Buch erzählt ausführlich die Geschichte der beiden Schmalspurbahnen, die das ländliche Worb mit der Hauptstadt der Schweiz, Bern, verbinden:
Angefangen bei der **Bern-Worb-Bahn** (früher für einige Jahre **Bern-Muri-Gümligen-Worb-Bahn** genannt) und der **Worblentalbahn**, wird dem Leser und Betrachter die Entwicklung der heute bestehenden **Vereinigten Bern-Worb-Bahnen** aufgezeigt.
Das Buch enthält 210 seltene, bisher unveröffentlichte Abbildungen und Pläne aller Schienenfahrzeuge von einst und heute. Nachtrag in Archiv Nr. 24.   Buch gebunden, 15,5 x 23,5 cm

Archiv Nr. 12   (ISBN 3 85649 012 4)
Die elektrischen und Diesel-Triebfahrzeuge schweiz. Eisenbahnen   Zweiter Teil
Die Berner Alpenbahn-Gesellschaft (BLS)
Von Claude Jeanmaire

Locomotives, Electric Railcars, Coaches and Goodswagons of the BLS

Als Fortsetzung zu Archiv Nr. 7 (erster Teil) erschien diese eindrückliche Arbeit und Studie über die Fahrzeuge der Lötschbergbahn, der bernischen Staatsbahn sowie der mitbetriebenen Linien. Mit einer eingehenden Würdigung der Verdienste der BLS auf dem Gebiet der elektrischen Traktion mit schwerem Betrieb. Von Pionierleistungen ist die Rede, die heute noch von Interesse sind. In diesem Buch wird weniger die Geschichte einer berühmten Bahn aufgezeichnet als vielmehr eine eingehende Schilderung sowie komplette Darstellung der Fahrzeuge vorgenommen: Streckenlokomotiven, Rangierlokomotiven, Traktoren und Draisinen mit einer kompletten Übersicht über die Personen- und Güterwagen sowie die Dienstfahrzeuge. Bilder und Pläne von einst und heute dokumentieren das Aussehen und die Veränderungen an den Fahrzeugen im Verlaufe von über 60 Jahren.
Buch gebunden, 21,5 x 27,5 cm, 360 Seiten mit 630 Abb. und Plänen

Archiv Nr. 13/14   (ISBN 3 85649 014 0)
Mittelbadische Eisenbahnen (MEG) Narrow Gauge Railways in Mid-Baden (Germany)
Von Hans-Dieter Menges und C. Jeanmaire

Von den Strassburger und Lahrer Strassenbahnen zur Mittelbadische Eisenbahnen AG
Dieses Doppelbuch berichtet kurz über die Geschichte des rechtsrheinischen Streckennetzes der Strassburger Strassenbahn von 1892 bis 1923, die Entwicklung der Lahrer Strassenbahn von 1894 bis 1923. Nach diesem Zeitpunkt wurden die Strecken in die Verwaltung des Landes Baden übernommen und unter dem Namen Mittelbadische Eisenbahnen AG weitergeführt. Wir beschreiben hier eine besonders interessante Schmalspurbahn mit Dampflokomotiv- und Dieseltriebwagen-Betrieb. Im einen Band erfolgt die eingehende Darstellung der Betriebsgeschichte und der einstigen Strecken und deren Entwicklung (mit Plänen der wichtigsten Bahnhofsanlagen). Im zweiten Band werden die Lokomotiven und Triebwagen sowie die Güter- und Dienstfahrzeuge mit Typenplänen und technischen Daten vorgestellt.
1. Buch gebunden, 220 Seiten mit 358 Abbildungen,
2. Buch mit 72 Seiten mit 121 Plänen und Abbildungen

Archiv Nr. 15   (ISBN 3 85649 015 9)
Die alten Wiener Tramways, 1865–1945
The Old Vienna Tramways (Austria)
Von Hans Lehnhart und Claude Jeanmaire

Im Anschluss an das früher erschienene Buch (Nr. 10) legen wir hier dem Leser den versprochenen zweiten Teil vor, der die Fahrzeuge und beachtenswerten Ereignisse über den Zeitraum von 1865 bis 1945 vorstellt.
In den verschiedenen Abschnitten werden vorgestellt: der Pferdeomnibus, die Pferdebahn, der Dampftramway und die elektrischen Strassenbahnen. Die Fahrzeuge sind chronologisch aufgeführt, mit den **originalen** Typenplänen und zahlreichen, meist unbekannten Fotos.
Andere Kapitel berichten über die Bahnen und Linien im Stadtbild, über Unglücksfälle, aber auch über die Strassenbahn, wenn sie ins Blickfeld der Weltpolitik geriet. Wir vergassen nicht die tragischen Geschehnisse des Zweiten Weltkrieges.
Buch gebunden, 15,5 x 23,5 cm, 220 Seiten mit 355 Abbildungen

Archiv Nr. 16   (ISBN 3 85649 016 7)
Swiss Steam Vapeur Suisse
Von Claude Jeanmaire

Normalspur-Dampflokomotiven in der Schweiz
Les locomotives à vapeur à voie normale en Suisse

Das vorliegende Werk über Dampfrosse auf Schweizer Schienen bietet einen nach aufsteigender Achszahl geordneten Überblick über die verschiedenen Dampflokomotiv-Gattungen und -Typen. Ganz bewusst haben wir die Lokomotiven nicht nach Bahnen zusammengestellt, weil dies das Nachschlagen erschwert hätte. Zum anderen war nicht beabsichtigt, eine rein technische Abhandlung vorzutragen, sondern Lehrreiches mit Spass zu verbinden. Die Schweiz besass eine renommierte und weltbekannte Dampflokomotiv-Industrie. Das brachte eine willkommene Eigenständigkeit im Lokomotivbau, was durch alle Typen hindurch zum Tragen kommt.

Das vorliegende Buch enthält auf 256 Seiten insgesamt 610 Fotos und Zeichnungen aus allen Betriebsepochen.

Vapeur Suisse Les locomotives à vapeur à voie normale en Suisse

Cet ouvrage traite (en français) les locomotives à vapeur roulant en Suisse et offre un aperçu sur les divers genres et types de ces locomotives, classées selon l'augmentation du nombre des essieux. Intentionnellement nous nous sommes abstenus de les classer selon les compagnies ferroviaires pour faciliter la consultation. En outre, loin de vous présenter un exposé purement technique et tout au contraire nous avons cherché à combiner l'instruction avec le plaisir. En Suisse il existait une industrie construisant des locomotives à vapeur et dont la réputation s'étendait sur tout le globe. Ceci entraîna une autonomie appréciable dans la construction des locomotives à vapeur qui se manifeste sur tous les types. Dans ce livre de 256 pages, vous trouverez au total 610 photographies et dessins se rapportant à toutes les époques de leur mise en service.

Swiss Steam Standard-Gauge Steam Locomotives of Switzerland

This book has been made (with English text) to give an overall picture of the various types of steam locomotives used on Swiss railways. They are classified by the number of axles (wheel-arrangement) and not by companies. This ensures quick and easy reference as it was the author's intention to present the facts in the simplest possible way.

In the past Switzerland has been a worldfamous manufacturer of steam-motive power. Her designers had a fresh, individualistic approach which is clearly seen from the illustrations. Six hundred photographs and drawings originating from the first to the last days of steam have been used to illustrate a total of 256 pages.

Archiv Nr. 17 (ISBN 3 85649 017 5)
Bing, Modellbahnen unserer Grossväter
Von Claude Jeanmaire

Bing, Granddad's Model Railways
Bing, les modèles de trains de nos grands-pères

Eingehend wird die schicksalhafte Geschichte des Hauses Bing aus Nürnberg im Zeitraum von 1866 bis heute geschildert. Es handelt sich um die einst grösste Spielzeugfabrik der Welt. Vom einstigen grossen Konzern ist jedoch nur mehr eine Firma übriggeblieben. Die Modelleisenbahn-Produktion selbst wurde bereits 1932 eingestellt.

Das vorliegende Werk vermittelt in Wort und Bild einen abschliessenden Überblick über beinahe alle seinerzeit von Bing hergestellten Eisenbahnmodelle. Das war möglich durch den auszugsweisen Nachdruck der alten Kataloge dieser Firma, ergänzt durch seltene Aufnahmen aus Archiven von Sammlungen und Museen. (Man beachte die Archive Nr. 28 und 29 über Bing.)
Deutsch – English – français.

Buch gebunden, 15,5 x 23,5 cm, 400 Seiten mit über 1000 Abbildungen

Archiv Nr. 18 (ISBN 3 85649 018 3)
Hundert Jahre Frankfurter Strassenbahnen
Tramways of Frankfurt
Von Horst Michelke und Claude Jeanmaire

Diese Studie zeichnet ein Bild von der Entwicklung aller schienengebundenen Nahverkehrsmittel in und um Frankfurt am Main. Seit die erste Pferdebahn am 19. Mai 1872 durch Frankfurts Strassen fuhr und diese Traktionsart 1899 von der «Elektrischen» abgelöst wurde, sind über hundert Jahre vergangen. Kein noch so ausführlicher Text könnte die technische Entwicklung des Rollmaterials so exzellent aufzeigen wie dieser Bildband.
Für technisch Interessierte sind viele Typen- und Streckenzeichnungen wiedergegeben.

Buch gebunden, 15,5 x 23,5 cm, 220 Seiten mit 346 Abbildungen

Archiv Nr. 19 (ISBN 3 85649 019 1)
Die elektrischen und Diesel-Triebfahrzeuge schweiz. Eisenbahnen Dritter Teil
Die Rhätische Bahn (Stammnetz)
The Rhaetian Railway (Switzerland)
Von Claude Jeanmaire

Als Fortsetzung zu den bereits erschienenen Büchern, Archiv Nr. 7 (SBB) und Nr. 12 (BLS), gesellt sich, als dritter Band, eine Studie über das Rollmaterial der Rhätischen Bahn.
Es war um so mehr notwendig, ein derartiges Werk zu erarbeiten, als in der bisher vorhandenen Literatur nur bruchstückweise mit kurzen, oft oberflächlichen Abhandlungen, ja sogar mit nur einer Zeile über Lokomotiv-Bauarten und -Serien berichtet worden ist.
In diesem Buch erfolgt die eingehende Darstellung aller Fahrzeuge dieser Schmalspurbahn mit Hauptbahn-Charakter.
Die technischen Merkmale aller Bauarten, Betriebsergebnisse und Erfahrungen wurden hier zu einem kompletten Überblick zusammengestellt, unterstützt durch Typenpläne und Fotos aus alten Zeiten.

Buch gebunden, 21,5 x 27,5 cm, 360 Seiten mit 650 Abbildungen und Plänen

Archiv Nr. 20   (ISBN 3 85649 020 5)
Die elektrischen und Diesel-Triebfahrzeuge schweiz. Eisenbahnen   Vierter Teil
Die Gleichstromlinien der Rhätischen Bahn   (BB – BM – ChA = RhB)
Von Claude Jeanmaire   The Rhaetian Railway: Direct-Current Lines

Dieses Buch berichtet als Fortsetzung von Archiv Nr. 19 über drei Bahnen und Strecken, die zur Zeit des Zweiten Weltkrieges der damaligen Rhätischen Bahn (Stammnetz) angegliedert wurden. Die **Berninabahn** (und deren Fahrzeuge), die **Bellinzona-Mesocco-Bahn** (und deren Fahrzeuge), die **Chur-Arosa-Bahn** (und deren Fahrzeuge). In Ergänzung zum Buch «Stammnetz» wird hier die Entstehungsgeschichte dieser drei Bahnen vorgestellt und das Rollmaterial mit der dem Autor eigenen Genauigkeit mit Bildern und Plänen dargestellt. Ergänzt durch Listen, betriebliche und geschichtliche Fakten. Es ist eines der besten schweizerischen Eisenbahnbücher!
Buch gebunden, 21,5 x 27,5 cm. 360 Seiten mit 650 Abbildungen und Plänen

Archiv Nr. 21   (ISBN 3 85649 021 3)
Schiffahrt auf dem Vierwaldstättersee   Steamboats and Motorships on the
Von E. Liechti, J. Meister, J. Gwerder und C. Jeanmaire   Lake of Lucerne (Switzerland)

In Anlehnung an das Buch Archiv Nr. 9 über den Thuner- und Brienzersee, ist hier eine äusserst wertvolle Text- und Bildstudie entstanden. Getragen wurde die Arbeit von einem Team von Schiffs- und Eisenbahn-Freunden und der Firma Schiffahrtsgesellschaft Vierwaldstättersee. Das Buch beinhaltet eine genaue Beschreibung der 44 wichtigsten Schiffe des öffentlichen Verkehrs sowie Abhandlungen über die frühen Schiffsbetriebe, 390 Abbildungen und Pläne aller Dampf- und Motorschiffe.   Buch gebunden, 15,5 x 23,5 cm, 240 Seiten

Archiv Nr. 22   (ISBN 3 85649 022 1)
Die Dampflokomotiven der Rhätischen Bahn
Von der Landquart Davos-Bahn zur Rhätischen Bahn
Von Claude Jeanmaire   The Steam Locomotives of the Rhaetian Railway

Als Ergänzung zu den beiden Büchern über die elektrischen Triebfahrzeuge der Rhätischen Bahn (Stammnetz und Gleichstrombahnen, Nr. 19 und 20), ist dieses Buch gedacht. Das erste Kapitel berichtet über die **Landquart-Davos-Bahn**. Das zweite ist der Geschichte der Rhätischen Bahn bis zur Elektrifizierung gewidmet, verbunden mit einer Stammnetzreise durch acht Jahrzehnte. Das dritte Kapitel enthält eine äusserst genaue Darstellung aller bekannten (und auch weniger bekannten) Dampflokomotiven der Rhätischen Bahnen. Eine grosse Zahl von Typen- und Querschnittszeichnungen bietet Einblick in die Dampflokomotiven und ihre Wirkungsweise. Seltene ältere und neuere Fotos vom Betrieb und den Maschinen sowie Vergleichsaufnahmen weisen auf die Unterschiede in den Bauarten hin. Ein Buch ganz nach dem Herzen eines Dampflokomotivfreundes.
Buch gebunden, 21,5 x 27,5 cm, mit 208 Seiten und 400 Abbildungen und Plänen

Archiv Nr. 23   (ISBN 3 85649 023 X)
Die Oberaargauer Schmalspurbahnen   Interurban and Narrow-Gauge Railways
Von René Stamm und Claude Jeanmaire   between Solothurn and Langenthal (Switzerland)

Die äusserst präzise und grundlegende Studie stellt die schmalspurigen Überlandbahnen im Gebiet zwischen Jurafuss, der Ambassadorenstadt Solothurn und den letzten Höhen des unteren Emmentals vor.
Die **Oberaargau-Jura-Bahnen** (OJB) und deren Vorgänger, die Langenthal-Jura-Bahn (LJB) und die Langenthal-Melchnau-Bahn (LMB) mit Geschichte und Fahrzeugen.
Die **Solothurn-Niederbipp-Bahn** (SNB), die Betriebsgeschichte und die Fahrzeuge.
Buch gebunden, 15,5 x 23,5 cm, 208 Seiten und 340 Abbildungen

Archiv Nr. 24   (ISBN 3 85649 024 8)
Schweizer Eisenbahnen   Chemins de fer Suisses – Famous Swiss Railway Engines
Von Claude Jeanmaire

Das Erscheinungsbild der schweizerischen Eisenbahnen wird zwar durch vielfältige Eigenschaften mitgeprägt, doch ganz besonders durch die Lokomotiven und Triebwagen, die Zugpferde unserer Züge. Jede Bahn ist am meisten durch die sichtbaren Anlagen geprägt, und was ist für den Aussenstehenden schon besser zu sehen als eben die Triebfahrzeuge, die zudem fast jedem Zug vorangestellt sind.
Es ist nun gerade dieses «Gesicht», das mit diesem Buch besonders gewürdigt wird. Denn wie in vielen Bereichen weist die Schweiz auch hier eine eigene technische Entwicklung auf. Ein eigenes Design, das die Lokomotiven und Triebwagen innerlich wie äusserlich durch Jahrhunderte prägte und das zu einem Leitfaden durch die Geschichte unserer schienengebundenen Transportmittel wurde.
Buch im Grossformat, gebunden, 176 Seiten, 188 meist ganzseitige Fotos aus der Eisenbahngeschichte der Schweiz.

Archiv Nr. 25   (ISBN 85649 025 6)
Strassenbahnen in Osteuropa I
Tramways of Eastern Europe
Von Hans Lehnhart und Claude Jeanmaire

Dieses Buch enthält eine Darstellung der in den westlichen Ländern, bedingt durch die politische Lage, weniger bekannten Strassenbahnbetriebe. Zum einen eine Zusammenfassung mit Daten und Streckenplänen, zum anderen eine Erfassung des Rollmaterials.

Grundlagen waren spärliche offizielle Unterlagen, vor allem aber Beobachtungen von Freunden der Strassenbahn. Die Autoren sehen Osteuropa nicht in seinen geografischen Grenzen, sondern in den politischen, die nach 1945 entstanden.

Das vorliegende Buch ist als 1. Teil konzipiert und beinhaltet die Bahnen der **Deutschen Demokratischen Republik** und diejenigen der **Volksrepublik Polen**. (II. Teil Archiv Nr. 32).

Buch gebunden, 226 Seiten mit 295 Fotos und Streckenplänen

Archiv Nr. 26   (ISBN 3 85649 026 4)
Stuttgarter Strassenbahnen
Tramwaylines of Stuttgart (Germany)
Von Gottfried Bauer, Ulrich Theurer und Claude Jeanmaire

Dieser erste Teil einer dreibändigen Folge berichtet über die Entwicklung der Strassenbahn-Linien der Landeshauptstadt von Baden-Württemberg. Zahlreiche Streckenpläne dokumentieren die Erweiterungen des Streckennetzes. Über 300 Abbildungen belegen die Veränderungen an Linienführung und Rollmaterial. Ein Strassenbahnbuch geschrieben und illustriert von «Spezialisten» der Strassenbahn.   Buch gebunden, 15,5 x 23,5 cm, 226 Seiten und über 300 Abbildungen

Archiv Nr. 27   (ISBN 3 85649 027 2)
Bieler Strassenbahnen
Tramways of Biel (Switzerland)
Von Albert Ziegler und Claude Jeanmaire

Der Inhalt dieses Buches, in deutscher Sprache abgefaßt, behandelt die Geschichte der Strassenbahn von Biel. Diese Stadt liegt an der Sprachgrenze Deutsch/Französisch. Hier trafen die SBB, die BTI und die BMB auf die Städtische Strassenbahn. Unser Buch beschreibt die Schmalspurbahnen mit dem Schwergewicht auf der **Städtischen Strassenbahn Biel**, der **Biel-Meinisberg-Bahn** und der **Biel-Täuffelen-Ins-Bahn.**   Dieses Buch ist auch in französischer Sprache zu haben.

Buch gebunden, mit 288 Seiten, 15,5 x 23,5 cm, mit 286 Abbildungen

Archiv Nr. 38   (ISBN 3 85649 038 8)
Tramways de Bienne
(French version of book no. 27)
Par Albert Ziegler et Claude Jeanmaire

Le contenu de ce livre, rédigé en français, retrace l'historique des tramways de Bienne. Cette ville bilingue se trouve à la frontière des langues germaniques et francophones. C'est également le point de rencontre des **CFF** (Chemins de fer fédéraux suisses), du **BTI** (Chemins de fer Bienne-Täuffelen-Anet) et du **BMB** (Chemins de fer Bienne-Montménil) avec les tramways de Bienne. Notre livre décrit les chemins de fer à voie étroite, mais se rapporte avant tout à la **Compagnie des Tramways de Bienne**, des chemins de fer vicinaux **Bienne-Montménil** (BMB) et **Bienne-Täuffelen-Anet** (BTI).

Ouvrage relié de 262 pages, format 15,5 x 23,5 cm, avec 286 illustrat.

Archiv Nr. 28   (ISBN 3 85649 028 0)
Gebrüder Bing, die grossen Nürnberger, 1902–1904
Von Claude Jeanmaire   Bing Bros., The Great Nuremberg Toy Factory, 1902–1904

Frères Bing, Les grands de Nuremberg. Un livre de 336 pages, avec 2000 illustrations consacrées aux jouets techniques datant de 1902 à 1904.

Einst war die Firma Bing-Werke, vormals Gebrüder Bing, Nürnberg, 1886 gegründet, der grösste Spielwaren-Hersteller der Welt. Vor Jahren hat unser Verlag diese Firma übernommen und sich seither bemüht, die alten Händlerkataloge, die bisher der Öffentlichkeit nicht zugänglich waren, in 2. Auflage und ergänzt, sowie zu tragbarem Preis, neu aufzulegen. Das Buch ist durch zahlreiche Bilder und Berichte erweitert. Damit wird es zum einzigen verlässlichen Nachschlagewerk für alle Sammler von Spielzeug und Eisenbahnen dieser Epoche. Ähnlich Nr. 4, 17, 29, 100 bis 112.

Buch gebunden, 336 Seiten, 15,5 x 23,5 cm, über 2000 Abbildungen

Archiv Nr. 29   (ISBN 3 85649 029 9)
Gebrüder Bing, Spielzeug zur Vorkriegszeit, 1912–1915
Von Claude Jeanmaire   Bing Bros., Toys before the First World War, 1912—1915

Frères Bing, Les jouets d'avant-guerre de 1912 à 1915. Un livre de 448 pages et environs 3000 illustrations sur les jouets de cette époque.

Nach dem guten Erfolg der von unserem Verlag früher herausgegebenen Bücher über Bing hat der Autor den Händlerkatalog 1912 bis 1915 von Bing überarbeitet, mit Bildern und Fotos ergänzt und in zweiter Auflage herausgegeben. Zusätzlich haben Mitarbeiter und Autor viele neue Fakten zusammengetragen und auch ein Kapitel angegliedert, das die Datierung der alten Spielzeugeisenbahnen erleichtert. Ein einmaliges und äusserst wertvolles Nachschlagewerk für alle Spielzeug-Sammler.

Buch gebunden, 15,5 x 23,5 cm, mit über 3000 Abbildungen, 448 Seiten

Archiv Nr. 30 (ISBN 3 85649 030 2)
Turkish Steam: Dampflokomotiven in der Türkei
Turkish Steam Locomotives
Von Rainer Schnell und Ulrich Schweim

Kenner der deutschen Dampflokomotivszene haben anlässlich einer Reise durch die Türkei diesen Bericht erstellt, der belegt, was der Ferienreisende in der Türkei zu erwarten hat, wenn er die Eisenbahnen beobachtet und fotografiert. In verschiedenen Kapiteln werden persönliche Erlebnisse aufgezeichnet, deren Lektüre einerseits sehr unterhaltsam und für mögliche Reisende sehr lehrreich ist. Im grossen Bildteil finden sich herrliche Fotos der Autoren über Züge, Dampflokomotiven, Strecken, Depots und Bahnhöfe. Eine sehr ungewöhnliche, fast abenteuerliche Reise, die für alle Freunde der Dampflokomotive von grossem Interesse ist. Das um so mehr, als Eisenbahnliteratur über dieses Land bisher fehlt. Das Buch ist für den Freund deutscher Dampflokomotiven in der Fremde von besonderem Interesse.

Buch gebunden, 21 x 21 cm, mit 130 Fotos

Archiv Nr. 31 (ISBN 3 85649 031 0)
Berliner Strassenbahngeschichte II
History of Berlin Tramways II
Von S. Hilkenbach, W. Kramer und C. Jeanmaire

Archiv Nr. 6 unserer Buchreihe behandelt die rund 20 Berliner Strassenbahn-Gesellschaften und deren Betriebsgeschichte. Wie es sich in der Folge zeigte, fand das Buch bei Berlinern, Exil-Berlinern und Strassenbahn-Freunden in aller Welt grossen Anklang. Es war auch von Anfang an vorgesehen, eine Erweiterung in einem zweiten Band zu bringen. Hier einige Angaben zum Inhalt: Die Wagen der Vorläuferunternehmen bei der BVG; Arbeitswagen; Betriebshöfe; Tunnels; Strassenbahn im Krieg; Neubeginn 1945; Wagen in der Fremde; Fremde Strassenbahnwagen in Berlin; Haltestellen; Strassenbahn und Politik; Museumswagen; der Abschied; ein neuer Anfang im Osten der Stadt.

Buch gebunden, 15,5 x 23,5 cm, mit 376 Fotos und Abbildungen

Archiv Nr. 32 (ISBN 3 85649 032 9)
Strassenbahn-Betriebe in Osteuropa II
Tramway Systems of Eastern Europe II
(full English texts)
Von Hans Lehnhart und Claude Jeanmaire

Dieses Buch ist der zweite Beitrag zur Geschichte der osteuropäischen Strassenbahnen, die Ergänzung zu Archiv Nr. 25. Die Autoren sehen Osteuropa nicht in seinen geografischen Grenzen, sondern in den politischen, die nach 1945 entstanden!
Nachdem in Archiv Nr. 25 die Strassenbahn-Betriebe der **Deutschen Demokratischen Republik** und der **Volksrepublik Polen** vorgestellt werden konnten, präsentiert dieser Band als zweiter Teil die Strassenbahn-Betriebe folgender Länder: **Tschechoslowakei, Ungarn, Rumänien, Jugoslawien, Bulgarien** und europäischer Teil der **Sowjetunion.**
Neben Fotos aller Betriebe sind Länder- und Streckenkarten vorhanden, Listen über die Anzahl und Art im Betrieb stehender Fahrzeuge und deren Betriebsnummern. Hinweise zu den Bauarten und Gattungen aus alter und neuer Zeit.

Buch gebunden, mit 226 Seiten, 350 Abbildungen, deutscher und englischer Text.

Archiv Nr. 33 (ISBN 3 85649 033 7)
Die Fahrzeuge der Stuttgarter Strassenbahnen
Streetcars, Rolling Stock of Stuttgart
Von G. Bauer, U. Theurer und C. Jeanmaire

Dieses Buch ist als Band II zum Archiv Nr. 26 gedacht. Während sich dieser mit den Strecken und Linien befasst, werden im zweiten Teil die Fahrzeuge in allen ihren Arten mit Bildern und Plänen eingehend vorgestellt. Das Buch ist in Grösse und Umfang wie Buch Nr. 26 ausgestattet.

Buch gebunden, 15,5 x 23,5 cm, 226 Seiten und über 300 Abbildungen

Archiv Nr. 34 (ISBN 3 85649 034 5)
Reutlinger Strassenbahn
Tramways of Reutlingen (Germany)
Von Wolf Rüdiger Gassmann und Claude Jeanmaire

Dieses Buch berichtet über die Entwicklung der Strassenbahn der Stadt Reutlingen. Angefangen bei der 1899 eingerichteten Lokalbahn Eningen–Reutlingen, die Modernisierung mit Elektrifizierung im Jahre 1912 und die folgenden Streckenerweiterungen zu verschiedenen Vorortgemeinden, bis zum Ende der Schienentraktion im Jahre 1974. Heute wird der Verkehr von den Autobussen getragen. Die Kapitel gliedern sich wie folgt: Geschichtlicher Abriss; Aufstieg und Niedergang der Strassenbahn; die Lokalbahn nach Eningen; die Strecken der elektrischen Strassenbahn; eingehende Darstellung aller Fahrzeuge: Triebwagen, Beiwagen, Arbeitswagen, Strecken- und Gleispläne; Karten; Bilder aus Alt-Reutlingen.

Buch gebunden, 208 Seiten, 330 Abbildungen, Fotos

Archiv Nr. 35 (ISBN 3 85649 035 3)
Strassenbahnen in Basel
Tramways in Basle (Switzerland)

Von Werner Liechti und Claude Jeanmaire

Die Geschichte der B. St. B./BVB von 1895 bis 1976, die Birseckbahn (nun Linie 10), die Birsigtalbahn auf Linie 17, die Überlandlinien zu Basels Vororten und die Modernisierungsperiode. Eingehende Darstellung der Strecken und des Rollmaterials. Ergänzungen zu Archiv Nr. 3. Die fast gänzlich modernisierte Basler Strassenbahn ist für den Strassenbahnhistoriker von ganz besonderem Interesse.   Buch gebunden, 226 Seiten, zirka 300 Abbildungen aus allen Betriebsepochen.

Die Schaffhauser Strassenbahnen
Tramways of Schaffhausen

Von Jürg Zimmermann und Richard Gerbig

Dieses Buch berichtet über die Strassen- und Überlandbahnen des Kantons Schaffhausen in der Nordostecke der Schweiz. Der Geburtstag zum 75jährigen Bestehen der Verkehrsbetriebe der Stadt Schaffhausen ist Anlass für dieses Büchlein. Es berichtet, unterstützt von zahlreichen Bildern, Plänen und Streckenkarten über die **Strassenbahn Schaffhausen–Schleitheim** und die **Strassenbahn der Stadt Schaffhausen.** Im weiteren finden wir Rollmaterialisten, Typenpläne der wesentlichen Fahrzeuge. Auch ist die Werkbahn der AG Georg Fischer behandelt.
Buch gebunden, 18,5 x 23 cm, mit 79 Seiten und 40 Fotos

Archiv Nr. 36 (ISBN 3 85649 036 1)
Die elektrischen und Diesel-Triebfahrzeuge schweiz.Eisenbahnen   Fünfter Teil
Die Lokomotiven der Schweizerischen Bundesbahnen

Von Claude Jeanmaire   The Electric Locomotives of the Swiss Federal Railways

Inzwischen ist das 1970 erschienene Archiv Nr. 7 über die Schweizerischen Bundesbahnen vergriffen. Eine Neuauflage erschien dem Verlag nicht zweckmässig, da in den letzten Jahren eine grosse Zahl von neuen Lokomotiven und Triebwagen in Dienst gestellt wurden, die in Archiv Nr. 7 noch keine Erwähnung fanden. Mit gänzlich neuer Gestaltung, neuer Anordnung, mit neuen, bisher unveröffentlichten Fotos, mit Datenlisten in drei Sprachen (wie in den Archiven Nr. 19 und 20) erfolgt eine eingehende Darstellung aller Lokomotiven der Schweizerischen Bundesbahnen (Stand 1978).
Buch gebunden, 20,5 x 27,5 cm, 272 Seiten, 446 Fotos und Pläne

Archiv Nr. 37 (ISBN 3 85649 037 X)
Die elektrischen und Diesel-Triebfahrzeuge schweiz. Eisenbahnen   Sechster Teil
Die Triebwagen und Kleinmotorfahrzeuge der Schweizerischen Bundesbahnen

Dieses Buch ist Bestandteil eines vierbändigen, umfassenden Werkes über die Triebfahrzeuge der Schweizerischen Bundesbahnen (Archive Nr. 36, 37 und 39). In ähnlicher Art wie die bereits erschienenen Bände über die Rhätische Bahn (Archive Nr. 19, 20 und 22).

(ISBN 3 85649 082 5)
Die Triebwagenzüge RABDe 8/16 Nr. 2001–2004 der SBB
Eingehende Darstellung dieser SBB-Triebwagenzüge, eine Ausgabe von 1975. Alle Konstruktionsmerkmale; mechanischer Teil; elektrischer Teil. Mit Typenzeichnungen; Schemas für Luftleitungen, elektrische Schaltkreise; Elektronik.
22 Zeichnungen und Detailfotos, Format A4

Archiv Nr. 39 (ISBN 3 85649 039 6)
Die elektrischen und Diesel-Triebfahrzeuge schweiz. Eisenbahnen   Siebenter Teil
Die schmalspurige Brünigbahn (SBB)
The Brünig Railway

Von Claude Jeanmaire

Nicht nur allgemein gehaltene Texte, sondern die Originalberichte von einst sind zu einer einmaligen Sammlung geworden, die jede Eisenbahnbibliothek bereichern. Auszüge aus zeitgenössischen Berichten und Zeitungen vermitteln uns ein sehr genaues Bild von Bau und Betrieb während der letzten 100 Jahre. Dieser Text bringt uns die technischen Probleme der Zeit, wie auch die menschlichen, die die Leute einst bewegten, näher. Direkt und unverfälscht wird uns Geschichte vermittelt.

Die originalen Zeichnungen und Pläne der Lokomotiven und Wagen zeigen uns systematisch das ganze Rollmaterial. Unterstützt von Rollmateriallisten aus allen Zeitabschnitten, die auch ein Bild vom Wandel der Fahrzeuge vermitteln. 200 Typenzeichnungen sind mit 400 Fotos bereichert. Dazu kommt eine Streckenreise mit Plänen und Bildern. Das bunte Bild einer «modernen» Schmalspurbahn der SBB.

Buch gebunden, 20,5 x 27,5 cm, 300 Seiten, zirka 400 Fotos

Archiv Nr. 40   (ISBN 3 85649 040 X)
Die Waldenburgerbahn
The Smallest Narrow Gauge Railway of Switzerland

Von Claude Jeanmaire

Dieses Buch erzählt die Geschichte der einzigen 75-cm-Schmalspurbahn der Schweiz, unterstützt mit über 150 Bildern, Fotos und Plänen zum Betrieb und Rollmaterial.
Buch gebunden, 15,5 x 23,5 cm, 100 Seiten, 155 Abbildungen

Archiv Nr. 41 und 51   (ISBN 3 85649 041 6 + 051 5)
Handbuch Freiburger Strassenbahnen I + II
Tramways of Freiburg (Germany)

Von Thomas Hettinger und Claude Jeanmaire

Umfassendes Werk in zwei Bänden über Linien, Betrieb, Depots, Fahrzeuge und Geschichte mit 2 x 272 Seiten und zusammen über 580 Bildern und Plänen.

Dieses Werk enthält in beiden Bänden ausführlich in chronologischer Reihenfolge eine Fülle historischer Fakten über die Geschichte des öffentlichen Personenverkehrs in Freiburg im Breisgau, nebst dem Pferdeomnibusbetrieb sowie die Entstehung des elektrischen Betriebes und den stetigen Ausbau des Netzes. Dabei wird auch kurz das Eisenbahnnetz und die Stadtentwicklung gestreift. Auch die ab 1907 geplante Schauinslandbahn wird berücksichtigt. Im weiteren das ab 1925 eigerichtete Omnibusliniennetz. Der technische Direktor der Verkehrs AG zeigt in einer Vorschau bis zum Jahre 2000 die weitere voraussichtliche Entwicklung des öffentlichen Nahverkehrs auf. Eine ausführliche Tabelle mit allen Schienenfahrzeugen und den Omnibussen schliesst den Textteil ab.

Die reichhaltige Bebilderung in **Band I** zeigt die Geschichte und die Entwicklung der Strecken sowie auch Unfälle, Reklamewagen usw., wobei besonderer Wert auf historische Aufnahmen mit der Strassenbahn im Stadtbild gelegt wird. Auch die derzeit noch im Bau begriffene Stadtbahnlinie nach Landwasser ist enthalten. In **Band II** sind alle Fahrzeuge vom Triebwagen Nr. 1 bis zum letzten Stadtbahnwagen Nr. 214 sowie auch die Omnibusse von 1925 bis 1982 dargestellt. Typenpläne sowie Streckenpläne ergänzen die Illustrationen.

Archiv Nr. 42   (ISBN 3 85649 042 6)
Städtische Strassenbahn in München
The Tramcars of Munich (Germany)

Von Albrecht Sappel und C. Jeanmaire

Ein Buch, das in einzigartiger Weise über die Entwicklung der elektrisch betriebenen Stassenbahn-Fahrzeuge der Stadt München berichtet. Auf 256 Buchseiten wird der gesamte Rollmaterialbestand mit beinahe 600 Bildern und Planzeichnungen vorgestellt und dokumentiert. Die Modellstrassenbahner werden sich besonders über die Planskizzen mit den genauen Massangaben freuen. Alle Trieb- und Beiwagen sind im Zustand vor und nach Umbauten abgebildet, so dass eine praktisch lückenlose Chronik vorliegt. Wir bieten hier wieder ein Werk über wichtige Strassenbahnbetriebe in Europa, wie sie bisher nur durch unseren Verlag herausgebracht wurden.
Buch gebunden, 15,5 x 23,5 cm, 256 Seiten, 600 Bilder und Typenzeichnungen

Archiv Nr. 43   (ISBN 3 85649 043 4)
Die Osnabrücker Strassenbahn
The Tramway of Osnabrück (Germany)

Alfred Spühr und C. Jeanmaire

Dieses Buch enthält neben einem umfassenden Textteil über 300 Bilder, Pläne und Karten über die Geschichte des Nahverkehrs der Stadt Osnabrück:
Die Bahnanlagen mit Karten und Fotos; der Pferdeomnibus; die Entwicklung der ersten Strassenbahn von der Eröffnung bis zur vorübergehenden Einstellung 1922; die Wiedereröffnung und der Zweite Weltkrieg von 1924 bis 1945; der Wiederaufbau und die Betriebsumstellung von 1945 bis 1960. Dokumente, Fahrscheine und Fahrpläne; Darstellung der Triebwagen, Beiwagen und Arbeitsfahrzeuge anhand von Beschreibungen, Typenplänen und Fotos. Die Strecken der Osnabrücker Strassenbahn und Karten der einzelnen Linien.
Buch gebunden, 15,5 x 23,5 cm, 226 Seiten, 340 Bilder

Archiv Nr. 44   (ISBN 3 85649 044 2)
Basler Strassenbahnen 1880—1895—1968   Tramway of Basel
Ein Fotobuch von Claude Jeanmaire

Im Jahre 1968 erschien dieses Buch (Band 2) in erster Auflage. Zu jener Zeit als erstes Buch über Schweizer Strassenbahnen. Mit diesem neuen Buch in 2. Auflage möchten wir Sie, liebe Leser, auf eine Reise in die Basler Vergangenheit begleiten, sozusagen als Reiseführer. Denn in den vergangenen hundert Jahren hat sich die Stadtgeschichte, insbesondere im öffentlichen Verkehr, als prägend erwiesen. Wir stellen Ihnen die Pferdeomnibusse ebenso vor wie die Entwicklung der Fahrzeuge und Linien in der Stadt Basel. Das Gesicht einer äusserst aktiven und lebensfrohen Stadt, die sich laufenden Veränderungen, «Modernisierungen», zu unterziehen hat. Doch was gestern noch modern war, ist heute veraltet. Aber auch nicht reif zum Wegwerfen. Es ist ein Stück Basel, unsere Vergangenheit, unser aller Leben.   Buch gebunden, 224 Seiten und 368 Bilder

Archiv Nr. 45 (ISBN 3 85649 045 0)
Basler Verkehrs-Betriebe
Modernisation of Basle Tramways

Von Claude Jeanmaire

Dieses Foto- und Textbuch widmet sich der Modernisierung des städtischen Verkehrs in Basel. Beginnend mit der Zeit, als der Zweite Weltkrieg rund um die Schweiz Angst und Schrecken unter den Menschen verbreitete. Basel als Grenzstadt war in vielfacher Weise auch betroffen. Sei es durch Flüchtlinge, Kriegshandlungen, Sperrung der Grenzen nach Deutschland und Frankreich. Die Linien der Basler Strassenbahn reichten vorher in die elsässische und badische Nachbarschaft, wo sie aber mit Kriegsbeginn stillgelegt wurden. Kaum ein anderes Unternehmen dieser Stadt trägt alltäglich und bald ein Jahrhundert so viel zur Prägung des Stadtbildes bei wie die Basler Verkehrs-Betriebe. Später gesellte sich das Baselland Transport AG dazu.
Das Buch besitzt 415 Bilder und Typenzeichnungen auf total 224 Seiten

Archiv Nr. 46 (ISBN 3 85649 046 9) **(Dritter Teil** der Buchserie über Berlin)
Die Strassenbahnlinien im westlichen Teil Berlins
Der Wiederaufbau ab 1945 bis zu den Stillegungen im Westteil der Stadt 1967. Die Linien 1—54.
Tramway Routes in the Western Part of Berlin (Germany)
The reconstruction from 1945 to final closure in 1967. Routes 1—54, part one.

Von W. Kramer, S. Hilkenbach und C. Jeanmaire

Dieses Buch erzählt die Geschichte vom Wiederaufbau der Strassenbahnlinien im westlichen Berlin und ihrem Abbau, und zwar zunächst die Linien 1—54. Denn durch die Kriegseinwirkungen war nur sehr viel unbrauchbar, was an Gleisen und Fahrzeugen noch vorhanden war. Neben den geschichtlichen Fakten im Text bieten 277 Fotos, Skizzen, Pläne und Dokumente einen einmaligen Überblick.
Buch gebunden, 224 Seiten, Abbildungen, 15,5 x 23,5 cm

Strassenbahnen, Busse und Seilbahnen von Innsbruck 1836–1982

Aus dem Inhalt: Die Lokalbahn Innsbruck-Hall i. Tirol, die Innsbrucker Mittelgebirgsbahn, Innsbrucker Verkehrsbetriebe, Aktienges. Stubaitalbahn, Hungerburgbahn, Autobusbetrieb, Obusbetrieb, Patscherkofelbahn, Nordkettenbahn, Mutteralmbahn und die nie ausgeführten Projekte der Dörfer- und Sellraintalbahn.
Die Geschichte der öffentlichen Verkehrsmittel der Landeshauptstadt Innsbruck und deren Umgebung. Eine lückenlose reich illustrierte Chronik mit vielfach noch unbekannten Abbildungen in Farbe und Schwarzweiss aus 147 Jahren bewegter Stadt- und Landesgeschichte, einem ausführlichen und sachkundigen Text sowie interessanten Zeichnungen, Originalplänen und grafischen Darstellungen.
Dieses sorgfältig ausgestattete Werk schliesst eine seit langem bestehende Lücke in den Reihen der Geschichts- und Bahnbücher.
Buch mit 228 Seiten Kunstdruck mit über 300 Fotografien in Schwarzweiss und Farbe, Buchformat 19,5 x 26 cm, fest gebunden

Archiv Nr. 47 (ISBN 3 85649 047 7)
Gottfried Bauer, Ulrich Theurer und Claude Jeanmaire präsentieren:
Strassenbahnen um Stuttgart
A Pictorial on Tramway Systems around Stuttgart

Eine Dokumentation über die Zahnrad- und Filderbahn, Cannstatter Strassenbahnen GmbH, Stuttgarter Vorort-Strassenbahnen, Esslinger Städtische Strassenbahn, Strassenbahn Esslingen–Nellingen–Denkendorf, Städtische Strassenbahn Feuerbach und der Strassenbahn Feuerbach–Ludwigsburg. Mit dem hier vorgestellten Buch legen die Verfasser den dritten Band über die Strassenbahnen in der Region Stuttgart vor. Damit ist eine umfassende Dokumentation über den schienengebundenen Nahverkehr in und um Stuttgart von Anbeginn bis heute vorhanden.
Buch gebunden, 15,5 x 23,5 cm, 254 Seiten, 250 Bilder und Zeichnungen, einige in Farbe

Archiv Nr. 48 (ISBN 3 85649 048 5)
Die Berninabahn
Narrow Gauge Railway across the Swiss Alps

Von Claude Jeanmaire

Dieses Geschichts- und Fotobuch birgt die wechselvolle Geschichte der schmalspurigen Berninabahn, einer Alpenbahn zu einem entlegenen Winkel der Schweiz. Umfassend berichtet der Text dieses Buches unter Vermittlung originaler zeitgenössischer Texte vom Bau und Betrieb einer durch die Einwirkungen der Natur gekennzeichneten Schmalspurbahn, die heute Bestandteil der Rhätischen Bahn ist. Während in einem früheren Buch unserer Reihe im besonderen die Neuzeit der Berninabahn unter der Leitung der Rhätischen Bahn behandelt wurde, liegt in diesem Buch der Schwerpunkt auf der Zeit vor 1942. Wobei es unmöglich ist, sich ausschliesslich auf diese Zeit zu beschränken, denn viele Fakten von heute wurzeln auf Entscheidungen von einst. Wir lernen auch die Naturschönheiten dieser Landschaft kennen. In einem ergänzenden Kapitel finden sich Darstellungen und ergänzende Fakten von der alten und neuen Rhätischen Bahn.
Buch gebunden, 226 Seiten, mit 400 Bildern, Zeichnungen, Fotos und Streckenplänen ergänzt zu einer reichhaltigen und zeitlosen Dokumentation.

Archiv Nr. 49   (ISBN 3 85649 049 3)
Die Lötschbergbahn (Bern–Lötschberg–Simplon)
BLS-Main Line Railway across the Swiss Alps
Von Claude Jeanmaire

Dieses Sachbuch mit erheblichem Bildteil berichtet über Bau und Betrieb dieser grossen und wichtigen Alpentransversale. Während sich eine frühere Ausgabe unserer Buchserie mit den Fahrzeugen der BLS befasste, ist dieses Buch, als Gegensatz, der frühen Zeit und dem kaum endenwollenden Ausbau der BLS gewidmet. Neben frühen Berichten und Daten zum Bau der Linie und den Fahrzeugen finden wir in den zeitgenössischen Texten Schicksale von Menschen, die hier arbeiteten, und der Bahn als Unternehmen. Doch nicht nur die grosse menschliche Leistung in bezug auf Finanzen, Bau und Betrieb sind gewürdigt, auch die durchfahrene Landschaft wird im Zusammenhang mit Strecke und Bauten immer wieder Erwähnung finden, auch als Anregung, die Gegend zu besuchen. Systematisch ist die Strecke der BLS erfasst, dargestellt mit Hoch- und Bahnhofbauten und Betriebsbildern aus allen Zeitabschnitten. Ein Sachbuch besonderer Güte, das in keiner Bibliothek fehlen sollte.

Buch mit 256 Seiten und 450 Illustrationen, Bildern und Plänen

Archiv Nr. 50   (ISBN 3 85649 050 7)
Die Seetalbahn, einst und heute
The Lake Valley Railway in Switzerland
Von Claude Jeanmaire

Hundert Jahre Eisenbahngeschichte, die die Bewohner dieses Tales weit «hautnaher» erlebt haben, als das bei anderen Bahnlinien sonst üblich ist, sind in diesem Buch vereinigt. Reich illustrierte Dokumentation.

Archiv Nr. 52   (ISBN 3 85649 052 3)   **(Vierter Teil** der Buchserie über Berlin)
Strassenbahnlinie in Berlin (West)
Der Wiederaufbau der Linien 55 bis 199 seit 1945 und die Stillegungen bis 1967. Fortsetzung des dritten Teils.
The reconstruction from 1945 to final closure in 1967. Routes 55—199, part four.
Von W. Kramer, S. Hilkenbach, C. Jeanmaire

In diesem Band sind die Linien 55 bis 199 vorgestellt. Mit eingehenden Texten zu deren Geschichte, unterstützt mit 302 Fotos und Skizzen, Plänen, Zeichnungen und Dokumenten. Diese belegen die Entwicklung und den Niedergang des Strassenbahnverkehrs in Berlin (West). Wohl keine andere Stadt ist im Alltagsleben dermassen von der Politik gefangen, was diese Dokumentation besonders interessant macht.   Buch gebunden, 226 Seiten, Abbildungen, 15,5 x 23,5 cm

Archiv Nr. 53   (ISBN 3 85649 053 1)
Strassenbahnen in Heidelberg — Tramways of Heidelberg (Germany)
Von Robert Basten und Claude Jeanmaire

Zum Jubiläum von 1985 erscheint ein Buch, das in Texten und Bildern umfassend vom öffentlichen Verkehr in und um Heidelberg berichtet. Aus dem Inhalt: Die Heidelberger Strassen- und Bergbahn AG mit den Kapiteln: Bau und Betrieb, Strecken, Linienkarten, Fahrscheine, Menschen und Arbeit. Die Strassenbahn im Stadtbild, einst und heute. Die Fahrzeuge mit Listen, Daten, Zeichnungen und Fotos. Besonderheiten des Betriebes. Ein umfassendes Geschichtsbuch.

Buch gebunden, 208 Seiten, 350 Illustrationen und Fotos

Archive Nr. 70, 71, 72, 73
Schiffahrt auf dem Bodensee   Steamboats and Motorships on the Lake of Constance
Werk in vier Bänden.

In absehbarer Zeit erscheint bei uns ein Schiffsregister über alle Schiffe des öffentlichen Verkehrs, ähnlich den Archiven Nr. 9 und 21. Darin erfolgt eine Darstellung der Schiffstypen mit technischen Daten, Fotos und Typenzeichnungen sowie Rekonstruktionen.

Jedes Buch gebunden, zirka 208 Seiten, 300 Fotos und Pläne

Die Kapitel unserer Buchserie sind wie folgt gegliedert, wobei Umgruppierungen möglich sind:

Band 70, 1817 bis 1870. Vorwort. Wissenswertes über den Bodensee. Frühgeschichte, Hafenanlagen, Landestellen und Leuchttürme. Schiffahrtslinien, Trajektdienste. Die ersten Dampfschiffahrts-Gesellschaften. Übernahme der Schiffahrt durch Eisenbahngesellschaften der Uferstaaten. Schiffe: Die «Stephanie» des Johann Caspar Bodmer, badische, bayerische, schweizerische und württembergische Glattdeckdampfschiffe u. a. von 1817 bis 1870.

Band 71, 1817 bis 1981. **Blütezeit der Dampfschiffahrt** auf dem Bodensee. Als letzter Uferstaat tritt auch Oesterreich mit eigener Flotte auf. Schiffe: Die «klassischen» Halbsalon- und Salondampfschiffe von 1817 bis 1918, viele davon in Betrieb bis in die sechziger Jahre. (lieferbar)

XI

Band 72, 1919 bis 1945. **Beginn der Motorschiffahrt auf dem Bodensee.** Das letzte Dampfschiff, der Neubau «Stadt Überlingen», hält den Übergang zum Motorschiff nicht auf. Die ersten Autofähren. Schiffe von 1919 bis 1945. Kriegseinwirkungen.

Band 73, nach 1945. **Wiederbeginn der Schiffahrt nach dem Zweiten Weltkrieg.** Moderne Schiffsformen auf dem Bodensee. Umbau und Modernisierung vieler älterer Schiffe. Motorschiffe und Boote von 1945 bis heute.

Anhang: Register aller Schiffe und Boote. Zugehörigkeit nach Ländern und Gesellschaften. Bauwerften der Schiffe u. a. m.

Archiv Nr. 90   (ISBN 3 85649 090 6)
Bilder von der Albtalbahn   (Sonderausgabe)

Dieses Buch gibt einen technisch-historischen Abriss über die wechselhafte Geschichte der Albtalbahn. Dieses Werk zeigt, dass Natur und Technik sich nicht stören. Die Albtalbahn ist zeit ihres Bestehens ständig den technischen Neuerungen gefolgt. Die Neubaustrecken werden hier nicht vergessen. Lagepläne, Gleispläne, Fahrzeugzeichnungen, Gedichte und viele Fotos vermitteln ein lebendiges Bild dieser wichtigen und heute aufblühenden Bahn.

Buch gebunden, 132 Seiten mit 160 Fotos, Plänen und Zeichnungen

(ISBN 3 85649 077 9)
Schiffahrt auf dem Zürichsee — Les grands bateaux du Lac de Zurich
Public Transport Boats on the Lake of Zurich
E. Liechti, J. Meister, J. Gwerder

Grossformatiges Buch über die Raddampfer, die Schraubendampfer und die Motorschiffe des Zürichsees. Ein Nachschlagewerk über das Zeitalter der maschinengetriebenen öffentlichen Schiffahrt auf dem Zürichsee. Darstellung jedes Schiffstypes mit Plan und Bildern, technischer Beschrieb. Geschichtliche Einführung in die Geschichte der Seeschiffahrt.

Buch gebunden, 20 x 27 cm, 160 Seiten, 256 Abbildungen und 48 Planzeichnungen

(ISBN 3 85649 078 7)
Schiffahrt auf dem Genfersee — Les grands bateaux du Lac Léman
Public Transport Boats on the Lake of Geneva (Switzerland)

Grossformatiges Buch über die Raddampfer, die Schraubendampfschiffe und die Motorschiffe des Genfersees. Darstellung aller Schiffstypen seit 1835 mit Planzeichnungen und Fotos. Darstellung der Geschichte der Schiffahrt auf dem Genfersee.

Buch gebunden, 20 x 27 cm, 208 Seiten, 310 Abbildungen

Archiv Nr. 99   (ISBN 3 85649 099 X)
Die Emmental-Burgdorf-Thun-Bahn 1975   The Emmental-Burgdorf-Thoune Railway

Dokumentation anlässlich des 100jährigen Bestehens der Emmentalbahn (EB) und des 75jährigen Bestehens der Burgdorf-Thun-Bahn (BTB).

Der erste Teil behandelt zunächst die eisenbahnpolitische Situation in der Schweiz um 1850, es folgt in ausführlicher Weise die Entwicklung der Emmentalbahn (EB) von der Pferdebahn bis zur Elektrifizierung und anschliessenden Fusion um 1940. Die Burgdorf-Thun-Bahn (BTB) als die erste elektrische Vollbahn Europas. Geschildert werden die anfänglichen Schwierigkeiten, Probleme der Finanzierung, die Überlegenheit der Elektrifizierung in den beiden Weltkriegen usw. Der Rückblick schliesst mit der aktuellen Darstellung der Emmental-Burgdorf-Thun-Bahn im Lichte volkswirtschaftlicher und raumplanerischer Überlegungen.

Der zweite Teil stellt die EBT im Jahre 1975 vor. Der Leser erfährt von den Organen der Gesellschaft. Die «Organisation der Unternehmung» verrät Einzelheiten über den internen Betrieb der Privatbahngruppe. Schliesslich folgen noch einige Gedanken über die EBT als Teil des regionalen Verkehrsnetzes. Die Dokumentation wird ergänzt durch zahlreiche Fotos, Grafiken und Tabellen, Rollmaterialverzeichnis, geografische Darstellungen.

Das Buch enthält 94 Seiten, 63 Illustrationen und grafische Darstellungen

Dampf-Archiv Nr. 1
Dampflokomotiven in der Schweiz

Eine Tonband-Kassette mit Dampflokgeräuschen und ein Heft mit den zugehörenden Abbildungen bilden den Rahmen dieses Dampf-Archives über schweizerische Dampflokomotiven. Wir hören und sehen: Tonimpressionen vom Dampflockfest in **Degersheim 1965;** mit der MThB Ec 3/5 Nr. 1, BT Nr. 9, Sihltalbahn E 3/3 Nr. 5.

Mit Dampf durchs Emmental: Lok Ec 4/5 Nr. 8 der alten Emmentalbahn.
Schweizerische Bundesbahnen: Lok E 4/4 und C 5/6 Nr. 2958.
Die Brienz-Rothorn-Bahn: Die Zahnradlokomotiven Nr. 3 und 7 am Berg.

Heft in Schutztasche mit zwanzig Grossbildern, 21 x 21 cm, mit Tonband-Kassette.

Österreichische Schmalspur-Dampflokomotiven Dampf-Archiv Nr. 2

Mit diesem Archiv erleben wir auf Schallplatte Fahrten mit folgenden Schmalspurbahnen:
Steiermärkische Landesbahnen: Strecke Weiz–Ratten
Zillertalbahn: Strecke Jenbach–Mayrhofen
Steyrtalbahn (OeBB): Strecke Klaus–Garsten
Geniessen Sie Schmalspurdampflokomotiven (76 cm Spurweite) in Aktion, bei Ihnen zuhause, zum Vertonen Ihrer Schmalfilme oder Dias, zum Abhören und Miterleben.
Heft in Schutztasche mit vielen Grossbildern, 21 x 21 cm, mit Schallplatte 33 T.

Schmalspur-Dampflokomotiven in der Schweiz Dampf-Archiv Nr. 3
Die Rhätische Bahn und die Furka-Oberalp-Bahn
Dieses Dampf-Archiv stellt uns Dampfloktypen der vorgenannten Bahnen anhand vieler seltener Fotos und Lok-Pläne vor. Erleben Sie zudem «life» mit der beiliegenden Schallplatte die Maschinen mit «Schnauben und Stampfen» über Berg und Tal, durch Schluchten und über Brücken fahrend.
Heft in Schutztasche mit Grossbildern und Plänen, Schallplatte mit 33 T. oder Tonband.

Dampf-Archiv Nr. 6
Zahnradbergbahnen in Österreich Steam Cog Railways in Austria
Von Claude Jeanmaire

In diesem Buch, mit einer Schallplatte, sind die heute noch betriebenen vier österreichischen Zahnradbergbahnen beschrieben:
Die Erzbergbahn mit den Lokgattungen 97.200, 197.300 und 297.400.
Die Schafbergbahn mit den Dampflokomotiven der Serie 999.101–106.
Die Schneebergbahn mit den Loks 999.01–05.
Die Achenseebahn mit ihren Lokomotiven, Betriebsbilder, Lok- und Wagenpläne.
Buch gebunden, 21 x 21 cm, mit über siebzig Grossabbildungen und Schallplatte 33 T.

Lehrbücher für den Dampflokdienst

Die **Lehrbücher der Deutschen Bundesbahn** sind für alle an der Eisenbahn interessierten Leser von ganz besonderem Wert. Sie vermitteln ein Wissen, das durch oberflächliche Beschreibungen nicht ersetzt werden kann, das professionale Basiswissen, das einst die Bediensteten der Deutschen Bundesbahn sich als Lehrstoff anzueignen hatten. Als die DB auf andere Traktionsarten umstellte, wurden diese Bücher nicht mehr benötigt. Sie blieben für viele Dampflokfreunde eine fast unerreichbare Rarität. Durch Nachdruck ist es gelungen, einige dieser zeitlosen Bücher dem interessierten Leser von heute zu tragbarem Preis wieder zugänglich zu machen.
Erst durch diese Lektüre ist es möglich, Einblicke in die Wirkungsweise der Dampftraktion, in die Bedienung der Dampflokomotiven und deren peripheren Geräte und Maschinen zu erhalten, die von Fachleuten stammen. Auf Grund des mit diesen Büchern vermittelten Stoffes wäre es theoretisch möglich, eine Dampflokomotive zu bedienen. Das professionale Wissen dieser Bücher ist auch für Modelleisenbahner von erheblichem Interesse. Das vertiefte Verständnis zum Vorbild erbringt besser geplante Anlagen und modellmässigen Betrieb.

Dampflokomotivkunde (ISBN 3 85649 899 0) (Lehrbuch DB, Band 134)

Das Standardwerk zu den Bauteilen der Dampflokomotiven. Aus dem Inhalt: Antriebsarten der Schienenfahrzeuge; Einteilung und Bezeichnung der Dampflokomotiven und Tender; Geschichte und Entwicklung der Dampflokomotive; Sonderdampflokomotiven; Verbrennung; Wärmewirtschaft; Dampfkunde und Dampfwirtschaft; Theoretische Grundlagen; die Lokomotivsteuerung; Bauart der Lok-Dampfmaschine; Grundsätzliche Bauarten von Zwei- und Mehrzylinder-Lokomotiven; der Lokomotivkessel; die Ausrüstung desselben; das Lokomotivgestell; allgemeine Einrichtungen an Lok und Tendern; Lokomotivtender und Vorratsbehälter an Tenderlokomotiven; Baustoffe; usw.
Das Buch enthält jede nur denkbare Information zu Bau- und Wirkungsweise von Dampflokomotiven. Verbunden mit hunderten von Abbildungen und Zeichnungen auf 652 Seiten. Separates durchsichtiges Schaubild, mit Schnittansichten durch die DB-BR 66, mit 16 Seiten in Farbe. Dieses ermöglicht vielfache Einblicke ins Innere dieser Dampflok (Stand 1959).
Buch gebunden, 15,5 x 21 cm, 652 Seiten, 457 Abbildungen

Die Dampflokomotive im Betrieb (ISBN 85649 898 2) (Lehrbuch DB, Band 144)

Aus dem Inhaltsverzeichnis: Dampflokomotivbetriebs-Lehrgänge; Anschriften; Ausrüstung von Lok und Tender; Einteilung; Regelung des Lok-Dienstes; Fahrzeug- und Personaleinsatz; Vorschriften; Vorbereitungs- und Abschlussdienst; Überprüfung der Lok; Anheizen; Wasserstand; Bremseinrichtungen; Abölen; Feuerbehandlung; Turbo-Lok-Beleuchtung; Dienstbereitschaft; Dienstwechsel; Fahrt mit dem Zug; Aufgaben des Lok-Personals; Abfahrauftrag; Ingangsetzen des Zuges; Fahrtechnik; Lastfahrt und Leerlauf; Steigungen, Gefäll-Strecken; das Feuer; Schnellfahren; Speisung des Kessels; Sanden; Schmierung; Druckluftbremsen; Zylindergegendruckbremse; Vorpann- und Schiebedienst; Frostschutz; Signalwesen; Unfallverhütung; Dienstunfähigkeit der Lok; Aufgaben nach der Fahrt; die Lok im Bahnbetriebswerk; sowie viele weitere Fakten zum Betrieb von Dampfloks (Stand 1958).   Buch gebunden, 15,5 x 21 cm, 260 Seiten, 110 Abbildungen

(ISBN 3 85649 896 6)
Der Dienst des Heizers auf der Lokomotive (Lehrbuch DB, Band 430)
Der Beruf des Heizers verlangt ganz besondere Voraussetzungen. Jeder Neuzukommende begann seine Laufbahn als Heizer. In diesem Buch sind die Voraussetzungen, die Vorschriften zur Ausbildung als Heizer mit Prüfungsfragen zusammengefasst. Hier nähere Angaben zum Buchinhalt: Theoretische Grundlagen für den Lok-Heizer; Brennstoffe; Verbrennung; Dampferzeugung; Kesselspeisewasser und Speiseeinrichtungen; Schmiervorrichtungen; praktische Grundlagen für den Lok-Heizer; Vorbereitungsdienst; Dienst während der Fahrt; das Feuer; Gefahren; Bedienung der Apparaturen; Beobachten der Signale; Rangierfahrten; die Versorgung mit Betriebsstoffen; Störungen und Mängel; Prüfungsfragen; und viele weitere Details zum Beruf (Stand 1958).
Das Buch ist gebunden, 112 Seiten, 32 Abbildungen

Betriebstechnische Anlagen für Dampflokomotiven (Lehrbuch DB, Band 143)
Auch in diesem Buch ist weit mehr an Wissen vorhanden, als in unseren erheblich gekürzten Inhaltsangaben vorgestellt werden kann:
Bezeichnung und Zweck der Lokomotivbetriebswerke; deren Anlagen und Einrichtungen; Wiederherstellen der Betriebsbereitschaft von Lokomotiven; Lok-Behandlung und die dazu nötigen Anlagen; Grösse der Lok-Betriebswerke; Bestimmungen; Vorschriften.
Grundlagen für Bau und Betrieb solcher Anlagen; Anforderungen an die Gelände; Verhältnisse zum Bahnbetrieb; Ergänzende Anlagen; Einrichtung der Betriebswerke.
Bauliche Anlagen mit allgemeinen Grundsätzen zur Gestaltung; die Gleisanlagen; Gleisführung; Lok-Hallen; Werkstätten; Lagerräume; Verwaltungsgebäude; Personalräume; Kantinen.
Lokbekohlungsanlagen; Ausschlackanlagen; Wasserversorgung; Besandungsanlagen; Drehscheiben; Schiebebühnen; Auswasch- und Achswechselanlagen; Druckluftanlagen; Überwachung der Anlagen und Einrichtungen; Stromversorgung und elektrotechnische Anlagen für den Dampflokbetrieb; Prüfungsfragen. (Stand 1957) (ISBN 38549 897 4)
Buch gebunden, 216 Seiten, 149 Abbildungen

Schweizerischer Eisenbahnkalender Swiss Railway and Tramway Calendars
Lieferbar sind folgende Jahrgänge: **1970, 1971, 1972, 1973, 1974, 1975, 1976, 1977, 1978, 1979, 1980, 1981, 1982, 1983, 1984, 1985, 1986, 1987**
Hierbei handelt es sich um einen der originellsten Kalender, mit historischen Aufnahmen schweizerischer Eisenbahnen, zusammengefügt zu einem Doppelkalender mit 24 Grossbildern in Ringheftung. Bereits zum zehnten Male erschien im Verlag Eisenbahn dieser so begehrte Eisenbahnkalender, der wie die früher erschienenen zu einem Bilderbuch umgestaltet werden kann. 24 herrliche Fotos zeigen alljährlich Eisenbahnen mit Dampfbetrieb, elektrische Lokomotiven und Strassenbahnen.
Je nach Wunsch besteht die Möglichkeit, allmonatlich zwischen zwei verschiedenen Bildern zu wählen. Die Qualität des verwendeten Bildmaterials ist trotz seines hohen Alters (bis zu 100 Jahre) ausgezeichnet. Diese seltenen Aufnahmen wurden mit Ringheftung versehen, um jedem Sammler die Aufbewahrung zu erleichtern, denn mit den Jahren wird hier eine umfangreiche Bildsammlung entstehen, deren Bedeutung weit über diejenige eines Kalenders hinausreicht.
Doppelkalender, Format 32,5 x 25 cm

Grosser Eisenbahn-Atlas Schweiz Rail-Atlas Switzerland
300 Seiten, über 100 farbige Streckenskizzen, 250 farbige Illustrationen, über 100 Farbfotos und technische Pläne, Ortsverzeichnis.
Das unentbehrliche Handbuch für Bahnreisen in der Schweiz.

Die anderen Nürnberger Technisches Spielzeug aus der «Guten alten Zeit»
The other Nurembergers, Technical Toys of the «Good Old Days»
Unter diesem Buchtitel veröffentlichen die Autoren Carlernst Baecker und Dieter Haas eine Buchserie in verschiedenen Bänden.

Diese Bücher beinhalten Nachdrucke von alten Spielzeugkatalogen in vorbildlicher Ausführung. Die Autoren sind Modellbahn-Freunde und stützen sich im Buchtitel auf die Publikationen **Bing**, Archive Nr. 17, 28 und 29 unseres Verlages. Bing war der einst grösste Spielwarenerzeuger in Nürnberg. Die Zahl der «anderen Nürnberger» Spielwarenproduzenten war und ist gross, und deren Produkte sind für den Sammler von ganz besonderem Interesse. Die Bände beinhalten je zirka 500 Seiten mit gegen 4000 Abbildungen, dabei ist die Druckqualität oft besser, als es die Vorlagen waren. Die Themen sind Spielzeugabbildungen, Dampfmaschinen, Antriebsmodelle, Spielzeug-Eisenbahnen, Modelle von Autos, Schiffen und vielem anderem Spielgut, das unsere Väter und Grossväter entsprechend der vergangenen Zeit in ihrer Jugend zum Spielen erhielten. Diese alten Kataloge bergen manche Erinnerung an vergangene Zeiten.

Band I: Kataloge von Karl Bub, Georges Carette & Cie., Joh. Distler KG und Doll & Cie.
Band II: Kataloge von J. Falk, Gebr. Fleischmann, (S. G.) Günthermann, Jos. Kraus & Co., Ernst Paul Lehmann.
Band III: Drei Hauptkataloge von E. Planck, von 1902 bis 1914, Hauptkataloge von Kohnstamm und George Levy. Abbildungen von J. A. Issmayer.

Band IV: Kataloge von Gebr. Einfalt (Kosmos), Emil Hausmann, Jean Schoenner, Conrad Klein, A. Schuhmann (A. S.).

Band V: Karl Bub (Nachtrag), Georges Carette (Nachtrag), Moses Kohnstamm, Schuco, K. Arnold und R. und G. N. Diese Bücher sind gebunden, Format A 4, mit je ca. 500 Seiten Die Bände I bis V sind restlos vergriffen und werden nicht neu aufgelegt. Sie sind heute von den Sammlern sehr begehrt.

Band 6 – Band 7:
Eine Zusammenstellung weiterer alter Kataloge der Firmen:
Fleischmann, Hess, Lehmann, Trix, Bauer, Karl Bub, Carette, Einfalt, Fischer, Fuchs, Günthermann, Issmayer, Kellermann, Levy, AS Schuhmann, Steiff und viele andere
Seit dem Erscheinen des 5. Bandes dieser Serie wurde viel neues Material aufgefunden. Eine Publizierung ist unumgänglich geworden, um das Nürnberger Spielzeug innerhalb dieser Buchreihe vollständig zu zeigen. Entgegen unserer ursprünglichen Absicht werden wir daher die Reihe «Die anderen Nürnberger» fortsetzen. Besonders hervorzuheben ist dabei eine Anzahl von Händlerkatalogen, die im Archiv des Spielzeugmuseums Nürnberg aufbewahrt werden. Diese sehr umfangreichen Kataloge enthalten eine Fülle von Spielzeug der bekanntesten Nürnberger Hersteller. In grösseren Abschnitten zeigen wir Kataloge von Trix (1935 bis 1955), Fleischmann (H0 1952 bis 1960) und Lehmann. Die Firma Hess wird zudem mit einer umfangreichen firmengeschichtlichen Abhandlung vorgestellt. Es ist geplant, die Bände in weit stärkerem Masse mit Fotos von Original-Modellen auszustatten als bisher. Dies soll besonders für Hess, Lehmann und Trix gelten. Band 6 ist lieferbar, und Band 7 soll später erscheinen.

Märklin-Katalog MP.40 für 00-Tischeisenbahnen 1940
Kompletter Nachdruck des Märklin-Kataloges von 1940 für die elektrische Miniatur-Eisenbahn in Spur 00, sowie eine Übersicht über die damals lieferbaren Teile des Minex-Metallbaukastens aus Leichtmetall. Der letzte Katalog von Märklin in dieser Zeit. Der nächste folgte erst 1947 nach dem Zweiten Weltkrieg und ist in Band 110, Märklin, die kleinen Spurweiten 00/H0, enthalten.
Heft im Format A 5, mit 24 Seiten

Archiv Nr. 100   (ISBN 3 85649 100 7)

Nürnberger Spielzeug: Jeans Schoenners Spielzeugbahnen und Schiffe
Jouets de Nuremberg: Jean Schoenner, ses modèles de trains et bateaux
Toys of Nuremberg: Jean Schoenner's Toy Railways and Ships   (von 1875 bis 1914)
Von Claude Jeanmaire

Eine einmalige Dokumentation über die Bahnen der Spurweiten zwischen 28 mm und 115 mm und die herrlichen Spielzeugschiffe einer vergangenen Epoche. Darstellung der Firmengeschichte. Kapitel über Lokomotiven, die Spurweiten, Reisezug- und Güterwagen, Zubehör, Bahnhöfe, Bergbahnen, Strassenbahnen und Schiffe in allen Bauarten. Illustrationen und Fotos aller Modelle. 24 Seiten in Farbe, Reproduktion des ältesten farbigen Spielzeugkataloges.
Buch gebunden, 176 Seiten mit 425 Bildern und Stichen, 21 x 21 cm.
With full English text.   Avec texte français.

Archiv Nr. 120   (ISBN 3 85649 120 1)

Gebrüder Bing: Nürnberger Spielzeug der zwanziger Jahre 1926 bis 1932
Von Claude Jeanmaire

Dieses grossformatige Buch berichtet über alle Spielzeugarten, die die Firma Bing, Nürnberg, Ende der zwanziger Jahre auf dem Markt angeboten hatte. Tausende von Abbildungen vermitteln ein Bild aus der «guten alten Zeit». Der 4. Band aus der Serie der Bing-Bücher.
Buch gebunden, 21,5 x 27,5 cm, 256 Seiten, zahlreiche Dokumente und Kataloge.

Märklin
Im Jahre 1975 erschien der erste Band unserer Publikationsreihe «MÄRKLIN – Technisches Spielzeug im Wandel der Zeit». Mittlerweile liegen schon zehn Bände vor, die nicht nur alte Kataloge im Faksimile enthalten, sondern eine Menge an Hintergrundinformationen, wie etwa Darstellungen der Firmengeschichte und verschiedener Produktionsverfahren, Hinweise zur Pflege von Sammlerstücken und dergleichen. Ausgewählte Spielzeugmodelle und technisch wichtige Einzelheiten werden in vielen Schwarzweiss- oder Farbaufnahmen gezeigt. Die intensive Arbeit an dieser Märklin-Enzyklopädie brachte es mit sich, dass immer neues Material gefunden wurde, dessen Veröffentlichung sich als unumgänglich erweist. So haben sich die Herausgeber entschlossen, die Reihe auf 14 Bände zu erweitern, was eine andere Aufteilung des Materials auf die kommenden Bücher notwendig macht.

In the year 1975 the first volume appeared of our series of publications on the subject «MÄRKLIN – Technical Toys in the Course of Time». Since then already ten volumes have been published containing not only facsimiled historical catalogues but also a whealth of background information including accounts of the companies' history and the various methods of their production, instructions how to take care of collectors items etc. Selected toy models and details of technical importance are shown in many b/w and colour illustrations. The intense work at this Märklin-Encyclopaedia made it possible over and over again to discover new material the publication of which appears absolutely necessary. Therefore the editors have decided to extend the series to a total of 14 volumes which necessitates a rearrangement of the material to round out the volumes to come.

Märklin – Technisches Spielzeug im Wandel der Zeit

Märklin – Jouets techniques au fil du temps   Märklin – Technical Toys in the Course of Time
Von Carlernst Baecker und Claude Jeanmaire

Die Buchserie ist in ihrer Art einmalig und basiert auf einer früheren Publikation unseres Verlages. Sie entsteht mit der freundlichen Unterstützung des Hauses Märklin, Göppingen, dem derzeit berühmtesten Hersteller von Spielzeug. Obwohl jeder Band der Buchreihe eine in sich abgeschlossene Epoche enthält, ist diese Serie doch ein Nachschlagewerk, wie wir es bisher nicht kannten. In den Sprachen **Deutsch, English, Français.** Neben anderem Spielzeug legen wir besonderes Gewicht auf die Darstellung der Spielzeugeisenbahn. Jeder Band, gebunden, 21,5 x 27,5 cm, **beinhaltet zirka 256 bis 360 Seiten**. Hervorragender Druck, teilweise in Farben. Neue, bisher **unbekannte** Dokumente und Unterlagen, Fotos und Berichte kann nun jeder Sammler zu tragbarem **Preis selbst** besitzen, ebenso die alten seltenen Händler- und Kundenkataloge. Die Buchserie von zirka **14 Bänden** für Sammler und Modellbahner ist wie folgt aufgegliedert:

Archiv Nr. 101	(ISBN 3 85649 101 5)	**Märklin – Anfang bis Jahrhundertwende** (lieferbar)
Archiv Nr. 102	(ISBN 3 85649 102 3)	**Märklin – zur Kaiserzeit, bis 1908** (lieferbar)
Archiv Nr. 103	(ISBN 3 85649 103 1)	**Die Märklin-Spielzeugeisenbahn, 1891–1915** (lieferbar)
Archiv Nr. 104	(ISBN 3 85649 104 X)	**Märklin – neue Wege zum Erfolg, bis 1915** (lieferbar)
Archiv Nr. 105	(ISBN 3 85649 105 8)	**Märklin – die Vorkriegszeit, bis 1915** (lieferbar)
Archiv Nr. 106	(ISBN 3 85649 106 6)	**Märklin – neue Horizonte, 1919** (lieferbar)
Archiv Nr. 107	(ISBN 3 85649 107 4)	**Märklin – die goldenen zwanziger Jahre** (lieferbar)
Archiv Nr. 108	(ISBN 3 85649 108 2)	**Märklins Weg zur Modeleisenbahn, 1915–1945**
Archiv Nr. 109	(ISBN 3 85649 109 0)	**Märklin die grosse Wende, bis 1945** (lieferbar)
Archiv Nr. 110	(ISBN 3 85649 110 4)	**Märklin – die kleinen Spurweiten 00 und H0, 1935–1978** (lieferbar)
Archiv Nr. 111	(ISBN 3 85649 111 6)	

Eisenbahn-Spielzeug   The History of the Railway Toy   Jouets de chemin de fer
Von Uwe Reher

Mit wissenschaftlicher Akribie geht der Autor der Entwicklung des Eisenbahnspiels und dessen Funktionen nach. In diesem Buch ist auch die Rede von Spielzeugmachern und deren Technologie. Durch die Verwendung wenig bekannter Quellen gelingt ein Einblick in die wirtschaftlichen, pädagogischen und psychologischen Zusammenhänge. Das grosse, bisher einmalige Werk umfasst neben einem umfangreichen wissenschaftlichen Textteil einen sehr interessanten Bildteil.
Buch gebunden, 20,5 x 27,5 cm, 216 Seiten, 140 Bilder, teils in Farbe

Blechspielzeug – Eisenbahnen   Tin-Toy Railroads
Von Carlernst Baecker und Botho G. Wagner   (ISBN 3 85649 119 8)

Schon um die Jahrhundertwende gab es einige wenige Sammler von alten Blechspielzeug-Eisenbahnen. Doch erst in der ersten Hälfte der siebziger Jahre begann überall die hektische Suche nach dem «Gold auf dem Dachboden», und aus den vereinzelten, verschämten, oft für infantil gehaltenen Sammlern entwickelte sich nahezu explosionsartig ein kapitalträchtiger Blechspielzeug-Eisenbahnmarkt.
Von der historischen Entwicklung über die technischen Errungenschaften bis zu den speziellen Sammlerproblemen werden alle einschlägigen Fragen beantwortet.
Die Bilder zeigen die schönsten alten Eisenbahnen mit ihrem Zubehör.
Die Preise bringen endlich Licht ins Dunkel des Marktdickichtes — für alle Spurweiten!
Buch gebunden, 400 Seiten mit über 500 Abbildungen

Already at the turn of the century there were a few collectors of antique tin-toy railroads. But it was not until the first half of the nineteenth century that the hectic search for the «treasure at the attic» started everywhere; out of that handful of shy and often derided enthusiasts burst the capital-intensiv market of toy railroads almost like an explosion.
All the essential questions are covered – from the historical development trough the technical achievements till those specific collection problems. The pictures show an abundance of the most beautiful antique toy railroads as well as equipment and accessories.
The prices are quoted as guidelines and will at last bring some light into the thicket of the market including all major gauges.

Der Verlag hat weitere Bücher in Vorbereitung. Bestellungen und Vorbestellungen sind mit Postkarte erbeten. Unser Buchvertrieb liefert fast alle anderen Eisenbahnbücher der Erde, meist ab Lager.

Verlag Eisenbahn   Ch-5234 Villingen AG   Schweiz / Suisse / Switzerland
Buchverlag und Vertrieb für Eisenbahn- und Strassenbahnliteratur, Spielzeug- und Modellbahnbücher
Edition et distribution de livres sur les chemins de fer et les tramways, livres de jouets anciens et de modèles de trains
Publisher and distributor of books on railways, tramway systems, early toys and model railways

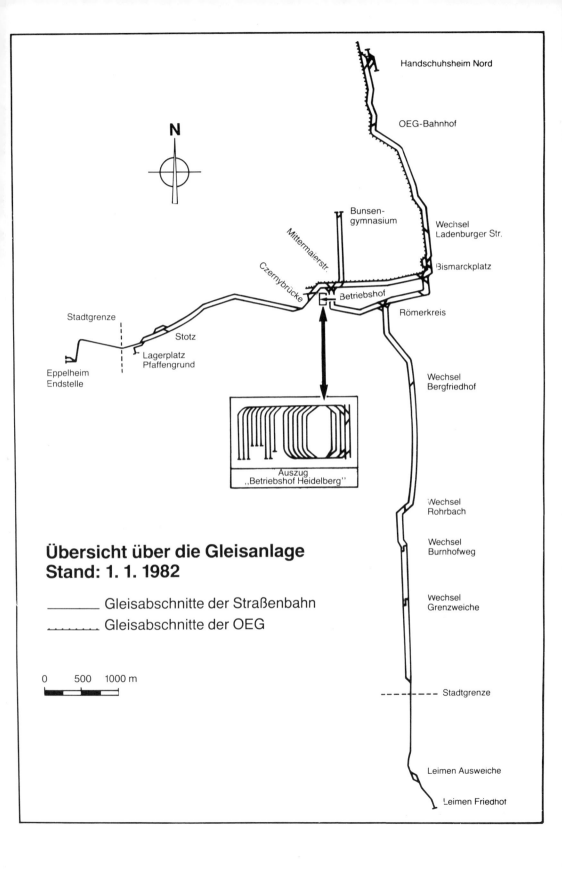

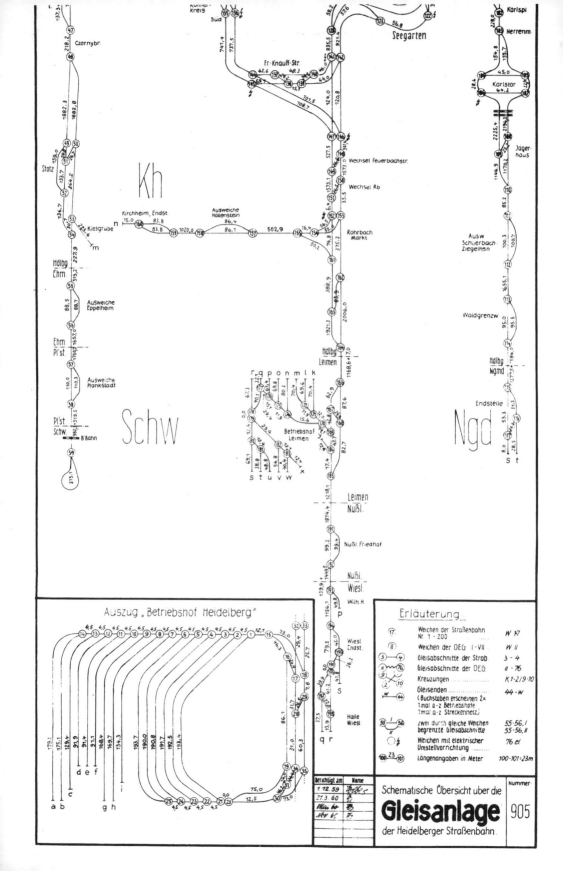

Heidelberger Strassen- & Bergbahn-Gesellschaft.

Winter-Fahrplan
vom 15. October 1887 an.

I. Linie: **Hauptbahnhof-Karlsthor** (Odenwaldbahn).

Es cursiren 8 Wagen in Zwischenräumen von 6 Minuten:

A. Ab Hauptbahnhof:

Schulwagen	7 Uhr 40 Minuten	Morgens.	
Erster Wagen	8 „ — „	„	
Letzter „	8 „ — „	Abends.	
Aussercursmässige Wagen nur bis zum Markt	8 „ 6 „	„	
	8 „ 12 „	„	
	8 „ 18 „	„	
	8 „ 25 „	„	
	8 „ 32 „	„	

B. Ab Karlsthor:

Aussercursmässiger Wagen	7 Uhr 5 Minuten	Morgens	ab Markt.	
Schulwagen	7 „ 40 „	„	ab Karlsthor.	
Erster Wagen	8 „ — „	„	„	„
Letzter „	8 „ 25 „	Abends	„	„
Aussercursmässige Wagen bis Bahnhof	8 „ 19 „	„		
	8 „ 25 „	„		
Aussercursmässige Wagen nur bis Theaterstrasse als Theaterwagen	8 „ 31 „	„		
	8 „ 38 „	„		
	8 „ 46 „	„		

II. Linie: **Römerstrasse-Bismarckplatz.**

Es cursirt 1 Wagen in Zwischenräumen von 12 Minuten mit alternirendem Anschluss an die Wagen der Linie: Hauptbahnhof-Karlsthor, welche am Tage durch zwei — auf dem Wagendache — aufgesteckte Fähnchen, Abends durch ein weisses vorderes Signallicht, diesen Anschluss markiren. (Für richtigen Anschluss wird nicht garantirt.)

A. Ab Römerstrasse:

Morgens 6^{50} 7^{20} 7^{42} 7^{50} 7^{54} 8^2 8^8 8^{14} 8^{20} 8^{22} und weiter in Zwischenräumen von 12 Minuten bis 7^{54} Abends (letzter Wagen).

B. Ab Bismarckplatz:

Morgens 8^{28} erster Wagen, und weiter in Zwischenräumen von 12 Minuten bis 8^4 Abends. (Letzter fahrplanmässiger Wagen.)

Alsdann noch folgende 6 aussercursmässige Wagen, deren Abfahrtzeit jedoch nicht fixirt werden kann: 8^{20} 8^{32} 8^{34} 8^{38} 8^{40} 8^{44} (Letzter Wagen).

III. Linie: **Hauptbahnhof-Nadlerstrasse** (Keller's Fabrik).

Es cursirt 1 Wagen in Zwischenräumen von 12 Minuten mit alternirendem Anschluss an die Wagen der Linie: Hauptbahnhof-Karlsthor, welche den Anschluss in derselben Weise wie für die Bergheimer Linie markiren. (Für richtigen Anschluss wird nicht garantirt.)

A. Ab Hauptbahnhof:	**B. Ab Nadler-Strasse** (Keller's Fabrik):
Erster Wagen 7 Uhr 48 Min. Morgens.	Erster Wagen 7 Uhr 54 Min. Morgens.
Letzter „ 8 „ 6 „ Abends.	Letzter „ 8 „ 12 „ Abends.

Bemerkungen:

Auf der **Rohrbacher** u. **Bergheimer** Linie wird das Fahrgeld **nicht** durch **Schaffner** erhoben, sondern ist von den Fahrgästen in den im Wagen befindlichen Zahlkasten hineinzuwerfen. Die Umsteige-Passagiere haben ihre Fahrscheine bezw. Karten dem Kutscher vorzuzeigen.

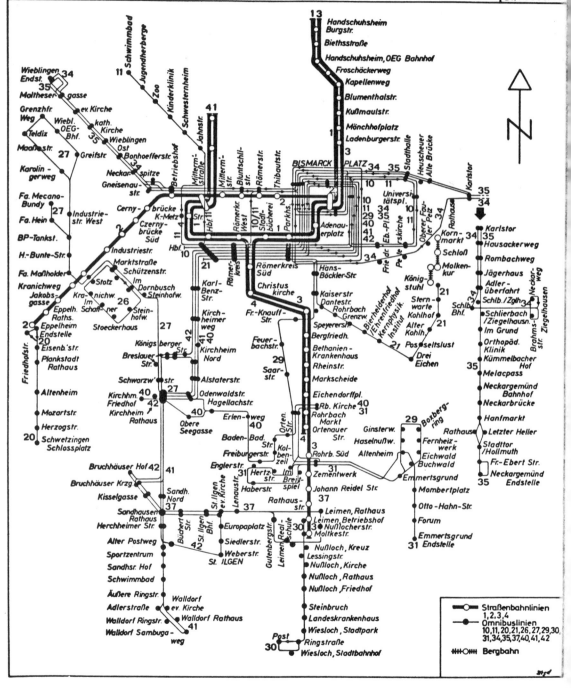